# GLI ASOLANI

### DEL CARDINALE

## M. PIETRO BEMBO

### MILANO

Dalla Società Tipografica DE' CLASSICI ITALIANI,
contrada di s. Margherita, N.° 1118.

ANNO 1808.

In the interest of creating a more extensive selection of rare historical book reprints, we have chosen to reproduce this title even though it may possibly have occasional imperfections such as missing and blurred pages, missing text, poor pictures, markings, dark backgrounds and other reproduction issues beyond our control. Because this work is culturally important, we have made it available as a part of our commitment to protecting, preserving and promoting the world's literature. Thank you for your understanding.

# LA SOCIETA' TIPOGRAFICA

## DE' CLASSICI ITALIANI

# A' SUOI ASSOCIATI

82×342.

*Se la fama di uno Scrittore, e le moltiplici edizioni di sue opere sono una prova non dubbia de' singolarissimi pregi, di cui egli seppe spargere i suoi libri, dovrà a buon diritto accordarsi agli Asolani un luogo assai eminente nella lett*

*teraria Repubblica. Tanta fu difatti la
fama di questo libro, che a' tempi del
Bembo non era riputato nè gentile, nè
uomo di lettere chi letto non l'avesse. Nè
gli Asolani soltanto, ma le altre opere
ancora di M. Bembo, e specialmente le*
Rime *e le* Lettere *furono tenute sempre
in grandissima estimazione. Egli fu anzi
uno de' fortunati ristoratori dell' italiana
letteratura, che dopo il XIV. secolo già
cominciato avea a decadere. Egli fu inol-
tre, come avverte* Parini, il primo fra i
non Toscani, colla purità ed eleganza del
suo scrivere in lingua volgare a dimostrare evidentemente che senza esser nato in
quella provincia, che ebbe la gloria di
dare a tutta l' Italia la lingua nobile e comune, si poteva eccellentemente comporre
in verso ed in prosa .... L' Italia tutta,
*aggiunge lo stesso* Parini, va debitrice
massimamente a costui della divolgazione e
dell' uso generale, che poi e scrivendo e
parlando si fece della volgar lingua. *Per
le quali ragioni nulla noi abbiamo tralasciato affinchè nelle cose, che veniam
pubblicando di un tanto Scrittore, non avesse a mancare dal canto nostro nè sollecitudine, nè esattezza. Abbiamo a quest' og-
getto consultate diligentemente le edizioni
di* Aldo, *dei* Giunti, *e del* Giolito. *Nella
nota però, e nella Prefazione ci siamo
attenuti alla magnifica edizione di Venezia (* Herth., 1729, f.º *) eseguita per.*

cura di Antonfederigo Seghezzi , intorno al pregio della quale veggasi il Conte
Mazzuchelli nel Volume II. Parte II.

*Vivete felici*

# LA VITA

### DI M.

# PIETRO BEMBO

#### CARDINALE.

P erchè nell'istoria così delle cose pubbliche e del mondo, come delle private e delle persone, l'anima della scrittura è la verità, nella quale essa ha la sua propria sede e il posamento e la verità, si fa mal credibile a chi legge, se non è verisimile, e non molto rimota dall'uso comune; dovend'io scriver la Vita di M. Pietro Bembo, la quale eccede in molte sue parti la vita comune dell'altre illustri

persone, e per questo potrebbe a chi legge
rendersi sospetta ed incredibile, ho giudicato esser di mestieri dir brevemente quanto servirà al mio proposito della sua patria
e della sua famiglia. Acciocchè essendo
quella eccelsa, e sopra tutte l'altre repubbliche che sieno o sieno mai state a mio
giudizio bene instituta e ben governata; e
questa fra le nobili famiglie di quella nobilissima e ricca per continua successione
di chiarissimi ed eccellenti Senatori, quasi
di generosa pianta, che in nobil terreno
nata e da buoni agricoltori attesa, rende
frutti più d'altra nobili e saporiti, si possano più agevolmente riputar vere tutte le
cose che qui di lui si diranno, nato in
tal patria e di tal famiglia. Ebbe principio
la città di Vinegia già MCXXX. anni in
circa, fondata in mare nel seno Adriatico,
non da uomo o nazione alcuna particolare,
ma dal caso, e da più genti, che per varj
avvenimenti vi concorsero, o com' io soglio
dire, dall' alto e mero consiglio di Dio;
perchè tanto effetto non può aver minor
cagione. E prendendo per gradi sotto varie
figure finalmente nome e forma di repubblica, è cresciuta tanto, che se quelli,
che n'hanno avuto di mano in mano il
governo, avessero usate le forze in occu-
pare l'altrui, e non la modestia e la caute-
la in conservare il suo, alle grandi occasioni che le sono seguite, ella darebbe
oggidì legge a tutto il mondo, o alla mag-

gior parte. Questa Repubblica si chiama
comunemente di Ottimati, perchè il governo d'essa è in mano di cento trenta famiglie nobili in circa: avvenga che si potesse
a mio giudizio chiamar mista in quanto ha
tolto tutto il buono da tutte l'altre repubbliche e governi, Greci, Barbari, e
Latini, alla guisa che fece del corpo di
molte vergini, quel giudizioso dipintore,
che dipinse quella bellissima figura, e ha
fatto un corpo sì perfetto e sì proporzio-
nato, che non è maraviglia se in tanti se-
coli non ha mai sentito infermità perigliosa o mortale alcuna, come tutte l'altre
hanno fatto. Tutte le leggi e gli ordini
onesti e utili, che hanno mai avuto l'altre
repubbliche e governi, ed infiniti altri,
che quelle, e quelli non hanno avuto,
ha questa, e partoriscene tuttavia, e tutte
sono sì ben conservate, che chi legge
quelle, e vede queste lo può agevolmente
giudicare. Qui i fanciulli si può dire che
nascono per il più alla lor Patria più tosto che a' lor Padri, e oltra alla propen-
sione che traggono dal seme paterno di
mirare nel ben comune, sono ancora della educazione drizzati tutti a questo fine.
Ed è certo cosa maravigliosa a vedere, e
io me ne sono assaissime volte stupito, che
i fanciullini ben piccioli vanno per le strade
spesso tra lor ragionando de' Magistrati, e
delle ballotte avute da questo e da quello in Consiglio, come sogliono fare altre-

ve dei frutti, o d'altri giuochi fanciulle-
schi. I premj poi grandi ed onorati, che
sono preposti a chi se ne rende degno,
sono sì acuto sperone a quelli che di sua
natura corrono, che per asseguirgli non
lasciano a dietro cosa alcuna nobile e virtuosa, che con ogni studio non meditino,
e non esercitino. Quasi tutti attendono alle lettere, all'eloquenza, alla gravità, e
ad una certa equabilità e carità unifor-
me tra loro; sicchè si potriano più tosto
chiamare tanti membri in un corpo, che
tanti uomini in una Repubblica. Fra tutte
queste famiglie nobili è nobilissima la famiglia Bemba. Della quale per il molto
corso degli anni non si sa l'origine, per
quanto ho visto, siccome per il corso lungo e remotissimo del nobilissimo fiume
Nilo non si sa il fonte. Possiamo nondimeno trar certa congettura del suo splendore
da molti Senatori prestantissimi, che sono
stati in essa quasi lumi chiari e beneme-
riti della sua patria; siccome fu, per cominciar dalla Religione, il Beato Leone,
il quale santissimamente vivendo morì
glorioso, e per tale è oggi il suo corpo
venerato nella Chiesa di S. Lorenzo in
una devota arca. Come fu anche M. Francesco Bembo, che per la sua santa vita e
gran meriti, fu dalla sua Repubblica eletto Vescovo di Vinezia: come fu un altro
M. Francesco Bembo chiamato della man-
picciola, chiarissimo Proveditore dell'ar-

mata Viniziana. Come fu M. Marco Bembo il savio, eletto dal Senato Ambasciatore alla Corte Romana del 288., quando il Soldano prese Tripoli: il quale fra l'altre cose notabili offerse a Papa Nicolao IV. per nome del Senato venti galee per l'impresa di Soría: e quel Marco istesso fu poi mandato Ambasciatore a'Genovesi, coi quali nel 293. fece triegua per cinque anni. Come fu un altro M. Marco Bembo, il qual essendo Bailo del 296. presso l'Imperator di Costantinopoli, fu con tutti gli altri mercanti Viniziani, che ivi erano, ad instanza di Genovesi ritenuto e chiuso in una torre, ed ivi da' Genovesi con gli altri tagliato a pezzi. Come fu M. Marin Bembo, il quale del 310. eletto dal Senato uno dei tre Capitani di mare diede nella ribellione di Zara di se onorato saggio. Come fu M. Dardi Bembo, il quale fu per la chiara opinione che 'l Senato avea di lui, del 330. fatto Ambasciatore ad Andronico Imperatore di Costantinòpoli. Come fu un altro M. Francesco Bembo, eletto oratore in Candia nella ribellione di quell' Isola del 363. Come fu M. Leonardo Bembo, il qual trovandosi Capo di quaranta mise e ottenne la parte, che si serrasse il Gran Consiglio: la qual fu cosa importantissima allo stabilimento della nobiltà Viniziana, e della preservazione della Repubblica. Come fu M. Benettin Bembo, il quale nella battaglia crudele, che i Viniziani coi Catalani fecero alla Tana contra Genovesi, con strage grandissima dell'una parte e dell'altra, nella quale esso era uno dei tre Capitani dell'armata; non lasciando a dietro ufficio alcuno di valoroso e prode Cavaliere e Capitano, fu gagliardamente combattendo ucciso. Come fu un altro M. Francesco Bembo, il quale Capitan Generale dell'armata in Po con assai minor numero di legni e di genti ruppe Filippo Maria Duca di Milano, riportando gloria alla sua patria, e libertà alla città di Firenze da colui tirannicamente oppressa: per la qual egregia opera tornando, fu fatto dalla sua patria cavaliere. Come fu M. Aluigi Bembo Capitano di navi, e poi strenuo Proveditore dell'armata Viniziana. Come fu M. Pietro Bembo, al quale trovandosi sotto Gallipoli Capitan dell'armata, e avendo col valor suo indotto spavento e maraviglia al nimico, fu sfortunatamente da una artiglieria portata via la testa. E come furono finalmente molti altri, trapassati da me parte volontariamente per esser breve, e parte per non aver così notizia, e segnalatamente il Clarissimo Messer Bernardo Bembo Dottor e Cavaliere, Senatore erudito molto in ragion civile, e in altre maniere di belle e giudiziose lettere: il quale ornato dalla sua Repubblica di molti onori e di molte dignità, ed avendo all'incontro egli sempre procacciato

alla sua Repubblica splendor. e gloria, se-
gnalatissimo fra tutti gli altri fu l'onore,
che s'acquistò producendo finalmente del
1470. M. Pietro Bembo suo figliuolo, la
vita di cui ora si scrive, con la Magnifica
Madonna Elena Marcella sua consorte,
Matrona nobilissima, onestissima, e degna
d'onore. Il quale Messer Pietro tosto
che per l'età gli fu concesso, fu dalla cura paterna e materna diligentissimamente
nei costumi e nelle lettere secondo l'uso
comune, e molto più, instituito; di maniera che aggiunto a questo la felicità del
suo ingegno, tosto tosto fin da' que' primi
teneri anni diede indizio di quello che egli
doveva essere. Fu fatto in questo tempo
M. Bernardo Bembo Ambasciator per due
anni, come in Vinezia si suole, a Firenze:
la qual città si reggeva in que' tempi parimente a repubblica, non molto dagli in-
stituti di Venezia lontana, ed era a Venezia amica. E perchè amava tenerissimamen-
te, e sopra l'amor ordinario paterno il
picciol fanciullo per l'indole egregia, che
già già vi scorgeva, andando alla sua ambasceria, lo menò seco per averlo presso,
e farlo studiare, e perchè anche polisse
la lingua Viniziana, la quale in que'
tempi non era molto forbita; dove la Fi-
rentina era ed è oggidì forbitissima e maestra dell'altre tutte: oltre che in quella
città (sia dal cielo, o sia dall'esercitazione)
à tanta finezza d'ingegni, che nessun'altra

le va innanzi, e forse poche l'agguaglia-
no. Quivi M. Pietro Bembo dalla diligenza
paterna, dalla comodità degli uomini,
dalla felicità del Cielo; e molto più dall'eccellenza del suo ingegno, e divina natura
aitato fece negli studj della lingua latina
e della volgare tanto frutto, che in quella sua prima ancor giovinetta età compose in quella e in questa opre lodate rara-
mente da tutti. La qual cosa fu tanto di
maggior maraviglia degna, quanto in que'
tempi le pulite lettere e l'eloquenza
giacevano inculte e neglette, e non
s'aveva riguardo a scelta di parole, nè ad
imitazione di buon autore alcuno. Marco
Tullio era dai più studiosi lasciato a dietro, e in poco uso tenuto, e con lui Vergilio, Terenzio, Orazio, Tibullo, Cesare,
e gli altri candidi autori, che sono gli
occhi e le delizie della pura e vera lingua latina, e dell'eloquenza. De' quali alcuni si leggevano ordinariamente nelle scuole a'fanciulli piccioli, i quali divenuti poi
grandi discostatisi da quelli s'accostavano
per lo più agli autori barbari, scabrosi,
ed aspri, come era Plauto, Stazio, Luca-
no, Marziale, e simili, e se pur talora
si rivolgevano a Cicerone, a Cesare, e a
simili, si cibavan solamente della testura
dell'istoria: la divinità del loro stile, e del
mirabile artificio non era chi pur poco
odorasse, perchè nel vero non era più alcuno, che avesse il vero gusto del proprio

puro, candido, e numeroso parlare, e intendere latino antico : tanto avea preso di vigore il mal uso, credo per il lungo corso degli anni, e delle rovine d'Italia. E questo avveniva parimente nella lingua volgare, nella quale trovandosi due scrittori, il Petrarca e il Boccaccio, l'uno in verso, e l'altro in prosa, degni, a giudizio di chi drittamente stima, da essere co' Greci e co' Latini scrittori nel lor genere agguagliati per via d'affetto, di dolcezza, di candore, di decoro e di tutti quei lumi, vaghezze, ed ornamenti che si debbono disiderare. Si scriveva nondimeno da quell'età poco culta e poco giudiziosa con istile duro, rozzo e barbaro senza scelta alcuna di parole, o di numeri Oratorj e Poetici. L'Accademia di Lorenzo de' Medici, nella quale cominciarono a fiorire in varie maniere di scienze alcuni chiari ingegni, fu quella che prima in quelle tenebre barbariche aperse gli occhi e volse il piede al dritto e vero antico sentiero così delle cose, come delle parole. Fra' quali il Poliziano scrisse e latino e volgare assai comportabilmente, e tale che mostrò d'esser voluto uscire da quegli intricati boschi e difficili della prima barbarie, più tosto che si possa dire, che egli entrasse affatto nei vaghi, ameni e graziosi campi dei divini M. Tullio e Petrarca e simili. L'eccellente natura e giudizio del divin M. Pietro Bembo con occhio cerviero viste le bellezze interne di quei divini spiriti, entrò vigorosamente dentro in que' vaghi e graziosi soggiorni; e sì fattamente e con tanto ardore vi si esercitò, che non solamente egli ne partorì frutti degni e lodati, ma con l'autorità che n'acquistò, rivocò dal primo torto ed intricato sentiero la sua e la seguente età, a quello facile ed espedito; e fece sì, che quei del suo tempo, e dopo lui che ai componimenti han volto l'animo a Tullio, Vergilio, Cesare, ed agli altri di questa nota, scrivendo rimirano, e farsi loro simili quanto possano s'ingegnano. E perchè alcune età, ed alcuni ingegni (credo per dono particolar de'cieli) giungono nelle scienze e nell'arti a certi segni, sopra quali non è concesso altrui alzarsi, o per dir meglio arrivarvi, siccome di Demostene, Cicerone, Omero, Vergilio, Cesare, Orazio, e alcuni altri è avvenuto, per questo s'affaticò quanto potè M. Pietro Bembo di persuadere con vive voci e con iscritti gli uomini della sua età, che imitassero questi; e a questi, come a certo ed onorato scopo volgessero la mira quei tutti, che scriver lodatamente intendevano; avendo per fermo, che quanto più l'uomo da questi si discostava, tanto dall'ornato, grave, veemente, e vero dire s'allontanasse. Il che quantunque a lui fosse difficile molto ad ottenere da quegli uomini, i quali erano fin da' primi anni per

lungo uso già avvezzi a vivere di cibo duro ed acerbo, molto da questo gustevole
e saporito diverso, impetrò nondimeno
dalle genti, che lasciate le loro cattive
guide s'appigliassero a'migliori, a quelli
andasser dietro, e da'lor confini non usci-
sero. Onde avvenue che l'eloquenza da
tanti anni innanzi giaciuta fino a que' tempi vile e disprezzata, per la costui opera
si eccitò e cominciò a prendere i suoi primi tralasciati onori e ornamenti, in tanto
che chi comparerà gli scritti di coloro che
a tempo di M. Pietro Bembo, e dopo lui
hanno composto, agli scritti di quei che
molta età innanzi di lui si veggono, potrà
per se stesso agevolmente giudicare, quanta differenza sia fra quelli e questi. Sin-
golare dunque è l'obbligo che l'età nostra
e la futura diè per questo nome avere a
M. Pietro Bembo, avendo riguardo al frutto e all'ornamento, che per opra di lui
è a lei seguito. Finita l'Ambasceria Fioren-
tina M. Pietro Bembo si ritornò con suo
padre a Vinezia ricco di quelle preziose
merci, che l'indústria sua gli aveva acqui-
stato, e sopra tutto acceso d'un disiderio
ardentissimo dell'eloquenza, e dello scrivere. Dal quale stimolato navigò non molto dopo in Cicilia a Costantino Lascari
per apprender da lui (che in questo era
in quei tempi eccellente) lettere Greche;
stimando quelle esser molto a proposito a
chi vuol con certo e sicuro passo per la

latine trapassare: non s'avendo ancora in
Italia quella comodità, e quella copia che
s'ebbe poi d'uomini e di libri Greci. In
tre anni che egli dimorò in Cicilia col
Lascari, aggiunse tanta diligenza al suo
sottile e mirabile ingegno, che non solamente imparò la lingua Greca, ma vi
compose anche politamente e gajamente.
Compose anche ivi in Cicilia in questo
tempo quel libro latino dell'incendio d'Etna, che drizzò ad Angelo Gabriele, il
quale oggi si legge dagli uomini dotti con
non poca lode di lui. Dopo questa pere-
grinazione venne fra poco tempo Messer
Pietro Bembo in tanto nome, e in tanta
stima non solamente in Italia, ma anche
fuor d'essa, che tutti l'ammiravano e ce-
lebravano, e come di cosa rara ed insoli-
ta da molte età addietro del suo eccellente e grazioso ingegno e stile s'appagava-
no, e dilettavano in rarissima maniera. E
questo con molta ragion avveniva, perciocc-
chè essendo cosa rarissima e difficile, che
un uomo ancor provetto scriva in una
lingua esattamente, e con soddisfazione de'
dotti: quanto debbe poi parer grande e
ammirabile a vedere, che uno ancor giovine scriva elegantemente in due e in ogni
una d'esse in prosa ed in verso lodatissi-
mo? Le quali due ultime eccellenze per
quel che fin allora s'era osservato, erano
stimate incompatibili. Oltra che anche la
ragione lo vuole. Perciocchè essendo il Poe-

ta e l'Orator finitimi, e debitori d'usare
quasi le medesime forme, lumi ed artificio, è però riputato a gran vizio all'Oratore il trapassare nei confini del Poeta, e
imbrattare le sue orazioni di versi; laonde
conviene che s'eserciti molto, e si sforzi
di stare ne'suoi termini: nella quale esercitazione consumando assai di tempo, mal-
agiatamente può poi far verso che pregiato
sia, convenendosi gran tempo, gran natura e gran consuetudine a poter ciò fare.
Cosa che ben mostrò chiaramente il mirabile M. Tullio fra'latini, e il Boccaccio
fra'volgari. I quali quando dalla prosa,
alla quale erano nati, vollero al verso trapassare, rimasero a giudizio di molti lan-
guidi e depressi più di quello che a'veri
e gravi Poeti si ricerca. E se mi fosse mostro qualcuno greco o latino, che pur
avesse scritto nel verso e nella prosa no-
bilmente; il che si potrà però verificar in
pochi, io stimerei che quel tale avesse
speso il mezzo dell'età sua in circa nel-
l'esercitazione delle cose poetiche, e poi
v'abbia scritto lodatamente; e l'altro resto
del tempo poi nell'esercitazione delle cose
oratorie, e poi scrittovi con dignità, di
maniera che si posson dir più tosto due
persone aver scritto bene in prosa e in
verso, che una sola; avvenga che quando egli scrisse in verso, era tutto Poeta,
e quando scrisse in prosa era tutto Oratore, come si dice di Platone, e d'alcun al-

tro. Ma la divinità dell'ingegno di M. Pietro Bembo, il cui corso nessuna difficultà poteva rompere, a briglie sciolte vagò con infinita sua laude in un medesimo tempo per le campagne poetiche e per le oratorie, componendo e verso e prosa, egualmente vago, elegante e gentile, come ne' suoi libri dimostra. Pochi anni dopo il tornar di M. Pietro Bembo da Cicilia, suo Padre fu mandato Vicedomino dalla sua Repubblica a Ferrara. La qual dignità era in que' tempi onorevole assai, e d'importanza, instituta dappòi una vittoria navale avuta in Po da' Viniziani contra i Duchi di Ferrara : nella quale per l'altre leggi che fur loro da' vincitori imposte, era che un gentiluomo Viniziano a vicenda dal Senato eletto andasse a Ferrara, quasi compagno del Duca a governar la città. Col quale essendo anche andato M. Pietro Bembo suo figlio, di fama già chiara e per molti ornamenti riguardevole, fu da tutta quella città e quei gentiluomini abbracciato ed onorato assai, e spezialmente dal Duca Alfonso da Este, e da Lucrezia Borgia sua consorte : Signori d'alt'animo e magnifico, e pieni di cortesi voglie. Quivi compose M. Pietro Bembo d'anni già ventotto i suoi Asolani ad imitazione, per quel ch'io credo, delle Tusculane di M. T. ne' quali introduce gentiluomini e gentildonne della sua città sotto finti nomi a ragionar d'amore ingegnosissimamente e dottis-

simamente, presa occasione da un par di
nozze, che la Regina di Cipri dimorante
in Asolo, fece fare per una sua damigella
che maritò. Quest'opra fu con tanto piacere, e con tanta, si può dire, avidità da
tutta Italia veduta e letta, che era per poco gentile e di poco gusto reputato chiunque non l'aveva e leggeva. In que' tempi
era Duca in Urbino Guido Ubaldo da Feltre, Signore parimente d'animo eccellente,
e di virtù eroica, siccome quasi per una
certa regola ordinaria sogliono tutti quei
Duchi essere: eravi con lui Isabetta Gonzaga sua consorte, sorella di Francesco
Gonzaga, allor Marchese di Mantova, la
quale oltra le rare doti di bellezza e di
grazia, contendeva per via di valore e di
magnanimità col Duca suo marito, siccome molti scrittori di que' tempi, ed esso
Messer Pietro Bembo fecero noto al mondo
nei lor scritti: ed è veramente dono particolare della Casa d'Urbino, fra tutte l'altre Illustrissime d'Italia, l'avere Duchi e
Duchesse d'animi eminentissimi, di creanza, di virtù e di cortesia incomparabile,
come si vide poi anche nel Duca Francesco
Maria, e in Leonora Gonzaga sua consorte, spiriti chiarissimi e illustrissimi e degni
d'eterna fama, e come si vede ora nel
Duca Guido Ubaldo lor figliuolo, e in Vittoria Farnese nepote di Papa Paolo III.,
sua consorte, coppia tanto illustre e tanto
splendente d'ogni genere di laude, quan-

to la nostra età vede, e la futura inten-
derà. Reggendo dunque ( come si diceva )
in Urbino Guido Ubaldo ed Isabetta, si
concorreva a quella Corte da tutti gli uomini eccellenti e prestanti in ogni sorte di
scienze e d' arti, come ad una scuola di
virtù e di cortesia ; rimasta quasi solo ri-
fugio a' poveri letterati e bell' ingegni di
que' tempi, di molti che solevano già in
Italia essere alla miglior stagione, innanzi
che la barbarica nimica gente, anzi l' interne nostre sedizioni e la contraria fortuna avesser guaste le sue prime forme, e
lei quasi tutta in servitù d' esterna forza
ridotta, come era quello dei Re d'Arago-
na a Napoli, dei Duchi Sforzeschi a Milano, e di molti altri luoghi, porti certi e
sicuri dei nobili intelletti nelle lor tempe-
ste, dove s'esercitava e si pregiava la ca-
valleria, la virtù e la creanza : chiunque
dunque era prestante in qualche virtù, si
ritirava ad Urbino, come a suo proprio
ricovero, dove era ricevuto e accarezzato
da que' magnanimi Signori a maraviglia.
Quivi sempre si stava in pensieri, in atti,
e in parole nobili e virtuose ; dove essendo concorso anche M. Pietro Bembo tratto
dal valor di que' Principi e dalla fama di
quella onorata Accademia, in poco tempo
diede di se tal saggio, che era e amato ed
onorato, e riverito da tutti come cosa rara, e di riverenza degna ; e singolarmente da quei Duchi, coi quali contrasse tan-

ta domestichezza e tanto amore, che è poi bastato a conservarsi nella posterità di quella casa fin che egli è visso. Perciocchè il Duca Francesco Maria e la consorte, e poi il Duca Guido Ubaldo portarono a M. Pietro Bembo onore e riverenza come a padre: e tutto ciò avveniva di M. Pietro Bembo con molta ragione, perciocchè oltra la rarità del suo ingegno e dell'erudizione, erano in lui molte qualità atte a trarr'a se gli animi di coloro che con lui domesticamente praticavano. Era (come s'è detto) di sangue e di patria nobilissimo; era di persona grande e ben fatta, di belle e fine fattezze, d'aria graziosa; ed era poi di maniere molto placide e molto modeste, e della persona sua molto polito e delicato, e sopra tutto aveva nel suo procedere e nel suo parlare una gravità con una dolcezza sì nuovamente congiunta, che induceva ad amarlo e reverirlo ognuno che con lui praticava, e ad ascoltare con attenzione, ed a ricevere con satisfazione ogni cosa che egli diceva, come scelta e vera. Questi dolci ami avevano sì adescati e presi il Duca e la Duchessa e quella onorata schiera di gentiluomini e gentildonne virtuose di quella corte, che non solamente amavano ed onoravano M. Pietro Bembo, ma non potevano quasi senza lui vivere, in tanto che egli era sforzato il più del tempo star fuori di Vinezia e dimorarsi in Urbino. Il che pote-

va far spesso e di leggieri, per la vicinità
che è da Vinezia a Pesaro, e d'indi ad
Urbino, dove per lo più i Duchi si rite-
nevano. E questa fu una delle cagioni, che
accompagnata con la sua naturale inclina-
zione lo distolse vie più dall'attendere alle cose della sua Repubblica; nè lo lasciò
pur poco avvezzarvi il gusto. Di che M.
Bernardo suo padre si doleva assai, e ne
lo riprendeva spesso, cercando pur d'in-
durlo con la sua autorità a prender moglie
come facevano gli altri, per porgli il primo freno; e a volger l'animo alle cose
della città, e a praticare, e a procacciar
d'aver onori e magistrati come i giovani
di quell'ordine quasi tutti facevano; essendo universalmente il fine di tutti quei
che si trovano membri nobili di quella Repubblica gli onori e i gradi; stimando vano e lieve ogni altro studio, e ogni altra
cura che da un gentiluomo Viniziano si
ponga in qualsivoglia altra azione ed opra,
per procacciarsi laude e profitto, quei solamente veri e proprj onori stimando, che
dà la Repubblica. E quantunque quei che
hanno più severamente diffinito l'obbligo
del vero Senatore vogliano, che esso miri
solamente all'onore e al ben della Repubblica senza rivolger mai l'occhio a
se stesso, e al suo proprio onore ed in-
teresse, come di molti chiarissimi Senatori di questa Repubblica potrei dire,
se io avessi tolto a scriver la lor vita, e

non quella di M. Pietro Bembo; tuttavia perchè noi sian pur uomini, e questa Repubblica è d'uomini, e non d'Angeli, non potendo sempre tenersi a quella mira, e rivolgendosi agli onori e alle dignità, quasi premj convenevoli (come i Filosofi han voluto) della virtù, camminano con più certo passo e più sicuro al beneficio della lor Patria, che non han mai fatto gli uomini dell'antiche Repubbliche che io abbi mai letto o udito, l'arme de' quali le più volte per farsi grandi ed illustri solevano essere gli ardimenti, le sedizioni e le largazioni; dove qui nella repubblica di Vinezia è l'ambizione onesta e congiunta con la virtù, la quale chi togliesse via, torria (a mio giudizio) via il nodo e lo stabilimento di essa; perciocchè desiderando il Gentiluomo un magistrato o un onore, e sapendo non poterlo conseguire se non per via di suffragj di molti, saluta tutti, fa appiacere a tutti, e (quel che importa più) si prepara e s'ingegna d'esser tale per lettere, per costumi, e per buona fama, che ognuno l'abbia ad amare, e a favorire nelle sue ballotazioni: onde ne seguono due beni, l'uno, che s'attende più alle virtù e a i costumi, l'altro che si vive più unito insieme; in guisa che di molti membri la Repubblica diviene un corpo unito e indissolubile, che è primo momento all'eternità delle Repubbliche, come riputarono quelli, che più elettamente ne scrissero. E questa si può dire nel vero una delle cagioni potissime, che han conservata tanto questa felice Repubblica e la conserveranno anche in infinito, che così piaccia a Dio. Argomentandosi dunque per ogni via il Padre di M. Pietro Bembo di drizzare il figliuolo, secondo la sua regola, alla vita civile e alla Repubblica, ed essendo egli all'incontro tratto da natural forza a cercarsi altra maniera di gloria più propria e più illustre, la quale lo rendesse non solamente chiaro e cospicuo a Vinezia, ma lo portasse anche alle genti più barbare e più rimote, e a quelli maggiormente, che fossero per via di studj più degni e più lodati, e non solamente all'età sua, ma eziandio alla futura lasciasse de'suoi veri onori testimonio immortale; e massime parendogli che la famiglia Bemba fosse nella sua Repubblica chiara a bastanza, per molte degne opere de'suoi antecessori detti di sopra, e parendogli anche che allora vi fosse M. Gio. Matteo Bembo giovine di rarissima aspettazione e di bell'ingegno, ed atto a continuare e a conservare lo splendore di quella casa circa l'amministrazioni pubbliche, siccome poi ha fatto di vantaggio negli onorati carichi che la Repubblica gli ha dati; e parendogli anche avervi M. Carlo Bembo fratello suo proprio, il qual mostrava già già lumi d'ingegno atto a ogni preclara opra nella sua città, ed averia potuto benissimo sostentar la domestica dignità, se da empia

morte non fosse stato per tempo acerbamente rapito: sola questa spezie d' onore
gli era avviso, che non fosse stata a suo
modo ancor ben introdotta nella famiglia
Bemba, ovvero per lunghezza di tempo
intermessa, e per questo egli intendeva
d' aggiungervela, o rinnovarvela ed illu-
strarvela, conoscendosi bastevole molto meglio a poter ciò fare che ad attendere agli
onori della sua città, alla qual cosa era
poco inclinato e per giudizio e per natura, dove a quella era inclinatissimo. Vinte per tanto finalmente le molte battaglie
che 'l Padre e la madre gli davano di
continuo, egli pur ottenne di torsi dal
numero dei più, e volgersi tutto alle muse e a quei nobili studj, ne' quali già molti
anni s' era esercitato ora in vaghe e rimote
solitudini, ed ora in celebri e frequentate
compagnie, e da' quali aveva cavato con la
divinità della sua natura e gusto e frutto
e nome mirabilissimo. Fra molte illustri
persone, colle quali M. Pietro Bembo era
usato domesticamente di vivere, e dalle
quali fu onorato molto e avuto caro, era
il Magnifico Giuliano de' Medici allora
fuoruscito di Firenze, il quale si trovava
nella Corte d' Urbino, Signore di bel giudizio di belle lettere e di bell' animo, siccome i più della casa sua solevano essere,
e molto caro parimenti al Duca. Avvenne
che Giovanni de' Medici fratello del Magnifico Giuliano, ed allor Cardinale, fu fat-

to in quel tempo Papa, e chiamato Leone Decimo. E perchè era Principe di grandissimo animo, di gran giudizio e di gran
gusto in ogni sorte di studio, e massime
nei più politi, tosto che fu entrato in
quella suprema dignità, !disegnò ornar la
Corte sua d'uomini dotti famosi ed eccellenti in ogni guisa di virtù, e voltando
gli occhi intorno per metter a fine questo
suo disegno, la fama di M. Pietro Bembo
prima che l'altre chiara e onorata se gli
mostrò, e indusselo a chiamarlo onoratissimamente a' suoi servizj, avendone anche
stimolo dal Magnifico Giuliano suo fratello, che subito dopo la sua creazione se
n'era andato a Roma magnificentissima-
mente, il quale tenendo quella memoria
del frutto della dolce e dotta conversazione
di M. Pietro Bembo in quella sua maggior
fortuna, che aveva fatto nella minore,
stimava non poter goder integramente della grandezza in che si trovava, se M. Pietro Bembo era da lui disgiunto. Condotto
dunque M. Pietro Bembo alla Corte, ed e-
saminatosi che ufficio si dovesse dare a
tanto uomo che più se gli convenisse, fu
finalmente preposto alla cura di scrivere i
brevi secreti o privati ( che voglian dire )
del Papa, i quali si sigillano con cera,
dove tutte l'altre espedizioni Papali si sigillano con piombo: il quale è certo carico importantissimo, e solito a commetter-
si solamente a persone importantissime, e

di gran prudenza ed erudizione. Questa provincia prese M. Pietro Bembo molto animosamente e molto volentieri così perchè era conforme agli studj suoi, ed era quasi una arena, dove poteva esercitar la sua eloquenza,
come anche perchè egli ne conseguiva onore,
e ne sperava frutto assai, e vie più per
isgannar coloro che de'studj suoi e della
sua elezione speravano poco frutto, e mostrar loro, che egli s'era a quella parte
accostato, onde aveva maggior frutto e
maggior laude ritratta. Di quarantatrè anni
era M. Pietro quando se n'andò a Roma
accolto e aspettato da sua Santità, dal
Magnifico Giuliano, e da tutta la corte
onoratissimamente. Gli fu dato per compagno in iscrivere i brevi Messer Jacopo Sadoleto, uomo parimente d'erudizione, di
eloquenza, e di prudenza rara, il qual
fu poi Cardinale. Questi due vissero insieme tanto concordi e tanto amici fin all'ultimo della lor vita, quanto di pochi si
può dire, e fu tanto più maraviglioso,
quanto comunemente l'invidia suol regnar
maggiore fra quei, che son concorrenti
in una professione, e che aspirano giugnere in quella al sommo della laude, come avveniva di questi due: tanto può la
vera via degli studj, e il vero candore degli uomini da bene, come eran questi due,
a'quali ognuno di comune consenso con-
cedeva la palma del bene scriver latino.
Questi dimostrarono al mondo nel lor uf-

ficio, che ogni materia ancor che strava-
gante si poteva latinamente ed elegantemente trattare dagl'ingegni eccellenti: perciocchè i brevi che a'tempi primi degli altri Papi si solevano scrivere barbaramente,
e in un certo stile della corte poco candido e poco latino, e parea già per lungo
uso che non fosse possibile scriversi altri-
menti, uscirono dalle man di costoro tanto latini e tanto eleganti, quanto ognuno
può vedere nelle stampe. Per questo nome
amò ed onorò il Papa, che era di giudizio
grave e profondo, M. Pietro Bembo assai,
e lo premiò anche onestamente di 3000 e
più ducati d'entrata, serbando animo di
dargli vie più, come l'occasione gli apris-
se la via. Fu Papa Leone, come s'è detto,
Principe d'animo molto grande e liberalissimo e di natura molto ingenuo, e senza
alcuna superstizione ed ipocrisia. E perchè stimava le cose secondo l'esistenza,
e non secondo l'apparenza, viveva da Signore grande ed allegro con tutti que'piaceri che la natura non abborrisce, e fanno
il Principato comodo e dilettevole. E perchè la corte ed il popolo, come dice Platone, va dietro a'costumi del Principe, si
viveva nella sua corte molto magnificamen-
te e molto liberamente, e sopra tutto senza
ipocrisia, dove trovandosi M. Pietro Bembo,
ed avendo accordato il suo gusto al gusto di
quella corte, oltra che egli era di voglie molto graziose e molto facili ad amare, non sa-

rà chi si maravigli se venutole vista una
bella e vaga giovine, che Moresina fu chia-
mata, di rare maniere e di leggiadri costumi, a lei rivolse l'animo, e fattosela
sua, tutto il tempo che ella visse con lei
congiuntissimamente dimorò. Costei celebrò
M. Pietro Bembo nelle sue rime in vita,
e pianse poi con le sue rime in morte,
essendo morta molti anni innanzi a lui.
Di costei ebbe M. Pietro Bembo tre figliuoli Lucilio, Torquato, ed Elena. Lucilio
mancò acerbo, Elena fu da lui maritata
in Pietro Gradenigo, giovine nobile e qualificato nella sua Repubblica, del quale ha
avuti figliuoli, ed ha tuttavia. Torquato
fu da lui vivendo instituito nei migliori
studj sotto dotti maestri. Sicchè, chi con
libero e prudente occhio rimira, vedrà
convenirsi non pur scusa, ma lode a
M. Pietro Bembo del frutto che egli amando ci lasciò, che biasmo alcuno della licenza che egli osando si pigliò. Fece dunque Papa Leone gran conto di M. Pietro
Bembo, stimandolo non solamente rarissimo nell'eloquenza e negli studj, ma e-
ziandio gravissimo e prudentissimo nelle
azioni umane, e ne' maneggi degli stati.
Laddove avendo in animo di muover l'armi contra il Re di Francia essendo in lega
con Massimiliano Imperatore, e col Re
Cattolico di Spagna, richiedendo così lo
stato della Chiesa in que' tempi, mandò
l'Ambasciatore M. Pietro Bembo al Se-

nato di Vinegia a persuadergli, che lasciata l'amicizia del Re Cristianissimo, col quale la Repubblica era confederata, s'accostasse a lui e a' suoi confederati. Intromesso M. Pietro Bembo nel Senato, fece una orazione sopra questa materia gravissima e veementissima in lingua volgare, degna senza dubbio d'esser ammirata e lodata fra le cose rarissime di quella lingua, la quale lasciò scritta, e ognuno che vorrà vederla, ne potrà agevolmente far giudizio. Or perchè egli era e per natura, ed anche per il molto studio e le molte cure debole, e di forze fiacche convenendogli scrivere assai la notte, perchè il giorno mal si poteva partire da' fianchi del Papa, e quel poco spazio che da questo gli avanzava spendendo in visitar molti, e in esser da molti visitato, e interponendosi con molti per giovare a tutti (come richiedeva l'uso della corte, e molto più la sua benefica e facil natura) finalmente con grave dispiacere del Papa e della corte, cadde in una gravissima e lunga malattia: e quantunque alla fine fosse alquanto megliorato, vedendo che non si poteva riaver in tutto per molta cura e diligenza che gli fosse avuta; per consiglio de' Medici ed esortazione di Papa Leone, che molto della sua sanità era sollecito se n'andò a Padova, dove il cielo è purgato e salutifero assai per mutar aria. Quivi si ricreò M. Pietro Bembo assai, e tornato nei

primi termini della sua sanità , e sgravato
dalla grave soma delle cure della corte ,
inteso in que'tempi la morte di Papa Leone con un animo tranquillissimo si rese
tutto e¦ rivoltò a'suoi primi nobili studj,
deposto non pur ogni pensiero , ma quasi
ogni memoria dell' ambiziose grandezze , e
della corte. E nel vero chi saggiamente discorre , ed esamina con purgato giudizio
lo stato della nostra vita , debbe di gran
lunga anteporre una vita onesta e medio-
cre , che sia queta e sicura , ad una illustre ed ambiziosa di fatiche e d'emulazioni piena , e maggiormente colui , che a
nobili studj è consacrato , e di quella dolcissima esca a cibarsi è solito , nella quale
si trova ciò che l'uom desidera , essendo
gli estremi sempre turbulenti e viziosi ,
e la mediocrità sempre dolce e gioconda ,
e vero albergo di virtù , a guisa d'un che
di giudizioso mercatante che lasciate le
dolci comodità domestiche , vaga un tempo per i faticosi e tempestosi mari , tornato dipoi a casa d'onesti acquisti carco ,
si constituisse un bello e comodo model-
lo di vita per godere de'frutti delle sue
giuste fatiche. Tornato a Padova dopo no-
ve anni che a' servigi di Papa Leone era
dimorato , e avendo acquistata tanta entrata , quanta gli faceva mestieri a comodamente e onoratamente vivere, essendo d'anni
già cinquantadue, si stabilì una forma di vivere tanto bella e tanto lodevole , quanto si

possa desiderare. Il ciel di Padova, come s'è detto, è graziosissimo, la città è antica, nobile e spaziosa, dotata d'alcune doti, che sono particolari sue e proprie, cinta di mirabilissime mura, e circondata di bellissime acque, e di tutte quelle cose abbondevole, che al vivere si richieggono: adorna sopra tutto d'uno studio il più bello che in Italia sia, o fuor d'Italia. Compratasi per tanto quivi una bellissima e onorata cosa M. Pietro Bembo, con un bellissimo giardino, e tenendo quella adornata molto, e questo coltivato e pieno di bellissime spalliere di limoni ed aranci, e di rarissimi semplici, e avendo messo insieme un bello studio di libri, e di molte belle cose antiche, di statue di diverse materie e di medaglie di diversi metalli, e d'altre singolari antichità tali che in Italia nessuno, o pochi erano quei che in ciò l'agguagliassero: e avendo poi dall'altra parte sceltasi una corte di tanti servitori, quanti bastavano a comodamente servirlo e onorarlo, ognuno nel suo grado qualificato, e di vaghe maniere, e parte d'essi dotti e giudiziosi, come fu M. Cola Bruno, che con lui visse molti anni, e finalmente morì, e degli altri assai: menava la più composta, la più tranquilla, la più virtuosa, e la più nobil vita, che altri menasse a mio giudizio già mai. Egli era quasi sempre a' suoi studj intento, sempre meditava, sempre concepiva, e sem-

pre partoriva cose degne d'esser lette ed
ammirate. Tutti i nobili di quello studio,
tutti i segnalati gentili uomini, ( che ve
n'erano e terrieri, e stranieri assai) andavano ordinariamente a visitarlo, andavano per udirlo, e per corre il frutto delle
parole, che dalla sua saggia bocca quasi
perle cadevano, pendendo dal suo dire
come dall'oracolo d'Apolline. E questo
non solamente di quelli avveniva che in
Padova dimoravano, ma di genti spesse
volte lontane, letterate e giudiziose, le
quali tratte dalla fama di Messer Pietro
Bembo a Padova per vederlo, e parlar
con lui si conducevano, come di Platone,
e d'altri mirabili uomini si dice già esser
avvenuto. E molti, a'quali il venire non
era comodo, per lettere con lui si trattene-
vano, tanta era la riputazione, e il nome
che egli s'aveva quasi per tutto il mondo
co' suoi scritti e con la sua fama acqui-
stato. E fu veramente Messer Pietro Bembo e nello scrivere, e ragionar suo molto culto e molto nuovo. Era poi in con-
versazion dolcissimo e modestissimo e molto destro, ed atto a piacere ad ogni grado di persone, e d'ogni età. Tutti quei
che componevano, volevano il suo giudizio, il quale dava però sempre con gran
riguardo, facile al lodare e rispettoso al
dar menda. Il più dei letterati di que'tempi così in Padova, come fuori componevano in lode sua, a lui le sue prose e i

suoi versi drizzavano, essendo loro avviso d'ornare i lor componimenti, ornandosi del suo nome. Essendo M. Pietro Bembo molti e molti anni in questa posata ed onorata vita dimorato, a nessuna cosa pensando meno che a lasciarla; fu fatto Papa Alessandro Cardinal Farnese, e chiamato Paolo III. il quale essendo Signore di gran giudizio, e vedendo la Sedia Apostolica aver bisogno in que' tempi di sostegni saldi e poderosi per sostentarla e difenderla da' contrarj venti, che l'avevano già assai agitata, e agitavano di continuo, pensò di fare Cardinali di supremo valore e d'alte qualità, sicchè potessero questo peso con dignità, e sicuramente portare: e giratosi con gli occhi per Italia, fra' primi che gli venner veduti, fu M. Pietro Bembo, il quale era in que' tempi a Vinezia. Al quale essendo venuto da Roma M. Carlo Gualteruzzi da Fano, cortigiano di valore, ed uomo molto avveduto, e molto pratico e familiarissimo di M. Pietro Bembo, ed avendolo avvisato della volontà di Papa Paolo, esso da pria ricusò, e cominciò a scusarsi, parendogli cosa difficile a dover in quell'età dall'ozio al negozio, dalla solitudine alla frequenza, e dalla tranquillità si può dire alla tempesta trapassare, e lasciare i suoi dolci studj per le moleste cure, e commutare finalmente la guerra con la pace. Parrà certo cosa difficile a credere, che 'l Bembo ricusasse allora tanta dignità, essendo comunemente l'animo degli uomini avido di grandezze e di onori, nondimeno il fatto fu così, e sono anche vivi molti che possono render vero testimonio. Furono alcuni che intesa la pratica che Papa Paolo aveva mossa di far Cardinale M. Pietro Bembo, si sforzavano di rimuovere sua Santità da quel proposito, riprendendo in lui la cosa della sua donna, e la professione che egli faceva ancor vecchio, di rime e versi: e l'uno e l'altro iniquamente. Perciocchè, o non fu vizio a M. Pietro Bembo l'aver compagna della sua vita donna sì rara, o se fu, egli n'era già libero, essendo ella molti anni innanzi già morta: e la poesia, essendo ornamento d'un uomo erudito, non veggo per qual cagione non si convenga nell'ultima come nella prima etade, a quei massime, che sono in essa sì rari e sì eccellenti: e questo tanto meno si conveniva fare agli emuli di M. Pietro Bembo, quanto essi medesimi erano macchiati del vizio che riprendevano in lui molto maggiormente, ed erane anche macchiato colui, appresso il quale l'imputavano. Potè nondimeno la pertinacia loro far sì, che la cosa si prolungò, e M. Pietro Bembo non fu dichiarato Cardinale nel tempo che doveva. La qual cosa intesa, e veduta da lui si turbò assai, e dove prima aveva pensato di rinunziar quella dignità per

viversi nella sua pace, fece opra d'averla
per non ne rimanere in biasimo, temendo
che non si dicesse, che egli era stato proposto e ributtato: e così avuta quella dignità, ed essendogli stato mandato da Papa Paolo il breve e la berretta cardinale-
sca, come per la città si seppe, s'empì
la casa sua d'uomini e di Senatori d'ogni
sorte, e di Prelati e di Signori che erano
nella città, i quali tutti s'andavano a rallegrar con lui; e si sentiva una allegrezza
e un plauso per tutta la città maraviglioso: e così dopo alcuni giorni M. Pietro
Bembo d'anni settant'uno lasciati i suoi
amenissimi recessi e quietissimi studj, e
sospirandogli tuttavia se ne ritornò Cardinale a Roma. Nella qual partita si può
veramente dire che partisse da lui quella
allegrezza e quella serenità d'animo e di
volto, che si soleva in lui quasi sempre
vedere. Fu ricevuto il Cardinal Bembo in
Roma da Papa Paolo e da tutta la corte
molto onorevolmente ed amorevolmente,
essendo stato sempre desiderato fin da que'
primi anni che dalla corte s'era partito;
e fu visitato e trattenuto domesticamente
da molti Signori, ma particolarmente dal
Cardinal Coutareno, dal Sadoleto, Cortese, Polo, Santa Croce, e Morone; Cardinali grandissimi, dottissimi, costumatis-
simi, lume e ornamento di quella corte, i
quali erano simili e conformi in molte
parti al Cardinal Bembo d'un candor d'a-

nimo rarissimo , d' una volontà rettissima,
e di costumi soavissimi e amabilissimi. Dicevano liberamente quel che dirittamente sen-
tivano, ed erano in tutte le loro azioni con
un temperamento ineffabile e severi e cle-
menti. Con questa onorata compagnia dispen-
sava molte ore del giorno, quando l'occasione
il permetteva , il Cardinal Bembo ; il che
gli era gran rilevamento nella disianza che
ancor lo pungeva della sua prima libera e
riposta vita. Era eziandio molto caro e
molto accetto il Cardinal Bembo a Papa
Paolo , ed era il suo consiglio spesso richiesto nelle maggior occorrenze, e spesso
da Sua Santità seguito; ed era finalmente
in tanta venerazione e opinione appresso
a quel sacro Concistoro , e a tutta quella
corte , che s' aveva per credenza ferma e
universale, che mancando Papa Paolo, il che
non poteva star molto a seguire, per esser
egli d' età gravissima , e di parecchi anni
maggior di lui , egli saria senza dubbio
per tutti i suffragj di quel sacro Collegio
stato creato Pontefice : aspettandosi di ri-
vedere sotto il suo governo i buoni e i
dotti esaltati , Roma da' suoi travagli re-
spirando trionfare , e la Sedia Apostolica
a' suoi primi onori e alla sua prima dignità restituita. Ma , oh vane speranze mortali ! oh fallaci nostri desiderj ! oh incostante
e invidiosa fortuna , nimica del bene e
ministra del male! Quando Roma più fer-
mamente aspettava di vedere quel chiaro

giorno, e Vinezia, sua chiarissima patria, aspettava d'udire quella grata novella, essendo egli ancor di buona abitudine per una regolata e modesta vita che faceva, eccoti per obbliqua e impensata via acerba morte ordirgli nuove maniere d'insidie, invidiando la sua gloria a Roma, e a tutta l'Italia, e a'suoi il lor bene, e la loro esaltazione ed allegrezza. Era andato per diporto ad una vigna fuor di Roma (come ivi si costuma) il Cardinal Bembo, e volendo a cavallo entrar dentro la porta di essa, la quale era alquanto più bassa di quello che per entrarvi comodamente saria bisognato, urtò nel muro della porta, e percosse il fianco. Dalla qual percossa, essendo vecchio ormai, cascò in una febbricella, la quale a poco a poco gravandolo, all'ultimo l'atterrò. E sentendosi già desperato di vita e vicino al fine, con tanta non solamente fortezza d'animo, ma si può dire sicurtà ed allegrezza di cuore, s'acconciò a riceverlo, che ben mostrò d'averlo (come a sapiente uomo si conveniva) molti anni innanzi meditato, e come certissimo, senza alcuna alterazione d'animo aspettato. E questo è il vero e proprio frutto, che l'uom saggio deve da'migliori studj cavare. Ragionando per tanto co'suoi cari amici, de'quali sempre era la sua camera piena, di questo suo ultimo passaggio, e diverse cose per via di giuoco sopra esso lor proponendo, securo di

giugnere a miglior vita ed eterna, lasciò
questa peggiore brieve e fallace, chiuden-
do per sempre quei santi e reverendi occhi con doglia universale di tutta quella
Corte, e tutta Italia, e con pianto e rammarico di tutti i suoi, a' quali erano col
suo morire state sì alte speranze precise.
Compose il Bembo oltra l'opere, che si
sono dette, le regole della lingua, o voglian
dire eloquenza toscana, divise in tre libri, ad imitazione (come io credo) dell'o-
ratore di Marco Tullio, fatica veramente
molto degna in se, e molto utile e necessaria agli studiosi di quella lingua, avendo
quasi un filo nel labirinto da sapersi sicuramente reggere quei che compongono.
Compose il Benaco in verso eroico latino
molto bello. Compose molte epistole latine,
e molte volgari, che per la maggior parte
stampate si veggono, piene d'accuratezza,
d'osservanza, e vaghezza, quantunque
pajano altrui alquanto troppo eleganti.
Scrisse della Zanzala di Vergilio, e delle
favole di Terenzio un libro. Scrisse un libro parimente del Duca Guido Ubaldo da
Feltre, e d'Isabetta Gonzaga sua consorte,
il qual drizzò a M. Niccolò Tiepolo, opra
lodata dai dotti. Scrisse fra l'altre epistole latine, una epistola de *Imitatione* a Gio.
Pico dalla Mirandola, che si può dir un
libro. Scrisse in lingua Toscana in verso
d'ogni maniera di rime, cose assai sì giu-
diziosamente, sì purgatamente, e sì esqui-

sitamente, che senza dubbio alcuno dopo
gli antichi a lui si concede da tutti universalmente in questo il primo luogo. Scrisse finalmente per Decreto del Senato l'istoria di Vinezia, casta, pura, e latina molto, avendo tolto ad imitar Cesare. Il libro
d'Etna che compose ancor giovine, e drizzò ad Angelo Gabriele non piacque troppo
a lui stesso venuto a maggior età, e di
più giudizio. Era M. Pietro Bembo d'un
bello e acuto ingegno, d'un grave ed
esatto giudizio: era diligentissimo nelle sue
composizioni, e tanto faticoso e accurato,
che non si lasciava uscir cosa dalle mani,
che non fosse vista e revista, purgata e
ripurgata, e come si dice dell'Orso, leccata
e rileccata. Poneva assai studio nella scelta
delle parole, le quali affettava, a giudizio
d'alcuni, antiche, e disusate alquanto più
di quello, che lor pareva che convenisse.
Poneva studio in collocarle per far la composizion numerosa. Era nato singolarmente
all'imitazione di maniera, che quando prendeva ad imitar uno si trasformava in lui, e
a lui si rendeva tutto simile. Dicesi da' suoi
domestici, che quando egli voleva qualche
cosa comporre prendeva l'autore il quale voleva imitare, e leggevalo, e osservavalo diligentemente alcuni giorni, credo per rinfre-
scarsi l'odore del suo stile. Era indulgen-
te giudice in far giudizio nelle cose d'altri,
che tutto dì gli erano mostrate, per non
offendere ( per quel che si crede ) o non

contristare il mostratore. Fu d'animo molto volto ad amare, ma più tosto per ca-
varne il frutto delle composizioni, e per
procacciarsi suggetto da scrivere, che per
mollizie, o lascivia alcuna. Ebbe nel Car-
dinalato amici domestici i Cardinali che di
sopra ho detto: n'ebbe poi in tutta la vita
alcuni che molto cordialmente l'amarono
e riverirono, e molto furono da lui amati e tenuti cari. Fra' quali fu ricapatamen-
te M. Girolamo Quirino figlio di M. Isme-
rio Patricio Viniziano di nobilissima famiglia, d'elegantissimi costumi, ma sopra
tutto d'una fede, d'una umanità, d'una
dolcezza, e d'una magnificenza incomparabile. Questi era molto suo domestico,
nè pretermetteva sorte alcuna di ufficio e
d'opera, che potesse porre per i comodi
e per l'onore del Cardinal Bembo, che
non ve la ponesse amorevole e diligente:
ed era quasi uno Attico con Marco Tullio. Questi solo de'suoi parenti e amici ',
mancato il Cardinal Bembo, per onorarlo
in morte come l'aveva onorato e seguito
in vita, e per consolare in quel modo che
gli restava il dolore intenso, che del suo
mancare aveva sentito, e la sua acerba
solitudine, fece scolpir la sua immagine in
marmo bianchissimo, e quella locare nella Chiesa di S. Antonio da Padova sopra
uno pilastro, in luogo cospicuo molto, ed
apparente con una inscrizione nella base,
la quale diceva l'immagine del Bembo es-

ser stata posta lì da lui, acciocchè la posterità conoscesse l'effigie del volto di colui, del quale vedria in molti scritti l'immagine dell' ingegno : atto veramente nobile, e da essere da' candidi e veri amici e lodato, ed imitato.

# ARTICOLO DELLA PREFAZIONE

## DEGLI EDITORI DELLE OPERE

# DEL CARDINAL BEMBO

### *Venezia* 1729. *Tomo II.*

—————

*Negli Asolani abbiamo scelta, come più sicura delle altre, la edizione del 1530. de' Fratelli da Sabbio, dall'Autore in infiniti luoghi corretta e migliorata, e ne abbiamo arricchito il margine con le Postille di Tommaso Porcacchi, poste da lui alla impressione del Giolito del 1572. cosicchè giudicammo partito migliore far anche ristampare in questo Volume la lettera dedicatoria di lui a Cesare Locatello, che la lettera dedicatoria del Bembo a Lucrezia Borgia Duchessa di Ferrara impressa da Aldo negli Asolani del 1505. la quale fu da noi lasciata pel IV. Volume contenente le lettere, fra le quali*

*ritrovasi in tutte le antiche impressioni.
Senza che se inserita avessimo la lettera
del Bembo, sarebbeci convenuto romper
l'ordine preso di porre innanzi a ciasche-
duna opera del Volume prefazione straniera-
ra di Autore diverso, come si è fatto nelle
Prose, le quali sono precedute dalla lettera del Varchi, e nelle Rime, alle quali
prefissa abbiamo quella del Caro. Di due
Indici copiosi, ambi delle materie, l'uno
fatto dal Dolce nella edizione del 1558.
per il Giolito, dal mentovato Porcacchi
l'altro nella predetta del 1572. pure per
il Giolito, un solo ne facemmo più del-
l'uno e dell'altro separatamente copioso,
al quale abbiamo aggiunto altro Indice delle dichiarazioni de' vocaboli nelle Postille
del Porcacchi contenute, estratto dall'Indice della predetta edizione del 1572.,
nella quale l'Indice delle voci dichiarate,
e delle materie negli Asolani comprese,
in un corpo solo confusamente si conteneva.
La diversità, che fra la prima impressione
di essi Asolani, fatta (come abbiam detto)
da Aldo nel 1505. e la seconda de' Fratelli da Sabbio del 1530. si scorge, ci ten-
ne un tempo sospesi, se in fine dell'Opera
recar dovessimo le varie lezioni, come
nelle Rime si fece. Due cose ci trattenne-
re; la prima fu, che d'infinito intralcio,
e di lungo impedimento per la edizione
sarebbono state quelle varietà dell'un Te-
sto e dell'altro, quando sarebbe stata for-*

za trascriver di nuovo presso che tutto il primo libro degli Asolani, nel quale havvi maggiore la copia delle lezioni varianti; e la seconda fu, che già prevedevamo un insofribile disturbo e fatica nella collezione de' Testi, e doveasi aver riguardo al Tomo, che si ritrovava in apparenza di crescere a dismisura, come è cresciuto.

# AL MAGNANIMO E VIRTUOSISSIMO SIGNORE

## IL SIGNOR CONTE

# CESARE LOCATELLO.

### TOMMASO PORCACCHI

*Trovandomi io la state passata, Magnanimo Signor Conte Cesare, nell' amenissima e deliziosissima villa d'Arcoli nel Veronese, presso il molto illustre e molto cortese Signor Marchese Lodovico Malaspina, invitato a virtuosi ed onorati trattenimenti da quel virtuosissimo e onoratissimo gentiluomo, mio unico benefattore ed amatore, e attendendo, come è mio consueto, a spender le ore più fresche e più* comode ne' miei soliti studj, e in particolare a descriver le trenta Isole più famose del mondo, ch' ora si danno alla stampa con accurati disegni in rame; un giorno, che, come era nostro costume, spendevamo le ore più nojose del caldo in ragionamenti attenenti a virtù, fui da esso Signor Marchese Lodovico, dall' Illustre Signor Conte Federico Sarego, pieno di virtù e di pensieri generosi, e dal molto eccellente, e molto valoroso Signor Dottore, il Signor Girolamo Brà, richiesto ed esortato a dichiarare alcuno di quei vocaboli degli Asolani di Monsig. Pietro Bembo, che meno da color, che non son nati in Toscana, o che non hanno gran cognizione della nostra lingua, sono intesi. Perciocchè essendosi molto compiaciuto questo illustre Scrittore (come essi dicevano) in esprimere i suoi concetti con parole quanto più si poteva, proprie e significanti, ed amando di arricchir di nuove voci la lingua, per se stessa povera, e di adornarla; bene spesso avea usato alcuni di quei vocaboli, che non così facilmente venivano intesi da chi non v'aveva grande studio fatto. A questi miei Signori risposi io, che di corto sperava soddisfare a' lor desiderj con una piena e copiosa aggiunta di voci, che io faccio alla Fabbrica del Mondo dell'Alunno, così tratte da approvati Autori antichi, Le Cento, Ricordan Malaspina, Giovanni, e Matteo Villani, Cino, e Buonaccorso Mon-

romagno da Pistoja, e gli altri, come dei
moderni, e Monsig. Bembo, l'Ariosto, il
Sannazzaro, Monsig. della Casa, Monsig.
Guidiccione, Monsig. Tolomei, il Varchi,
il Caro, e molti altri illustri e celebrati
autori, da' quali mostrai d'aver cavato sino allora gran numero di Vocaboli, e di-
chiarati in un gran fascio di scritti, che
misi loro innanzi. In questo mezzo venu-
tami l'occasione, che si voleva gli Asolani del Bembo ristampare, io subito pensai,
che fosse in alcuna parte da piacere a quegli
illustri Signori, e da soddisfare al virtuo-
so pensiero dello stampatore che mi avvi-
sava. Ma veduta la difficoltà e strettezza
delle margini nell'opera, e considerato,
che strettamente mi conveniva dichiarar
quelle voci, mi risolsi in alcune di citare
quel mio Vocabolario (così m'ha piaciuto
con voce comune chiamarlo) che sarà aggiunto alla Fabbrica, e ad esso rimetterne
il lettore, dove più diffusamente vedrebbe
la dichiarazione di detta voce; e quivi intanto, secondo la strettezza del margine
strettamente esponerla. Aggiunsi anco a
ciascuno di questi tre libri l'argomento;
e questo per mostrar d'aver voluto com-
piacere allo stampatore, poichè gli scritti
del gran Bembo non hanno punto bisogno
dell'altrui mano, ma solo, e soli sono ornamento delle belle lettere, e lume
a qualunque vuol rettamente scrivere, e

imitare. Ora essendo questi *Asolani* venuti in luce, ho voluto accompagnarli col
nome Illustre di V. S. in testimonio di
quell' amicizia, che mercè della sua singolar
virtù, e del gentilissimo M. Giovanni Ba-
stone ho contratta seco; e così dare a lei
pegno dell' osservanza mia verso il suo
molto valore, come ella mi dà arra del-
l'amor, che mi porta. E veramente, Signor mio cortesissimo, sono io molto tenuto ad aver la virtù di V. S. in riverenza:
perciocchè amando ella, come fa, i debo-
lissimi parti del mio sterile ingegno, son
indotto da questa conformità di studio ad
amarla, ed a riverirla, come virtuosa, e
come di me singolarmente benemerita. Ma
quando poi la veggo tutto il giorno sollecita e disposta ad arricchire i miei concetti intorno all' istorie di nuovi pensièri,
che mi propone, e ad arricchir questa nostra lingua con le traduzioni de' molti e
molti libri, che a proprie spese fa da diversi in diverse professioni, solo per amor
della virtù, trasportare; io sono in tal guisa rapito a osservare il nome di V. S., che
vorrei non saper fare altro per lungo tempo, che con la mia penna celebrar sopra
tutti gli altri il nome suo, perciocchè spe-
rerei con questo mezzo di illustrar me stesso ancora, e le cose mie. Ma poichè mi
è tolto il poter far quanto dovrei, non
mancherò almeno di far quanto potrò, e
di lodar sempre il vostro valore, la vostra

virtù, e 'l molto amor che *V. S.* porta,
e 'l gran favor ch' ella fa alla virtù, pre-
miandola ed ajutandola: ed ella, mi rendo
certo ( tanta è la sua cortesia ) non mancherà d' aver accetto questo mio buono animo, siccome la prego per ora ad eccettar
volentieri questo libro, che le presento, ed
a conservarmi nella grazia sua, *A dì* 12
*Giugno MDLXXI, di Venezia.*

# DEGLI ASOLANI

### DI

## M. PIETRO BEMBO

#### NE' QUALI SI RAGIONA D'AMORE

### *LIBRO PRIMO.*

---

### ARGOMENTO.

*Descrive Asolo Castello del Trivigiano, e introduce tre giovani uomini, ed altrettante donne in un giardino a parlar d'Amore; dove Perottino con molte e molte ragioni gli arguisce contra, e lo biasima come dannoso e reo, cagion di molti mali.*

Suole a' faticosi navicanti esser caro, quando la notte da oscuro e tempestoso nembo assaliti e sospinti nè stella scorgono, nè cosa alcuna appar loro, che regga la lor via, col segno della Indiana pietra ritrovare la tramontana in guisa, che quale vento soffi e percuota conoscendo, non sia

lor tolto il potere e vela e governo là, dove
essi di giugnere procacciano, o almeno
dove più la loro salute veggono, dirizzare:
e piace a quelli, che per contrada non
usata camminano, qualora essi a parte venuti, dove parimente molte vie faccian
capo, in qual più tosto sia da mettersi non
scorgendo, stanno in sul piè dubitosi e sospesi, iucontrare chi loro la diritta insegni,
sì che essi possano all'albergo senza errore, o forse prima che la notte gli soprag-
giunga, pervenire. Per la qual cosa estimando io da quello, che si vede a venire
tutto dì, pochissimi essere quegli uomini,
a' quali nel peregrinaggio di questa nostra
vita mortale ora dalla turba delle passioni
soffiato, ed ora dalle tante, e così al vero
somiglianti apparenze d' opinioni fatto in-
certo, quasi per lo continuo, e di calamità
e di scorta non faccia mestiero, ho sempre giudicato grazioso ufficio per coloro
adoperarsi, i quali, delle cose o ad essi
avvenute, o da altri apparate, o per se
medesimi ritrovate trattando, a gli altri
uomini dimostrano come si possa in qualche parte di questo periglioso corso e di
questa strada a smarrire così agevole, non
errare. Perciocchè quale più graziosa cosa può essere, (1) che il giovare altrui? o

---

(1) L'uomo non può far cosa, che più gli convenga, quanto giovare a molti.

pure che si può quaggiù fare, che ad uomo più si convenga, che essere a molti
uomini di lor bene cagione? E poi se è
lodevole per se (che è in ogni maniera
lodevolissimo) un uom solo senza fallimen-
to saper vivere non inteso e non veduto
da persona; quanto più è da credere, che
lodar si debba un altro, il quale e sa esso
la sua vita senza fallo scorgere, ed oltre
acciò insegna e dona modo ad infiniti altri
uomini, che ci vivono, di non fallire? Ma
perciocchè tra le molte cagioni, le quali il
nostro tranquillo navicar ci turbano, ed il
sentiero del buon vivere ci rendono sospetto e dubbioso, suole con le primiere
essere il non saper noi le più volte, quale
amore buono sia, e qual reo: il che non
saputo fa, che noi le cose, che fuggire si
dovrebbono amando, e quelle che sono da
seguire non amando, e tal volta o meno
o più del convenevole ora schifandole e
ora cercandole, travagliati e smarriti viviamo; ho voluto alcuni ragionamenti rac-
cogliere, che in una brigata di tre nostre
valorose donne, e in parte di madonna la
Reina di Cipro pochi dì sono, tre nostri
avveduti ed intendenti giovani fecero d'a-
more assai diversamente questionandone in
tre giornate, affine che il giovamento e
pro che essi hanno a me renduto da loro, che fatti gli hanno, sentendogli, che
nel vero non è stato poco, possano eziandio rendere a qualunque altro così ora da

me raccolti piacesse di sentirgli. Alla qual
cosa fare, come che in ciascuna età stia
bene l'udire e leggere le giovevoli cose, e
specialmente questa; perciocchè non amare come che sia in niuna stagione non si
può; quando si vede che da natura insieme col vivere a tutti gli uomini è dato,
che ciascuno alcuna cosa sempre ami: pure'
io, che giovane sono, i giovani uomini e
le giovani donne conforto ed invito maggiormente. Perciocchè a molti ed a molte
di loro per avventura agevolmente avverrà,
che udito quello, che io mi profero di
scriverne, essi prima d'amore potranno far
giudicio, che egli di loro s'abbia fatto
pruova. Il che quanto esser debba lor caro, nè io ora dirò, ed essi meglio potranno ne gli altri loro più maturi anni giudicare. Ma di vero siccome nel più delle
cose l'uso è ottimo e certissimo maestro;
così in alcune ed in quelle massimamente
che possono non meno di noja essere, che
di diletto cagione, siccome mostra che
questi sia, l'ascoltarle o leggerle in altrui,
prima che a pruova di loro si venga, senza fallo molte volte a molti uomini di molto giovamento è stato. Per la (1) qual cosa
bellissimo ritrovamento delle genti è da
dir che sieno le lettere e la scrittura, nella
qual noi molte cose passate, che non po-

---

(1) Utilità che si trae dalle lettere, e dalla scrittura.

trebbono altramente essere alla nostra notizia pervenute tutte quasi in uno specchio riguardando, e quello di loro, che faccia per noi raccogliendo, dagli altrui esempi ammaestrati ad entrare nelli non prima o solcati pelaghi, o camminati sentieri della vita, quasi provati e nocchieri e viandanti più sicuramente ci mettiamo. Senza che infinito piacere ci porgono le diverse lezioni, delle quali gli animi d'alquanti uomini non altramente, che faccia di cibo il corpo, si pascono assai sovente, e prendono insieme da esse dilettevolissimo nodrimento. Ma lasciando questo da parte stare, ed alle ragionate cose d'amore, che io dissi, venendo, acciocchè meglio si possa ogni lor parte scorgere tale, quale appunto ciascuna fu ragionata, stimo che ben fatto sia, che prima che io passi di loro più avanti, come il ragionare avesse luogo si faccia chiaro.

Asolo (1) adunque vago e piacevole castello posto ne gli estremi gioghi delle nostre alpi sopra il Trivigiano è, siccome ogni uno dee sapere, di madonna la Reina di Cipro; con la cui famiglia *la quale è detta Cornelia,* molto nella nostra città onorata ed illuminata, è la mia non solamente d'amistà e di dimestichezza congiunta; ma ancora di parentado. Dove essendo ella

(1) Asolo castello del Trivigiano.

questo Settembre passato a'suoi diporti an-
d la avvenne, che ella quivi maritò una
delle sue damigelle, la quale perciocchè
bella e costumata e gentile era molto, e
perciocchè da bambina cresciuta se l'avea,
assai teneramente era da lei amata ed avuta cara. Perchè vi fece l'apparecchio delle
nozze ordinare bello e grande; e invitatovi
delle vicine contrade qualunque più onorato uomo v'era con le lor donne, e da
Vinegia similmente, in suoni e canti e balli
e solennissimi conviti l'un giorno appresso all'altro ne menava festeggiando con
sommo piacer di ciascuno. Erano quivi tra
gli altri, che invitati dalla Reina vennero
a quelle feste, tre gentili uomini della nostra città giovani, e d'alto cuore, i quali
da' loro primi anni ne gli studj delle lettere usati, ed in essi tuttavia dimoranti
per lo più tempo, oltre acciò il pregio d'o-
gni bel costume aveano, che a nobili don-
zelli s'appartenesse d'avere. Costor per avventura come che a tutte le donne, che
in que'conviti si trovarono, sì per la chiarezza del sangue loro, e sì ancora molto
più per la viva fama de' loro studj e del
lor valore fosser cari, essi nondimeno pure con tre di loro belle e vaghe giovani,
e di gentili costumi ornate, *i quali tutti e
tre di que' dì a Vinegia tornati erano per
loro bisogne*; perciocchè prossimani eran
loro per sangue e lunga dimestichezza con
esse e co'loro mariti aveano, più spesso e

più sicuramente si davano, che con altre
volentieri sempre in sollazzevoli ragionamenti dolci ed oneste dimore traendo.
Quantunque Perottino, che così nominare
un di loro m'è piaciuto in questi sermoni,
poco e rado parlasse, nè fosse chi riso in bocca gli avesse solamente una volta
in tutte quelle feste veduto. Il quale eziandio molto da ognuno spesse volte si fura-
va, siccome colui che l'animo sempre avea
in tristo pensiero; nè quivi venuto sarebbe, se da' suoi compagni, che questo stu-
diosamente fecero acciò che egli tra gli al-
legri dimorando si rallegrasse, astretto e
sospinto al venirvi non fosse stato. Nè pure solamente Perottino hò io con infinta
voce in questa guisa nomato, ma le tre
donne e gli altri giovani ancora, non per
altro rispetto, se non per torre alle vane
menti de' volgari occasione, i loro veri
nomi non palesando, di pensar cosa in
parte alcuna meno che convenevole alla
loro onestissima vita. Conciossia cosa che
questi parlari d'uno in altro passando, a
brieve andare possono in contezza de gli
uomini pervenire, de' quali non pochi sogliono essere coloro, che le cose sane le
più volte rimirano con occhio non sano.
Ma alle nozze della Reina tornando; mentre che elle così andavano, come io dissi,
un giorno tra gli altri nella fine del desinare, che sempre era splendido, e da diversi giuochi d'uomini, che ci soglion far

ridere, e da' suoni di varj strumenti, e
canti ora d' una maniera, e quando d' altra rallegrato, due vaghe fanciulle per
mano tenendosi con lieto sembiante al
capo delle tavole, là dove la Reina sedea
venute riverentemente la salutarono; e poi
che l' ebbero salutata amendue levatesi, la
maggiore un bellissimo liuto, che nell'una
mano teneva, al petto recandosi, ed assai
maestrevolmente toccandolo, dopo alquanto spazio col piacevole suono di quello, la
soave voce di lei accordando e dolcissimamente cantando, così disse:

*Io vissi pargoletta in festa e 'n gioco*
*De' miei pensier di mia sorte contenta;*
*Or sì m'affligge Amor e' mi tormenta,*
*Ch'omai da tormentar gli avanza poco.*
*Credetti lassa aver gioiosa vita*
*Da prima entrando Amor a la tua corte;*
*E già n'aspetto dolorosa morte:*
*O mia credenza come m' hai fallita.*
*Mentre ad Amor non si commise ancora,*
*Vide Colco Medea lieta e secura:*
*Poi ch' arse per Jason, acerba e dura*
*Fu la sua vita infin all' ultim' ora.*

Detta dalla giovane cantatrice questa
canzone, la minore dopo un brieve corso
di suono della sua compagna, che nelle
prime note già ritornava, al tenor di quelle altresì come ella la lingua dolcemente
isnodando, in questa guisa le rispose.

*Io vissi pargoletta in doglia e 'n pianto,*
   *De le mie scorte e di me stessa in ira;*
   *Or sì dolci pensieri Amor mi spira,*
   *Ch' altro meco non sta che riso e canto.*
*Arei giurato Amor, ch' a te gir dietro*
   *Fosse proprio un andar con nave a scoglio:*
   *Così la 'nd' io temea danno e cordoglio,*
   *Utile scampo a le mie pene impetro.*
*Insin quel dì, che pria la vinse Amore,*
   *Andromeda ebbe sempre affanno e noia;*
   *Poi ch' a Perseo si diè, diletto e gioia*
   *Seguilla viva, e morta eterno onore.*

Poi che le due fanciulle ebber fornite
di cantare le lor canzoni, alle quali udire
ciascuno chetissimo ed attentissimo era
stato, volendo esse partire per dar forse a
gli altri sollazzi luogo, la Reina fatta chiamare una sua damigella, la quale bellissima sopra modo, e per giudicio d'ognun, che
la vide, più d'assai che altra che in quelle nozze v'avesse, sempre quando ella separatamente mangiava di darle bere la ser-
viva; le impose, che alle canzoni delle
fanciulle alcuna n'aggiugnesse delle sue.
Perchè ella presa una sua viuola di maraviglioso suono, tuttavia non senza rossore
veggendosi in così palese luogo dover cantare, il che fare non era usata, questa
canzonetta cantò con tanta piacevolezza e
con maniere così nuove di melodía, che
alla dolce fiamma, che le sue note ne' cuori
de gli ascoltanti lasciarono, quelle delle

due fanciulle furono spenti e freddi carboni:

*Amor, la tua virtute*
  *Non è dal mondo e dalla gente intesa:*
  *Che da viltate offesa*
  *Segue suo danno, e fugge sua salute.*
  *Ma se fosser tra noi ben conosciute*
  *L'opre tue, come là, dove risplende*
  *Più del tuo vivo raggio:*
  *Dritto cammino, e saggio*
  *Prenderia nostra vita, che nol prende;*
  *E tornerian con la prima beltade*
  *Gli anni de l'oro, e la felice etade.*

Ora soleva la Reina per lo continuo, fornito che s'era di desinare e di vedere e udire le piacevoli cose, con le sue damigelle ritirarsi ne le sue camere; e quivi o dormire, o ciò che più le piaceva di fare facendo, la parte più calda del giorno separatamente passarsi; e così concedere che l'altre donne di loro facessero a lor modo infino a tanto, che venute là dal vespro, tempo fosse da festeggiare; nel qual tempo tutte le donne e gentili uomini e suoi cortigiani si raunavano nelle ampissime sale del palagio, dove si danzava gajamente; e tutte quelle cose si facevano, che a festa di Reina si conveniva di fare. Cantate adunque dalla damigella e dalle due fanciulle queste canzoni, e a tutti gli altri sollazzi di quella ora posto fine, levatasi dall' altre donne la Reina, come solea, e nelle sue camere raccoltasi, e ciascuno similmente partendo ; rimase per avventura ultime le tre donne, che io dissi, co' loro giovani per le sale si spaziavano ragionando : e quindi da' piedi e dalle parole portate ad un verone pervennero, il quale da una parte delle sale più rimota sopra ad un bellissimo giardino del palagio riguardava. Dove come giunsero maravigliatesi della bellezza di questo giardino, poi che di mirare in esso alquanto al primo disiderio soddisfatto ebbero, ora a questa, ora a quella parte gli occhi mandando dal disopra ; Gismondo, che il più festevole era de' suoi compagni, e volentieri sempre le donne in festa ed in onesto giuoco teneva, a loro rivoltosi così disse : Care Giovani, il dormire dopo 'l cibo a questa ora del dì quantunque in niuna stagion dell' anno non sia buono ; pure la state, perciocchè lunghissimi sono i giorni, come quello che cosa piacevole è, dagli occhi nostri volentieri ricevuto alquanto meno senza fallo ci nuoce. Ma questo mese si incominciò egli a perder molto della sua dolcezza passata, ed a farsi di dì in dì più dannoso e più grave. Perchè dove voi questa volta il mio consiglio voleste pigliare ; le quali stimo che per dormire nelle vostre camere a quest'ora vi rinchiudiate ; io direi che fosse ben fatto, lasciando il sonno dietro le cortine de' nostri letti gia-

cere, che noi passassimo nel giardino; e
quivi al rezzo nel fresco dell' erbe riposti-
ci o novellando, o di cose dilettevoli ragionando, ingannassimo questa (1) incresciosa
parte del giorno, infin che l'ora del festeggiare venuta nelle sale ci richiamasse con
gli altri ad onorare la nostra novella sposa. Alle donne, le quali molto più le ombre de gli alberi e gli accorti ragionamenti
dei giovani, che il sonno delle coltre re-
gali e le favole dell' altre donne dilettavano, piacque il consiglio di Gismondo. Perchè scese le scale tutte liete e festose insieme con lui e con gli altri due giovani
n'andarono nel giardino. Era questo giardino vago molto e di maravigliosa bellezza,
il quale oltre ad un bellissimo pergolato
di viti, che largo ed ombroso per lo mezzo in croce il dipartiva, una medesima via
dava a gli intranti di qua e di là, e lungo le latora di lui ne la distendeva, la
quale assai spaziosa e lunga e tutta di viva
selce (2) soprastrata si chiudea dalla parte di
verso il giardino, solo che dove facea porta nel pergolato, da una siepe di spessissi-
mi e verdissimi ginepri, che al petto avrebbe potuto giugnere col suo sommo, di chi
vi si fosse accostar voluto, ugualmente in

---

(1) *Incresciosa, cioè tediosa, nojosa.*
(2) *Soprastrata, cioè selciata: e lastricata si dice
quando è fatta di lastre.*

ogni parte di se la vista pascendo dilettevole a riguardare. Dall' altra onorati allori
lungo il muro vie più nel cielo montando,
della più alta parte di loro mezzo arco sopra la via facevano in maniera folti e ga-
stigati, che niuna lor foglia fuori del co-
mandato ordine parea che ardisse di sì
mostrare, nè altro del muro, per quanto
essi capevano, vi si vedea, che dall' uno
delle latora del giardino i marmi bianchis-
simi di due finestre, che quasi ne gli stre-
mi di loro erano, larghe ed aperte, e
dalle quali, perciocchè il muro v'era grossissimo, in ciascun lato sedendo si potea
mandar la vista sopra il piano, a cui elle
da alto riguardavano. Per questa dunque
così bella via dall' una parte entrate nel
giardino le vaghe donne co' loro giovani
camminando tutte difese dal Sole, e questa cosa e quell' altra mirando e considerando e di molte ragionando pervennero
in un pratello, che 'l giardin terminava,
di freschissima e minutissima erba pieno e
d' alquante maniere di vaghi fiori dipinto
per entro e segnato; nello stremo del quale facevano gli allori senza legge, e in maggior quantità cresciuti due selvette pari e
nere per l'ombre, e piene d'una solitaria
riverenza, e queste tra l'una e l'altra di
loro più addentro davan luogo ad una bellissima fonte nel sasso vivo della montagna,
che da quella parte serrava il giardino,
maestrevolmente cavata, nella quale una

vena non molto grande di chiara e fresca
acqua, che del monte usciva, cadendo, e
di lei che guari alta non era dal terreno,
in un canalin di marmo, che 'l pratello
divideva, scendendo soavemente si facea
sentire, e nel canale ricevuta, quasi tutta
coperta dall'erbe, mormorando s'affrettava
di correre nel giardino. Piacque maravigliosamente questo luogo alle belle donne;
il quale poi che da ciascuna di loro fu
lodato, madonna Berenice, che per età alquanto maggiore era dell'altre due, e per
questo da esse onorata quasi come lor capo, verso Gismondo riguardando disse: deh
come mal facemmo, Gismondo, a non ci esser qui tutti questi dì passati venute, che
meglio in questo giardino, che nelle nostre
camere, aremmo quel tempo, che senza la
sposa e Reina si corre, trapassato. Ora poi
che noi qui per lo tuo avvedimento più
che per lo nostro ci siamo, vedi ove a te
piace che si segga; perciò che l'andare altre parti del giardin riguardando il Sole ci
vieta; che invidiosamente, come tu vedi,
se le riguarda egli tuttavia. A cui Gismondo rispose: Madonna, dove a voi così piacesse, a me parrebbe che questa fonte non
si dovesse rifiutare; perciò che l'erba è più
lieta qui, che altrove, e più dipinta di
fiori. Poi questi alberi ci terranno sì il Sole, che per potere che egli abbia, oggi
non ci si accosterà egli giammai. Dunque,
disse madonna Berenice, sediamvici; e do-

ve a te piace, quivi si stia; ed acciocchè
di niente si manchi al tuo consiglio seguire, col mormorio dell' acque, che c' invitano a ragionare, e con l' orrore di queste ombre che ci ascoltano, disposti tu a
dir di quello, che a te più giova che si
ragioni; perciocchè e noi volentieri sempre
t'ascoltiamo; e poi che tu ad essi così vago luogo hai dato, meritamente dee in te
cadere l'arbitrio de'nostri sermoni. Dette
queste parole da madonna Berenice, e da
ciascuna dell'altre due invitato Gismondo
al favellare, esso lietamente disse: Poscia
che voi questa maggioranza mi date, ed io
la mi prenderò. E poi che fatta di loro
corona a sedere in grembo dell'erbetta posti si furono, chi vicino la bella fonte, e
chi sotto gli ombrosi allori di qua e di là
del picciol rio; Gismondo accortamente
rassettatosi, e pel viso d'intorno piacevolmente le belle donne riguardate, in questa guisa incominciò a dire: Amabili donne,
ciascuno di noi ha udite le due fanciulle
e la vaga damigella, che dinanzi la Reina
prima che si levassero le tavole, due lo-
dando Amore, e l'altra di lui dolendosi,
assai vezzosamente cantarono le tre canzoni. E perciò che io certo sono, che chiunque di lui si duole e mala voce gli dà,
non ben conosce la natura delle cose, e
la qualità di lui, e di gran lunga va er-
rando dal diritto cammin del vero; se alcuna di voi è, belle donne, o di noi, che

so che ce ne sono, che creda insieme con
la fanciulla primiera , che Amore cosa
buona non sia, dica sopra ciò quello che
ne gli pare, che io gli risponderò; e dam-
mi il cuore di dimostrargli , quanto egli
con suo danno da così fatta opinione in-
gannato sia. La qual cosa se voi farete , e doverete voler fare , se volete che
mio sia quello , che una volta donato
mi avete , assai bello e spazioso campo
aremo oggi da favellare : e così detto
si tacque. Stettero alquanto sopra se le
oneste donne intesa la proposta di Gismondo; e già mezzo tra se stessa si pentiva
madonna Berenice d'avergli data troppa
libertà nel favellare. Pure riguardando che
quantunque egli amoroso giovane e sollaz-
zevole fosse, per tutto ciò sempre altro
che modestamente non parlava , si rassi-
curò, e con le sue compagne cominciò a
sorridere di questo fatto; le quali insieme
con lei altresì dopo un brieve pentimento
rassicurate , s'accorsero , raccogliendo le
parole di Gismondo, che egli la fiera tristizia di Perottino pugneva, e lui provo-
cava nel parlare: perciò che sapevano che
egli di cosa amorosa , altro che male, non
ragionava giammai. Ma per questo niente
rispondendo Perottino, ed ognuno tacendosi, Gismondo in cotal guisa riparlò: Non
è maraviglia , dolcissime Giovani, se voi
tacete: le quali credo io più tosto di lodare Amore, che di biasimarlo v'ingegne-

reste, siccome quelle cui egli in niuna
cosa può aver (1) diservite giammai, se questa
vergogna e sempre in donna lodevole non
vi ritenesse. Quantunque d'Amore si possa per ciascun sempre onestissimamente
parlare. Ma de' miei compagni sì mi maraviglio io forte, i quali dovrebbon, se bene
altramente credessero che fosse il vero,
scherzando almeno favoleggiar contra lui,
affine ch'alcuna cosa di così bella materia
si ragionasse oggi tra noi, non che dovessero
essi ciò fare, essendovene uno per avventura
quì che siede, il qual male d'amor giudi-
cando tiene che egli sia reo, e sì si tace.
Quivi non potendosi più nascondere Perottino, alquanto turbato, siccome nel volto
dimostrava, ruppe il suo lungo silenzio,
così dicendo: Ben m'accorgo io, Gismondo,
che tu in questo campo me chiami: ma io
sono assai debole barbero a cotal corso.
Perchè meglio farai, se tu in altro piano e
le donne e Lavinello, e me, se ti pare,
provocando meno sassosi e rincrescevoli
aringhi ci concederai poter fare. Ora quivi
furono molte parole e da Gismondo e da
Lavinello dette, che il terzo compagno
era, acciò che Perottino parlasse; ma egli
non si mutando di proposito, ostinatamente il ricusava. Il che madonna Berenice e
le sue compagne veggendo, lo 'ncomincia-

_____

(1) _Diservite_, cioè _non servite, discompiaciute._

ron tutte instantemente a pregare, che egli, e per piacer di ciascuno, e per amor di loro alcuna cosa dicesse, desiderose di sentirlo parlare: e tanto intorno acciò con dolci parole or una or altra il combatterono, che egli alla fine vinto rendendosi, disse loro così: E il tacere e il parlare oggimai ugualmente mi sono discari, perciò che nè quello debbo, nè questo vorrei. Ora vinca la riverenza, Donne, che io a' vostri comandamenti sono di portar tenuto, non già a quelli di Gismondo, il quale poteva con suo onore miglior materia che questa non è proponendoci, e voi e me e se stesso ad un tratto dilettare: dove egli tutti insieme con sua vergogna ci attristerà. Perciò che nè voi udirete cose, che piacevoli sieno ad udire, ed io di nojose ragionerò, ed esso per avventura ciò, che egli non cerca sì si troverà, il quale credendosi d'alcuna occasion dare a' suoi ragionamenti col mio, ogni materia si leva via di poter non dico acconciamente, ma pure in modo alcuno favellare. Perciocchè ravvedutosi per quello che a me converrà dire, in quanto errore non io, cui egli vi crede essere, ma esso sia che ciò crede, se egli non ha ogni vergogna smarrita, esso si rimarrà di prender l'arme contra 'l vero: e quando pure ardisse di prenderlesi, fare nol potrà, perciocchè non gli sia rimaso che pigliare. O armato, o disarmato, rispose Gismondo, in ogni modo ho io a farla teco questa volta, Perottino. Ma troppo credi, se tu credi che a me non debba rimaner che pigliare; il quale non posso gran fatto pigliar cosa, che arma contra te non sia. Ma tu nondimeno armati; che a me non parrebbe vincere, se bene armato non ti vincessi. Riser le donne delle parole di due pronti cavalieri a battaglia. Ma Lisa, che l'una dell'altre due così mi piacque di nominare, a cui parea che Lavinello tacendosi, occasione si fuggisse di parlare, a lui sorridendo disse: Lavinello, a te fie di vergogna, se tu combattendo i tuoi compagni, (1) con le mani a cintola ti starai, egli conviene che entri in campo ancor tu. A cui il giovane con lieta fronte rispose: Anzi non posso io, Lisa, in cotesto campo più entrare, che egli di vergogna non mi sia. Perciò che come tu vedi, poi che i miei compagni già si sono (2) ingaggiati della battaglia tra loro, onesta cosa non è, che io con un di lor mettendomi, l'altro, a cui solo convien rimanere, faccia con due guerrieri combattitore. Non t'è buona scusa cotesta, Lavinello, risposero

_____

(1) *Star con le mani a cintola, vuol dire stare in ozio, senza far nulla. Boccac. Si tengono le mani a cintola.*

(2) *Ingaggiati, cioè sfidati: ed è usato nelle Cento, e da M. Ciao. Leggi il Vocabolario del Porcacchi da lui aggiunto alla Fabbrica del Mondo.*

le donne quasi con un dire tutte tre. E poi Lisa raffermatesi l'altre due, che a lei lasciavano la risposta, seguitò. E non ti varrà nello non volere pigliar l'arme, il difenderti per cotesta via. Perciocchè non sono questi combattimenti di maniera, che quello si debba osservare, che tu di' che da due incontro ad uno non si vada. Egli non ne muore niuno in così fatte battaglie; entravi pure, e appigliaviti (1) comunquemente tu vuoi. Lisa Lisa, tu hai avuto un gran torto, rispose allora Lavinello così con un dito per ischerzo minacciandola giochevolmente. Indi all'altre due giratosi disse: Io mi tenni testè, donne, tutto buono estimando per lo vedervi intente alla zuffa di costor due, che a me non doveste volger l'animo, nè dare altro carico di trappormi a queste contese. Ora poscia che a Lisa non è piaciuto, che io in pace mi stia; acciò che almeno doler di me non si possano i miei compagni, lasciamgli far da loro a lor modo: come essi rimarranno dalla mischia, non mancherà, che siccome i buoni schermidori far sogliono, che a se riservano il sezzajo assalto, così io le lasciate arme ripigliando, non provi di soddisfare al vostro disio. Così detto e risposto e contentato, dopo un brieve silenzio di ciascuno, Perottino quasi da profon-

---

(1) *Comunquemente, cioè in quel modo che.*

do pensiero toltosi, verso le donne levando
il viso disse: Ora piglisi Gismondo ciò che
egli si guadagnerà, e non si penta, poscia
che egli sì questo argine ha rotto, se per
avventura e a lui maggiore acqua verrà
addosso, che bisogno non gli sarebbe d'a-
vere, e di voi altramente avverrà, che il
suo avviso non sarà stato. Che come che
io non speri di potere in maniera alcuna,
quanto in così fatta materia si converrebbe,
di questo universale danno degli uomini, di
questa generalissima vergogna delle genti
Amore, o donne, raccontarvi, perciò che
non che io il possa, che uno e debole
sono, ma quanti si vivono pronti e accorti dicitori il più, non ne potrebbono assai
bastevolmente parlare. Pure e quel poco
che io ne dirò, da che io alcune cose ne
ho a dire, parrà forse troppo a Gismondo,
il quale altramente si fa a credere che sia
il vero, che egli non è, e a voi ancora
potrà essere di molto risguardo, che giovani sete, ne gli anni, che sono avvenire,
il conoscere in alcuna parte la qualità di
questa malvagia fiera. Il che poi che esso
ebbe detto fermatosi, e più alquanto tempo
temperata la voce, cotale diede a' suoi ragionamenti principio. Amore (1), valoroseDonne,
non figliuolo di Venere, siccome si legge
nelle favole degli scrittori, i quali tuttavia

---

(1) Amore da quali parenti sia nato.

in questa stessa bugìa tra se medesimi discordando il fanno per avventura figliuolo di diverse Iddie, come se alcuno diverse madri aver potesse, nè di Marte, o di Mercurio, o di Volcano medesimamente, o d'altro Iddio, ma da soverchia lascivia e da pigro ozio degli uomini oscurissimi e vilissimi genitori nelle nostre menti procreato, nasce da prima quasi parto di malizia e di vizio, il quale esse menti raccolgono, e fasciandolo di leggierissime speranze poscia il nodriscono di vani e stolti pensieri, latte, che tanto più abbonda, quanto più ne fugge l'ingordo ed assetato bambino. Perchè egli cresce in brieve tempo, e divien tale, che egli ne'suoi ravvolgimenti non cape. Questi come che di poco nato, vago e vezzoso si dimostri alle sue nutrici, e maravigliosa festa dia loro della prima vista, egli nondimeno alterando si va le più volte di giorno in giorno, e cangiando e tramutando, e prende in picciolo spazio nuove facce e nuove forme di maniera, che assai tosto non si pare più quello, che egli, quando e' nacque, si parea. Ma tuttavia quale che egli si sia nella fronte, egli nulla altro ha in se e nelle sue operazioni, che (1) amaro; da questa parola, siccome io mi credo, assai acconciamente così detto da chiunque si fu colui, il quale prima questo nome gli diè, forse affine che

---

(1) Amare è detto da Amaro.

gli uomini lo schifassero, già nella prima
faccia della sua, voce avvedutisi ciò che egli
era. E nel vero chiunque il segue, niuno
altro guiderdone delle sue fatiche riceve,
che amaritudine, niuno altro prezzo (1)
merca, niuno appagamento, che dolore;
perciocchè egli di quella moneta paga i
suoi seguaci, che egli ha; e si n'ha sempre
grande e infinita dovizia; e molti suoi te-
sorieri si mena seco, che la dispensano e
distribuiscono a larga e capevole misura, a
quelli più donandone, che di se stessi e
della loro libertà hanno più donato al lusinghevole signore. Per la qual cosa non si
debbono rammaricar gli uomini, se essi
amando tranghiottono, siccome sempre fanno, mille amari, e sentono tutto 'l giorno
infiniti dolori; conciosiacosachè così è di loro
usanza, nè può altramente essere; ma che
essi amino, di questo solo ben si debbono
e possonsi sempre giustamente rammaricare. Perciocchè amare senza amaro non si
può: nè per altro rispetto si sente giammai
e si pate alcuno amaro, che per amore.
Avea dette queste parole Perottino, quando madonna Berenice, che attentissimamen-
te le raccoglieva, così a lui incominciò trap-
ponendosi. Perottino vedi bene già di quin-

---

(1) *Merca*, *cioè cerca*, *e quantunque sia del verso,*
*possiamo anco con l'autorità di questo illustre scrittore va-*
*lercene nelle prose.*

ci ciò che tu fai. Perciocchè oltra che a Gismondo dia l'animo di pienamente alle tue proposte rispondere, siccome a me ne par di vedere, per avventura il non concederti le sconce cose eziandio a niuna di noi si disdice. Se pure non c'è disdetto il trametterci nelle vostre dispute, nella qual cosa io per me tuttavia errare non vorrei, o esser da voi tenuta senza rispetto e presuntuosa. Senza rispetto non potrete voi essere Madonna, nè presuntuosa da noi tenuta parlando e ragionando, disse allora Gismondo, e le vostre compagne similmente, poichè noi tutti venuti qui siamo per questo fare. Perchè tramettetevi ciascuna, siccome più a voi piace, che queste non sono più nostre dispute, che elle esser possano vostri ragionamenti. Dunque, disse madonna Berenice, farò io sicuramente alle mie compagne la via; e così detto a Perottino rivoltasi seguitò: E certo se tu avessi detto solamente, Perottino, che amare senza amaro non si possa, io mi sarei taciuta, nè ardirei dinanzi a Gismondo di parlare; ma lo aggiungervi, che per altro rispetto amaro alcuno non si senta, che per amore, soverchio m'è paruto e sconvenevole. Perciocchè così potevi dire, che ogni dolore da altro che d'amore cagionato non sia, o io bene le tue parole non appresi. Anzi le avete voi apprese bene e dirittamente, rispose Perottino, e cotesto stesso dico io Madonna, che voi dite, niuna qualità di

dolore, niun modo di rammarico essere
nella vita degli uomini, che per cagion
d'amore non sia e da lui, siccome fiume
da suo fonte, non si dirivi : il che la natura medesima delle cose, se noi la consi-
deriamo, assai ci può prestamente far chiaro. Perciocchè, siccome ciascun di noi dee
sapere, tutti i beni e tutti i mali, che possono agli uomini, come che sia, o diletto
recare o dolore (1), sono di tre maniere e
non più : dell'animo, della fortuna e del
corpo. E perciocchè dalle buone cose dolore alcuno venir non può, delle tre maniere de' mali, dalle quali esso ne viene,
ragioniamo. Gravose febbri, non usata povertà, scelleratezza e ignoranza che sieno
in noi, e tutti gli altri danni a questi somiglianti, che infinita fanno la loro schiera, ci apportano senza fallo dolore e più
e men grave secondo la loro e la nostra
qualità; il che non avverrebbe, se noi non
amassimo i loro contrarj. Perciocchè se il
corpo si duole d'alcuno accidente tormentato, non è ciò, se non perchè egli naturalmente ama la sua sanità; che se egli non
l'amasse da natura, impossibile sarebbe il
potersene alcun dolere non altramente, che
se egli di secco legno fosse, o di soda pietra. E se d'alto stato in bassa fortuna ca-

_____

(1) I beni e mali che ci posson recar diletto e dolore, sono di tre maniere.

duti a noi stessi c'incresciamo, l'amore
delle ricchezze il fa, e degli onori, e del-
l'altre somiglianti cose, che per lungo uso,
o per elezione non sana si pon loro. Onde
se alcuno è, che non le ami, siccome si
legge di quel filosofo, che nella presura
della sua patria niente curò di salvarsi,
contento di quello, che seco sempre portava, costui certamente degli amari giuochi
della fortuna non sente dolore. Già la bella
virtù e il giovevole intendere, che alber-
gano ne' nostri animi, amati sogliono da
ciascuno essere per naturale instinto e desi-
derati, perchè ognuno da occulto pungimento stimolato della sua malvagità e della
sua ignoranza ravvedutosi si rammarica,
come di cose dolorose. E se pure si conce-
desse alcuno potersi trovare, il quale vizio-
samente e senza lume d'intelletto vivendo,
non s'attristasse alle volte del suo mal vivere, come che sia, a costui senza dubbio
o per (1) diffalta estrema di conoscimento,
o per infinita ostinazione della perduta u-
sanza il virtuosamente vivere e lo essere in-
tendente in niun modo non sarebbe caro.
Nè pur questo solamente cade negli uomini, ma egli è ancora manifestamente conosciuto nelle fiere, le quali amano i loro
figliuoli assai teneramente per lo generale
ciascuna; mentre essi novellamente parto-

---

(1) *Diffalta*, cioè *mancamento*.

riti in loro cura dimorano. Allora se alcun ne muore, o vien lor tolto come che
sia, esse si dogliono, quasi come se umano
conoscimento avessero. Quelle medesime i
loro figliuoli cresciuti e per se stessi vale-
voli se poi strozzare dinanzi agli occhi loro
si veggono e sbranare, di niente s'attrista-
no, perciocchè esse non gli amano più. Di
che assai vi può esser chiaro, che siccome
ogni fiume nasce da qualche fonte, così
ogni doglia procede da qualche amore; e
siccome fiume senza fonte non ha luogo,
così conviene esser vero quello che voi
diceste, che ogni dolore altro che d'amore
non sia. E perciocchè non è altro l'amaro,
che io dissi, che il tormento e dolor del-
l'animo che egli per alcuno accidente in
se pate, quel medesimo conchiudendo, madonna, vi raffermo, che voi ripigliaste,
che per altra cagione amaro alcuno non
si sente dagli uomini nè si pate, che
per amore. Taceva da queste parole so-
prappresa madonna Berenice, e sopra esse pensava, quando Gismondo sogghignan-
do così disse: Senza fallo assai agevolmente aresti tu oggi stemperata ogni dolcezza d'amore con l'amaro d'un tuo solo
argomento, Perottino, se egli ti fosse conceduto. Ma perciocchè a me altramente ne
pare, quando più tempo mi fie dato da
risponderti, meglio si vedrà, se cotesta
tua cotanta amaritudine si potrà raddolci-
re. Ora insegnaci quanto quell'altra pro-

posta sia vèra, dove tu di' che amare senza amaro non si puote. Quivi ne veniva io
testè, rispose Perottino, e di quello che io
mi credo che ciascun di noi tuttavia in se
stesso pruovi, ragionando potrei con assai
brievi parole, Gismondo, dimostrarloti. Ma
poscia che tu pure a questi ragionamenti mi
traesti, a me piace che più stesamente ne
cerchiamo. Certissima cosa è adunque, (1)
o donne, che di tutte le turbazioni dell'a-
nimo niuna è così nojevole, così grave,
niuna così forzevole e violenta, niuna che
così ci commova e giri come questa fa,
che noi Amore chiamiamo: gli scrittori
alcuna volta il chiaman fuoco, perciocchè
siccome il fuoco le cose nelle quali entra,
egli le consuma, così noi consuma e distrugge amore; alcuna volta furore, volendo rassomigliar l'amante a quelli, che
stati sono dalle furie sollecitati, siccome
d'Oreste e d'Ajace e d'alcuni altri si scrive. E perciocchè per lunga sperienza si sono avveduti niuna essere più certa infelicità e miseria, che amare, di questi due
soprannomi, siccome di proprie possessioni,
hanno la vita degli amanti privilegiata per
modo, che in ogni libro, in ogni foglio sempre
misero amante, infelice amante e si legge
e si scrive. Senza fallo esso Amore niuno

------

(1) Che amar non si può senza amaro. Amore è
stato chiamato fuoco e furore.

è, che piacevole il chiami: niun dolce, niuno umano il nomò giammai: di
crudele, d'acerbo, di fiero, tutte le carte son piene. Leggete d'amore, quanto da
mille se ne scrive, poco o niente altro in
ciascun troverete, che dolore. Sospirano i
versi in alcuno, piangono di molti i libri
intieri, le rime, gl'inchiostri, le carte, i
volumi stessi son fuoco. Sospizioni, ingiu-
rie, nimicizie, guerre già in ogni canzone
si raccontano, nella quale d'amor si ragioni, e sono questi in amore mediocri
dolori. Disperazioni, rubellioni, vendette,
catene, ferite, morti, chi può con l'animo non tristo, o ancora con gli occhi
asciutti trapassare? nè pur di loro le lievi e divolgate favole solamente de' Poeti,
o ancora quelle, che per esempio della
vita scritte da loro state sono più giove-
volmente, ma eziandio le più gravi istorie
e gli annali più riposti ne son macchiati.
Che per tacere degl'infelici amori di Pira-
mo e di Tisbe, delle sfrenate e illecite
fiamme di Mirra e di Bibli, e del colpevole e lungo error di Medea, e di tutti i
loro dolorosissimi fini, i quali posto che
non fosser veri, si furono essi almeno fa-
voleggiati da gli antichi per insegnarci che
tali possono esser quelli de' veri amori: già
di Paolo e di Francesca non si dubita; che
nel mezzo de' loro disii d'una medesima
morte e d'un solo ferro amendue siccome
d'un solo amore trafitti non cadessero.

Nè di Tarquinio altresì fingono gli scrittori, al quale fu l'amore, che di Lucrezia il prese, e della privazion del regno, e dell' esiglio insieme, e della sua morte cagione. Nè è, chi per vero non tenga, che le faville d'un Trojano e d'una Greca tutta l'Asia e tutta l'Europa raccendessero. Taccio mille altri esempi somiglianti, che ciascuna di voi può e nelle nuove e nelle vecchie scritture aver letti molte fiate. Per la qual cosa manifestamente si vede Amore essere non solamente di sospiri e di lagrime, nè pur di morti particolari, ma eziandio di ruine d'antichi seggi, e di potentissime città, e delle provincie istesse cagione. Cotali sono le costui operazioni, o donne; cotali memorie egli di se ha lasciato, affine che ne ragioni chiunque ne scrive. Vedi tu dunque Gismondo, se vorrai dimostrarci che Amore sia buono, che non ti sia di mestiero mille antichi e moderni scrittori, che di lui, come di cosa rea parlano, ripigliare. Detto fin quì da Perottino, Lisa in seder levatasi, che con la mano alla gota, e col braccio sopra l'orlo della fonte tutta in sul lato sinistro ascoltandolo si riposava, così nel dimandò e disse: Perottino, quello che a Gismondo faccia mestiero di ripigliare, egli il si veda, che t'ha a rispondere, quando ad esso piacerà, o sarà tempo. A me ora rispondi tu: Se è cagione Amore di tanti mali, quanti tu di' che i vostri scrittori gli ap-

pongono , perchè il fanno eglino Iddio ?
Perciocchè siccome io ho letto alcuna fiata , essi il fanno adorar da gli uomini , e
consacrargli altari , e porgongli voti e dan-
nogli l'ali da volare in cielo. Chiunque
male fa , egli certamente non è Iddio ; e
chiunque Iddio è , egli senza dubbio non
può far male. Dunque , se ti piace , dimmi come questo fatto si stia. E per avventura che tu in ciò a madonna Berenice e
a Sabinetta , non meno che a me piacerai ,
le quali possono altresì , come io , altra
volta sopra questo dubbio aver pensato ,
nè mai perciò non m'avvenne di poterne
dimandare così bene , o pure così a tempo , come fa ora. Alle cui parole conti-
nuando le due donne , e mostrando che
ciò sarebbe loro parimente caro a dover
da Perottino udire , esso alquanto prima
taciutosi così rispose (1): I Poeti , Lisa ,
che furono primi maestri della vita ne' tempi , che gli uomini rozzi e salvatichi non
bene insieme ancora si raunavano , inse-
gnati dalla natura , che avea dato loro la
voce e lo ingegno acconcio a ciò fare , i
versi trovarono , co'quali cantando ammol-
livano la durezza di quei popoli , che usciti degli alberi e delle spelunche senza più
oltre sapere che cosa si fossero , a caso er-
rando ne menavan la lor vita , siccome

_____

(1) Amor per qual cagione è chiamato Dio.

fiere. Nè guari cantarono quei primi maestri le lor canzoni, che essi seco ne traevano quegli uomini selvaggi invaghiti delle lor voci, dove essi n'andavano cantando. Nè altro fu la dilettante cetara (1) d'Orfeo, che le vaghe fiere da' lor boschi, e gli alti alberi dalle lor selve, e da' lor monti le sode pietre e i precipitanti fiumi da' lor corsi ritoglieva, che la voce d'un di quei primi cantori, dietro alla quale ne venivano quegli uomini, che con le fiere tra gli alberi nelle selve e ne' monti e nelle rive de' fiumi dimoravano. Ma oltre acciò, perciocchè raunata quella sciocca gente bisognava insegnar loro il vivere, e mostrar loro la qualità delle cose, acciocchè seguendo le buone dalle ree si ritraessero; nè capeva in quegli animi ristretti la grandezza della natura, e nelle loro sonnacchiose menti non poteva ragione entrare, che lor si dicesse; trovarono le favole altresì, sotto il velame delle quali la verità, (2) siccome sotto vetro trasparente ricoprivano. A questa guisa del continuo dilettandogli con la novità delle bugie, ed alcuna volta tra esse scoprendo loro il vero, ora con una favola, e quando con un'altra gl'insegnarono a poco a poco la vita migliore. In

---

(1) Orfeo in che modo al suon della cetara traessa le fiere e gli alberi.

(2) Favole perchè trovate.

quel tempo adunque, che il giovane mondo i suoi popoli poco ammaestrati avea, fu Amore insieme con molti altri fatto Iddio, siccome tu di', Lisa, non per altro rispetto, se non per dimostrare a quelle grosse genti con questo nome d'Iddio, quanto nelle umane menti questa passione poteva. E veramente se noi vogliamo considerando trapassar nel potere, che Amore sopra di noi ha, e sopra la nostra vita, egli si vedrà chiaramente infiniti essere i suoi miracoli a nostro gravissimo danno, e veramente maravigliosi, cagione giusta della deità dalle genti datagli, siccome io dico. Perciocchè quale vive nel fuoco, come salamandra, quale ogni caldo vital perdutone si raffredda come ghiaccio, quale come neve al sole si distrugge, quale a guisa di pietra senza polso, senza spirito, mutolo ed immobile ed insensibile si rimane. Altri fia, che senza cuore si viverà, 'a donna, che mille strazj ad ogni ora ne fa, avendol dato; altri ora in fronte si trasmuta, ora in albero, ora in fiera: e chi portato da forzevoli venti ne va sopra le nuvole stando per cadere tuttavia, e chi nel centro della terra e negli abissi più profondi si dimora. E se voi ora mi dimandaste come io queste così nuove cose sappia, senza che elle si leggano, vi dico, che io tutte le so per pruova, e come per isperienza dotto, così ne favello. Oltra che maravigliosa cosa è il pensare chenti e quali sieno le disaguaglianze, le discordanze, gli errori, che Amore nelle menti de'servi amanti traboccando accozza con gravosa disparità. Perciocchè chi non dirà che essi sieno sopra ogni altra miseria infelici, quando e allegrissimi sono e dolorosissimi in una stessa ora, e dagli occhi loro cadono amare lagrime con dolce riso mescolate, il che bene spesso suole avvenire? o quando ardiscono e temono in uno medesimo istante, onde essi per molto desiderio pieni di caldo e di focoso ardire impallidiscono e triemano dalla gelata paura? o quando da diversissime angoscie ingombrati e orgoglio e umiltà, e improntitudine e tiepidezza, e guerra e pace parimente gli assalgono e combattono ad un tempo? o quando con la lingua tacendo e col volto parlano e gridano ad alta voce col cuore, e sperano, e disperano, e la lor vita cercano ed abbracciano la lor morte insiememente? E per lo continuo dando luogo in se a due lontanissimi affetti, il che non suole potere essere nelle altre cose, e da essi stracciatamente qua e là in uno stesso punto essendo portati, tra queste e somiglianti distemperatezze il senso si dilegua loro e il cuore? E fannoci a credere (1), che vero sia quello, che alcun Filosofo già disse, che gli uomini hanno

_____

(1) Opinion d'alcuni Filosofi che gli uomini abbiano due anime.

due anime ciascuno, con l'una delle quali
essi all' un modo vogliono, e con l'altra
vogliono all' altro, perciocchè egli non pare possibile, che con una sola anima si
debba poter voler due contrarj. Le quali
maniere di maraviglie come che tutte s'u-
sino nell' oste, che Amor conduce; pur
l'ultima, che io dissi, v'è più sovente,
che altra; e tra molta dissonanzia d'infiniti dolori ella, quasi giusta corda, più spesso al suono della verità risponde, siccome
quella, che è la più propria di ciascuno
amante, ed in se la più vera, cioè che essi la
lor vita cercano, ed abbracciano la lor morte
tuttavia: conciossia che mentre essi vanno
cercando i diletti loro, e quelli si credono
seguitare, dietro alle lor noje inviati, e
d'esse invaghiti, siccome di ben loro, tra
mille guise di tormenti disconvenevoli e
nuovi alla fine si procacciano di perire;
chi in un modo, e chi in altro, miseramente e stoltamente ciascuno. E chi negherà
che stoltamente e miseramente non perisca,
chiunque da semplice follía d'Amore (1)
avvallato trabocca alla sua morte così leggiero? Certo niuno, se noi quei che'l fanno,
a' quali spesse volte tra per soverchio di
dolore e per mancamento di consiglio, è

---

(1) *Avvallato, cioè circondato.*

così grave il vivere, che pure non che la
schifino, anzi essi le si fanno incontro volentieri, chi perchè ad esso pare così più
speditamente che in altra maniera, poter
finire i suoi dolori, e chi per far venire
almeno una volta pietà di se negli occhi
della sua donna, contento di trarne solamente due lagrime per guiderdone di tutte
le sue pene. Non pare a voi nuova pazzia,
o donne, che gli amanti per così lievi ed
istrane cagioni cerchino di fuggire la lor
propria vita? Certo sì dee parere: ma egli
è pure così, e non che io in me una volta provato l'abbia, ma egli è buon tempo, che
se mi fosse stato conceduto il morire a me sarebbe egli sempre carissimo stato, e sarebbe
ora più che mai. A questo modo, o donne,
s'ingegnano gli amanti contro al corso della
natura trovar via, la quale avendo parimente
te ingenerato in tutti gli uomini natío amore di loro stessi e della lor vita, e continua cura di conservarlasi, essi odiandola e
di se stessi nimici divenuti, amano altrui;
e non solamente di conservarla non curano,
ma spesso ancora contro a se medesimi in-
crudeliti volontariamente la rifiutano dispre-
giando. Ma potrebbe forse dire alcuno,
Perottino, coteste son favole a quistione
d'innamorato più convenevoli, siccome le
tue sono, che a vero argomentare di ragionevole uomo. Perciocchè se a te fosse
stato così caro il morire, come tu di', chi
te n'avrebbe ritener potuto, essendo così

in mano d'ogni uomo vivo il morire, come
non è più il vivere in poter di quelli, che
son già passati? Queste parole più follemen-
te si dicono, che i fatti non si fanno di
leggiere. Maravigliosa cosa è, o donne, ad
udir quello che io ora dirò, il che se
da me non fosse stato provato, appena che
io ardissi d'immaginarlomi, non che di
raccontarlo. Non è, siccome in tutte l'altre qualità d'uomini, ultima doglia il morire negli amanti; anzi loro molte volte in
modo è la morte dinegata, che già dire si
può, che in somma e strema miseria feli-
cissimo sia colui, che può morire. Perciocchè avviene bene spesso, il che forse non
udiste voi donne giammai, nè credevate
che potesse essere, che mentre essi dal molto e lungo dolor vinti sono alla morte vicini, e sentono già in se a poco a poco partire dal penoso cuore la lor vita, tanto
d'allegrezza e di gioja sentono i miseri del
morire, che questo piacere confortando la
loro sconsolata anima tanto più, quanto essi
meno sogliono aver cosa che loro piaccia,
ritorna vigore negl'indeboliti spiriti, i quali
a forza partivano, e dona sostentamento
alla vita che mancava. La qual cosa quantunque paja nuova, quanto sia possibile ad
essere in uomo innamorato, io ve ne potrei
testimonianza donare, che l'ho provata, e
recarvi in fede di ciò versi già da me per
lo addietro fatti, che lo discrivono, se a
me non fosse dicevole vie più il piagnere,

che il cantare. Quivi come da cosa molto disiata sopraggiunta, e tutta in se stessa subitamente recatasi madonna Berenice: deh, disse, se questo Iddio ti conceda, Perottino, il vivere lietamente tutti gli anni tuoi, prima che tu più oltre vada ragionando, dicci questi tuoi versi. Perciocchè buona pezza è, che io son vaga sommissimamente d'udire alcuna delle tue canzoni, e certa sono, che tu le ne dicendo diletterai insiememente queste altre due che t'ascoltano, nè meno di me son vaghe d'udirti; perciocchè ben sappiamo, quanto tra gl'intendenti giovani sieno le tue rime lodate. A cui Perottino un profondissimo sospiro con le parole mandando fuora, in questa guisa rispose: Madonna, questo Iddio male per me troppo bene conosciuto, i miei anni lieti non può egli più fare, nè farà giammai, quando ancora esso far lieti quegli di tutti gli altri uomini potesse, siccome non puote. Perciocchè la mia ingannevole fortuna di quel bene m'ha spogliato, dopo il quale niuna cosa mi può essere, nè sarà mai nè lieta, nè cara, se non quella una, che è di tutte le cose ultimo fine; la quale io ben chiamo assai spesso, ma ella sorda con la mia fortuna accordatasi non m'ascolta, forse perchè io soverchio vivendo rimanga per esempio de' miseri bene lungamente infelice. Ora poscia che io ho già preso ad ubbidirvi e ho a voi fatto palese quello, che nascondere arei potuto: e

sarebbe il meglio stato, che *Men male suo-*
*le essere il morirsi uom tacendo, che la-*
*mentandosi;* quantunque le mie rime da
esser dette a donne liete e festeggianti non
siano, io le pure dirò. Mossono a pietà i
pieghevoli cuori delle donne queste ultime
parole di Perottino, quando egli che con
fatica grandissima le lagrime agli occhi
ritenne, alquanto riavutosi così incominciò a dire:

*Quand'io penso al martire,*
 *Amor, che tu mi ddi gravoso e forte,*
 *Corro per gir a morte,*
 *Così sperando i miei danni finire:*
*Ma poi ch'io giungo al passo,*
 *Ch'è porto in questo mar d'ogni tormento,*
 *Tanto piacer ne sento,*
 *Che l'alma si rinforza, ond'io nol passo.*
*Così 'l viver m'ancide:*
 *Così la morte mi ritorna in vita.*
 *O miseria infinita,*
 *Che l'uno apporta, e l'altra non recide.*

 Lodavano le donne e gli altri giovani la canzone da Perottino recitata; ed
esso interrompendogli, soverchio delle sue
lode schifevole, volea seguitando alle prime proposte ritornare; se non che madonna Berenice ripigliando il parlare,
almeno disse, sii di tanto contento, Perottino, poichè l'essere lodato contra l'uso
di tutti gli altri uomini tu pure a noja

ti rechi, che dove acconciamente ti venga così ragionando alcun de' tuoi versi ricordato, non ti sia grave lo sporloci, perciocchè e noi e tutte e tre, che del tuo onore vaghissime siamo, ed i tuoi compagni medesimamente, i quali son certa che come fratello t'amino, quantunque essi altre volte possano le tue rime aver udite, sollazzerai con tua pochissima fatica grandemente. A queste parole rispostole Perottino che come potesse il farebbe, così rientrò nel suo parlare: E che si potrà dir qui, se non che per certo tanto stremamente è misera la (1) sorte degli amanti, che essi vivendo, perciò che vivono, non possono vivere; e morendo, perciò che muojono, non possono morire? Io certamente non so che altro (2) succhio mi sprema di così nuovo assenzo d'amore, se non quest'uno, il quale quanto sia amaro, siate contente, giovani donne, il cui bene sempre mi fie caro, di conoscere più tosto sentendone ragionare, che gustandolo. Ma o potenza di questo Iddio, non so qual più o nojevole o maravigliosa; non si contenta di questa loda, nè per somma la vuole de'suoi miracoli Amore, il quale perciocchè si può argomentare, che siccome la morte può

---

(1) Amanti vivendo non possono vivere, e morendo non possono morire.

(2) *Sugo pare, che più propriamente dovrebbe dirsi. Leggi il Vocabolario del Porcacchi.*

negli amanti cagionar la noja del vivere ,
così può bastare a cagionarvi la vita la
gioja che essi sentono del morire ; vuole
talvolta in alcuno non solamente che esso
non possa morire senza cagione avere alcuna di vita , ma fa in modo, che egli di
due manifestissime morti da esse fierissima-
mente assalito, siccome di due vite, si vive. A me medesimo tuttavia , donne, pare
oltre ogni maniera nuovo questo stesso
che io dico, e pure è vero: certo così non
fosse egli stato, che io sarei ora fuori d'infinite altre pene , dove io dentro vi sono.
Perciocchè avendo già per gli tempi addietro Amore il mio misero e tormentato
cuore in cocentissimo fuoco posto , nel
quale stando egli , conveniva che io mi
morissi ; conciossiacosachè non avrebbe la
mia virtù potuto a cotanto incendio resi-
stere, operò la crudeltà di quella donna ,
per lo cui amore io ardeva , che io caddi
in uno abbondevolissimo pianto , del quale l' ardente cuore bagnandosi, opportuna
medicina prendeva alle sue fiamme. E questo pianto avrebbe per se solo in maniera
isnervati ed infievoliti i legamenti della mia
vita, e così vi sarebbe il cuore allagato
dentro, che io mi sarei morto , se stato
non fosse , che (1) rassodandosi per la (2)

---

(1) *Rassodandosi, cioè facendosi più sodo.*
(2) *Cocitura , il Bocc. disse Cottura.*

cocitura del fuoco tutto quello, che il pianto stemperava, cagione fu che io non mancai. In questa guisa l'uno e l'altro de' miei mali pro facendomi, e da due mortalissimi accidenti per la loro (1) contraoperazione, vita venendomene, si rimase il cuore in istato; ma quale stato voi vedete: conciossia cosa che io non so, quale più misera vita debba potere essere, che quella di colui è, il quale da due morti è vivo tenuto, e perciocchè egli doppiamente muore, egli si vive. Così avendo detto Perottino, fermatosi, e poi a dire altro passar volendo: Gismondo con la mano in ver di lui aperta (2) sostandolo, a madonna Berenice così disse: Egli non v'attien, Madonna, quello, che egli v'ha testè promesso di sporvi delle sue rime, potendol fare. Perciocchè egli una canzone fe' già, che di questo miracolo medesimo racconta, vaga e gentile, e non la vi dice. Fate che egli la vi dica, che ella vi piacerà. Il che udito, la donna subitamente disse: Dunque ci manchi tu, Perottino, della tua promessa così tosto? () noi ti credevamo uom di fede. E con tai parole, e con altre scongiurandol tutte, non solamente a dir loro quella canzone, della quale Gismondo ragionava, ma ancor delle altre, se ad uo-

---

(1) *Contraoperazione, cioè operazione fatta in contrario.*
(2) *Sostandolo, cioè fermandolo.*

po venissero, di quello che egli dir dovea,
il constrinsero; e fattosi ripromettere, più
d'una volta, egli alla canzone venendo,
con voce compassionevole così disse:

*Voi mi poneste in foco,*
 *Per farmi anzi'l mio dì, Donna, perire:*
 *E perchè questo mal vi parea poco,*
 *Co'l pianto raddoppiaste il mio languire;*
 *Or io vi vo' ben dire:*
 *Levate l'un martire;*
 *Che di due morti i' non posso morire.*
*Però che da l'ardore*
 *L'umor, che ven dagli occhi mi difende:*
 *E che'l gran pianto non distempre il core,*
 *Face la fiamma, che l'asciuga e 'ncende.*
 *Così quanto si prende*
 *L'un mal, l'altro mi rende:*
 *E giova quello stesso, che m' offende.*
*Che se tanto a voi piace*
 *Veder in polve questa carne ardita,*
 *Che vostro e mio mal grado è sì vivace;*
 *Perchè darle giammai quel che l'aita?*
 *Vostra voglia infinita*
 *Sana la sua ferita:*
 *Ond' io rimango in dolorosa vita.*
*E di voi non mi doglio,*
 *Quanto d'Amor, che questo vi comporte:*
 *Anzi di me, ch'ancor non mi discioglio.*
 *Ma che poss'io? con leggi inique e torte,*
 *Amor regge sua corte.*
 *Chi vide mai tal sorte,*
 *Tenersi in vita un uom con doppia morte?*

E così detto seguitò. Parti, Lisa, che
a questi miracoli si convenga, che il lor
facitore sia Iddio chiamato? Parti che non
senza cagione que' primi uomini gli abbiano posto cotal nome? Perciocchè tutte le
cose, che fuori dell'uso naturale avvengono, le quali per questo si chiamano miracoli, che meraviglia a gli uomini recano,
o intese o vedute, non possono proceder
da cosa, che soprannaturale non sia, e tale
sopra tutte le altre è Dio. Questo nome
adunque diedero ad Amore, siccome a
colui, la cui potenza sopra quella della
natura ad essi parea che si distendesse. Ma
io a dimostrarloti più vago de' miei mali
che degli altrui, non ho quasi adoperato
altro, siccome tu hai veduto, che la memoria d'una menomissima parte de' miei
infiniti e dolorosi martíri, i quali però insieme tutti, avvenga che essi di soverchia
miseria fare esempio mi potessero a tutto
il mondo in fede della potenza di questo
Iddio, se bene in maggior numero non si
stendessero, che questi sono, de' quali tu
hai udito; pure a comparazione di quelli
di tutti gli altri uomini per nulla senza fallo
riputar si possono, o per poco. Che se io
t'avessi voluto dipingere ragionando le
istorie di centomila amanti, che si leggono, siccome nelle Chiese si suole fare,
nelle quali dinanzi ad un Iddio non la fede d'un uom solo, ma d'infiniti si vede
in mille tavolette dipinta e raccontata; cer-

to non altramente maravigliata tu ne saresti, che sogliano i pastori, quando essi
primieramente nella città d'alcuna bisogna
portati ad una ora mille cose veggono, che
son loro d'infinita maraviglia cagione. Nè
perchè io mi creda che le mie miserie sien
gravi, come senza fallo sono, è egli per
ciò da dire che lievi sieno l'altrui; o che
amore ne' cuori di mille uomini per avventura non s'avventi con tanto impeto, con
quanto egli ha fatto nel mio; e che egli
cotante e così strane maraviglie non ne
generi, quante e quali son quelle, che
egli nel mio ha generate. Anzi io mi credo
per certo d'avere di molti compagni a
questa pruova per grazia del mio Signore:
quantunque essi non così tutti veder si
possano da ciascuno e conoscere, come io
me stesso conosco. Ma è appresso le altre
questa una delle sciocchezze (1) degli amanti; che ciascuno si crede essere il più misero, e di ciò s'invaghisce, come se di
questa vittoria ne gli venisse corona: nè
vuole per niente, che alcuno altro viva,
il quale amando possa tanto al sommo d'o-
gni male pervenire, quanto egli è pervenuto. Amava Argia senza fallo oltre modo;
se alle cose molto antiche si può dar fede:
la quale chi avesse udita, quando ella sopra le ferite del suo morto marito gitta-

_____

(1) Sciocchezze degli amanti.

tasi piagneva, siccome si dee pensare che ella facesse, avrebbe inteso, che ella il suo dolorè sopra quello d'ogni altra dolente riponeva. Eppure leggiamo d'Evadna, la quale in quella medesima sorte di miseria e in un tempo con lei pervenuta, sdegnando alteramente la propria vita il suo morto marito non pianse solamente, ma ancora seguío. Fece il somigliante Laodomia nella morte del suo : fece la bella Asiana Pantea: fece in quella del suo amante la infelice giovane di Sesto questa medesima prova : fecero altresì di molt'altre. Perchè comprender si può ogni stato d'infelicità potersi in ogni tempo con molti altri rassomigliare. Ma non di leggier si veggono, perciocchè la miseria ama sovente di star nascosta. Tu dunque, Lisa, dando alle mie angosce quella compagnia, che ti parrà poter dare, senza che io vada tutte le istorie ravvolgendo, potrai agevolmente argomentare la potenza del tuo Iddio tante volte più distendersi di quello ch'io t'ho co' miei esempi dimostrato, quanti possono esser quelli, che amino come fo io, i quali possono senza fallo essere infiniti. Perciocchè ad Amore è per niente, che può essere, solo che esso voglia, ad un tempo parimente in ogni luogo, di cotali prodezze a rischio della vita degli amanti in mille di loro insieme insieme far pruova. Egli così giuoca, e quello, che a noi è d'infinite lagrime e d'infiniti tormenti cagione, suoi scherzi sono e suoi risi non altramente che nostri dolori. E già in modo ha se avvezzo nel nostro sangue, e delle nostre ferite invaghito il crudele, che di tutti i suoi miracoli quello è il più maraviglioso, quando egli alcuno ne fa amare, il qual senta poco dolore. E perciò pochissimi sono quegli amanti (se pure alcuno ve n'è, ch'io nol so) che possano nelle lor fiamme servar modo; dove in contrario si vede tutto'l giorno: lasciamo stare che di riposati, di (1) riguardosi, di studiosi, di filosofanti, molte volte (2) rischievoli andatori di notte, portatori d'arme, salitori di mura, feritori d'uomini diveniamo; ma tutto dì veggiamo mille uomini, e quelli per avventura, che per più costanti sono e per più saggi riputati, quando ad amar si conducono, palesemente impazzare. Ma perciocchè fatto Iddio da gli uomini Amore per queste cagioni, che tu vedi Lisa, parve ad essi convenevole dovergli alcuna forma dare, acciocchè esso più interamente conosciuto fosse. Ignudo (3) il dipinsero; per dimostrarci in quel modo non solamente che gli amanti niente hanno di suo, conciosia cosa che essi stessi sieno d'altrui; ma questo ancora, che essi di

---

(1) *Riguardosi*, cioè uomini *di riguardo*, e *di rispetto*.

(2) *Rischievoli*, ciò è *arrisicati*, *arrischievoli* disse il Boccac. nella *Fiammetta*.

(3) Amore perchè ignudo fanciullo, alato, con la face, con l'arco, e con gli strali.

ogni loro arbitrio si spogliano, d'ogni ragione rimangono ignudi: Fanciullo; non perchè egli si sia garzone, che nacque insieme co'primi uomini, ma perciò che garzoni fa divenire di conoscimento quei che 'l seguono, e quasi una nuova Medea con istranj veneni alcuna volta gli attempati e canuti (1) ribambire. Alato; non per altro rispetto, se non perciò, che gli amanti dalle penne de' loro stolti disiderj sostentati volan per l'aere della loro speranza, siccome essi si fanno a credere, leggiermente infino al cielo. Oltre acciò una face gli posero in mano accesa; perciocchè siccome del fuoco piace lo splendore, ma l'ardore è dolorosissimo; così la prima apparenza d'amore, in quanto sembra cosa piacevole ci diletta; di cui poscia l'uso, e la sperienza ci tormentano fuor di misura: il che se da noi conosciuto fosse prima che vi si ardesse, oh quanto meno ampia sarebbe oggi la signoria di questo tiranno, e il numero degli amanti minore, che essi non sono! Ma noi stessi del nostro mal vaghi, siccome farfalle, ad essa n'andiam per diletto; anzi pure noi medesimi spesse volte ce l'accendiamo: onde poi quasi Perilli nel proprio toro, così noi nel nostro incendio ci veggiamo manifestamente perire. Ma per

---

(1) *Ribambire*, cioè *diventar bambini*: ed è *proprio de' vecchi decrepiti*.

dar fine alla immagine di questo Iddio male per gli uomini di sì diversi colori della
loro miseria (1) pennellata, a tutte queste
cose, Lisa, che io t'ho dette, l'arco v'ag-
giunsero e gli strali; per darci ad intendere,
che tali sono le ferite, che Amore ci dà,
quali potrebbon esser quelle d'un buon
arciere, che ci saettasse: le quali però in
tanto sono più mortali, che egli tutte le dà
nel cuore, e questo ancora più avanti hanno di male, che egli mai non si stanca,
od a pietà si muove, perchè ci vegga venir meno; o anzi egli tanto più s'affretta
nel ferirci, quanto ci sente più deboli e
più mancare. Ora io mi credo assai apertamente averti, Lisa, dimostrato, quali fossero le cagioni, che mosser gli uomini a
chiamare Iddio costui, che noi Amore chiamiamo; e perchè essi così il dipinsero, come
tu hai veduto, il quale se con dritto occhio si
mira, non che egli nel vero non sia Iddio, il
che sarebbe scelleratezza pure a pensare,
non che mancamento a crederlo; anzi egli
non è altro, se non quello che noi medesimi vogliamo (2). Perciocchè conviene di
necessità, che amore nasca nel campo de'
nostri voleri, senza il quale, siccome pianta
senza terreno, egli aver luogo non può
giammai. È il vero che comunque noi ri-
cevendolo nell'animo gli lasciamo aver piè,

(1) *Pennellata*, *cioè dipinta col pennello.*
(2) Amore non è altro, che quanto noi stessi vogliamo.

e nella nostra volontà far radici, egli tanto
prende di vigore da se stesso, che poi nostro mal grado le più volte vi rimane con
tante e così pungenti spine il cuore afflig-
gendoci, e così nuove maraviglie generan-
done, come ben chiaro conosce chi lo pruova. Ma perciocchè io buona via mi sono
teco venutone ragionando, tempo è da ritornare a Gismondo, il quale io lasciai dalla
tua voce richiamato già su ne' primi passi
del mio cammino, avendomi egli dimanda-
to, come ciò vero fosse, che io dissi, che
amare senza amaro non si puote. Il che
quantunque possa senza dubbio assai esser
chiaro conosciuto per le precedenti ragioni,
da chi per avventura non volesse a suo
danno farsi sofistico contra 'l vero; pure sì
perchè a voi donne maggiore utilità ne segua, le quali perciocchè femmine siete, e
per questo meno nel vivere della fortuna
esercitate, che noi non siamo, più di consiglio avete mestiero, e sì perchè a me già
nel dolermi avviato giova il favellare bene
in lungo de' miei mali, siccome a' miseri
suole avvenire, più oltre àncora ne parlerò; e così forse ad un' ora a voi m'ubri-
gherò ragionando, e disubrigherò consigliando, e per le cose, che possono a chi
non l'intendesse di molta infelicità esser
cagione, discorrendo e avvisando. Avea
dette queste parole Perottino, e tacevasi
apparecchiandosi di riparlare, quando Gismondo risguardate l'ombre del Sole, che

alquanto erano divenute maggiori, alle
donne rivoltosi così disse. Care donne, io
ho sempre udito dire, che il vincere più gagliardo guerriere, fa la vittoria maggiore.
Perchè di quanto più rinforza Perottino
argomentando le sue ragioni, e più lungamente nella iniqua sua causa s'affatica agu-
zando la punta del suo ingegno di parlare,
di tanto egli alle mie tempie va tessendo
più lodevole e più graziosa corona. Ma io
temo, se io gli arò a rispondere, che non
mi manchi il tempo, se noi vorremo, siccome usati siamo, all'ora del festeggiare
insieme con gli altri nel palagio ritrovarci.
Perciocchè il Sole già verso il vespero s'in-
china, e a noi forse non fie guari più d'altrettanto spazio di qui dimorarci conceduto
di quello, che c'è passato poichè noi ci
siamo. E l'ora è sì (1) fuggevole, e così
ci pigliano l'animo le vezzose parole di Perottino, che a me pare d'esserci appena
appena venuto. A cui Sabinetta, che la più
giovane era delle tre donne, e nel principio di questi ragionamenti postasi a sedere
nell'erbetta sotto gli allori, quasi fuori
degli altri stando e ascoltando, poichè Perottino a favellare incominciò, niente ancora
avea parlato, anzi acerbetta che no, disse:
Ingiuria si farebbe a Perottino, se tu Gismondo per cotesto dir volessi, che egli a
ristringere dovesse avere i suoi sermoni.

_____

(1) _Fuggevole, cioè atta a fuggire._

Parlisi a suo bell'agio egli oggi, quanto ad esso piace; tu gli potrai rispondere poscia domani, conciossiacosachè e a noi fie più dilettevole il pigliarci questo sollazzo e diporto medesimamente dell'altre volte, che qui abbiamo più dì a starci, e a te potrà essere più agevole il rispondere, che averai avuto questo mezzo tempo da pensarvi. Piacque a ciascuno l'avviso di Sabinetta, e così conchiuso che si facesse in quello medesimo luogo il seguente giorno ritornando, poichè ognun si tacque, Perottino incominciò. Siccome delle vaghe e travagliate navi sono i porti riposo, e delle cacciate fiere le selve loro, così de' quistionevoli ragionamenti sono le vere conclusioni; nè giova, dove queste manchino, molte voci rotonde e segnate raunando e componendo, le quali per avventura più da coloro sono con istudio cercate, che più da se la verità lontana sentono, occupar gli animi degli ascoltanti, se essi non solamente la fronte e il volto delle parole, ma il petto ancora e il cuor di loro con maestro occhio rimirano. Il che temo io forte, o donne, non domani avvenga a Gismondo, il quale più del suo ingegno confidandosi, che avendo risguardo a quello di ciascuna di voi, o pure alla debolezza della sua causa rispetto o pensiero alcuno, spera di questa giostra corona. Nella quale sua speranza assai gli sarebbe la fortuna favorevole stata, più lungo spazio da prepararsi alla risposta concedendogli, che a me di venire alla proposta non diede, se egli alla verità non fosse nemico. E perchè egli in me non ritorni quello, che io ora appongo a lui, alla sua richiesta venendo dico, che quantunque volte adiviene, che l'uom non possegga quello, che egli desidera; tante volte egli dà luogo in se alle passioni, le quali ogni pace turbandogli, siccome città da suoi nemici combattuta, in continuo tormento il tengono più e men grave, secondo che più o men possenti i suoi desiderj sono. E possedere qui chiamo non quello, che suole essere ne' cavalli, o nelle veste, o nelle case, delle quali il signore è semplicemente possessor chiamato, quantunque non egli solo le usi, o non sempre, o non a suo modo, ma possedere, dico il fruire compiutamente ciò, che altri ama in quella guisa, che ad esso è più a grado. La qual cosa perciocchè è per se stessa manifestissima, che io altramente ne quistioni non fa mestiero. Ora vorrei io saper da te Gismondo, se tu giudichi, che l'uomo amante altrui possa quello, che egli ama, fruire compiutamente giammai. Se tu di', che sii, tu ti poni in manifesto errore, perciocchè non può l'uomo quando che sia fruir compiutamente cosa, che non sia tutta in lui; conciosiacosachè le strane sempre sotto l'arbitrio della fortuna stiano e sotto il caso, e non sotto noi, e altri quanto sia cosa istrana, dalla sua voce medesima si fa chiaro.

Se tu di', che no, confessare adunque ti
bisognerà; nè ti potranno gli amanti difendere, o Gismondo, che chiunque ama, senta e sostenga passione a ciascun tempo. E
perciocchè non è altro l'amaro dell'animo
che il fele delle passioni, che l'avvelenano,
di necessità si conchiude, che amare senza
amaro non è più (1) fattibile, che sia, che
l'acque asciughino, o il fuoco bagni, o le nevi
ardano, o il Sole non dia luce. Vedi tu
ora Gismondo in quanto semplici e brievi parole la pura verità si rinchiude?
Ma che vo io argomentando di cosa,
che si tocca con mano? che dico io con
mano? anzi pur col cuore. Nè cosa è, che più
a dentro si faccia sentire, o più nel mezzo d'ogni nostra midolla penetrando tra-
figga l'anima, di quello che Amore fa,
il quale siccome potentissimo veneno, al
cuore ne manda la sua virtù, e quasi ammaestrato rubator di strada nella
vita de gli uomini cerca incontanente
di por mano. Lasciando adunque da parte con Gismondo i sillogismi, o donne,
al quale più essi hanno rispetto, siccome
a lor guerriere, che a voi, che ascoltatrici siete delle nostre quistioni, con voi me
ne verrò più apertamente ragionando quest'altra via. E perciocchè per le passioni
dell'animo discorrendo, meglio ci verrà la

---

(1) *Fattibile, cioè atto a farsi.*

costui amarezza conosciuta, siccome quella, che egli si trae dall'aloè loro, poichè
in esse col ragionare alquanto già intrati
siamo, e a voi piace, che il favellare oggi
sia mio, il quale poco innanzi a Gismondo donato avevate, seguitando di loro vi
parlerò più lunga tela tessendovi de' lor
fili. Sono adunque, o (1) donne, le passioni dell'animo queste generali, e non più,
dalle quali tutte le altre dirivando in loro ritornano, soverchio desiderare, soverchio rallegrarsi, soverchia tema delle future miserie,
e nelle presenti dolore; le quali passioni
perciocchè siccome venti contrarj turbano
la tranquillità dell'animo e ogni quieta
della nostra vita, sono per più segnato vo-
cabolo (2) perturbazioni chiamate dagli Scrittori. Di queste perturbazioni quantunque
propria d'amore sia la primiera, siccome
quello, che altro che disiderio non è, pure
egli non contento de' suoi confini, passa
nelle altrui possessioni soffiando in modo
nella sua fiaccola, che miseramente tutte le
mette a fuoco; il quale fuoco gli animi
nostri consumando e distruggendo trae spesse volte a fine la nostra vita; o se questo
non ne viene, a vita peggior che morte
senza fallo ci conduce. Ora per incominciar
da esso (3) desiderio, dico questo essere

---

(1) Passioni dell'animo.
(2) Perturbazioni.
(3) Il desiderio è capo e origine di tutte l'altre
passioni.

di tutte le altre passioni origine e capo, e da questo ogni nostro male procedere non altramente, che faccia ogni albero da sue radici. Perciocchè comunque egli d'alcuna cosa s'accende in noi, incontanente ci sospigne a seguirla e a cercarla, e così seguendola e cercandola, a trabocchevoli, e disordinati pericoli, e a mille miserie ci conduce. Questo sospigne il fratello a cercare dalla male amata sorella gli abbominevoli abbracciamenti, la matrigna dal figliastro, e alcuna volta ( il che pure a dirlo mi è grave) il padre medesimo dalla verginetta figliuola, cose più tosto mostruose, che fiere; le quali, perciocchè vie più bello è il tacerle, che il favellarne, lasciando nella loro non dicevole sconvenevolezza stare, e di noi favellando, così vi dico, che questo disio i nostri pensieri, i nostri passi, le nostre giornate dispone, e scorge, e trae a dolorosi e non pensati fini. Nè giova spesse volte, che altri gli si opponga con la ragione, perciocchè quantunque d'andare al nostro male ci accorgiamo, non per tanto ce ne sappiam ritenere: o se pure alcuna volta ce ne riteniamo, da capo, come quelli che il male abbiam dentro (1) al vomito con maggior violenza di stomaco ritorniamo. E avviene poi, che siccome

---

(1) *Ritornare al vomito proverbio e significa Ritornare al malfare tralasciato.*

quel Sole, nel qual noi gli occhi teneva-
mo stamane, quando ei surgea, ora di-
lungatosi fra 'l giorno abbaglia chi lo rimira; così bene scorgiamo noi da prima il
nostro male alle volte, quando ei nasce,
il quale medesimo fatto grande, accieca
ogni nostra ragione e consiglio. Ma non si
contenta di tenerci Amore d'una sola voglia, quasi d'una verga sollecitati: anzi siccome dal disiderar delle cose tutte le altre
passioni nascono; così dal primo disiderio,
che sorge in noi, come da largo fiume,
mille altri ne derivano, e questi sono negli amanti non men diversi, che infiniti.
Perciò che quantunque il più delle volte
tutti tendano ad un fine; pure perchè diversi sono gli obbietti, e diverse le fortune degli amanti, da ciascuno senza fallo
diversamente si disia. Sono alcuni, che per
giognere quando che sia la lor preda, pongono tutte le forze loro in un corso, nel
quale o quante gravi e dure cose s'incou-
trano! o quante volte si cade! o quanti
seguaci pruni ci sottomordono i miseri
piedi! e spesse fiate avviene, che prima si
perde la lena, che la caccia ci venga imboc-
cata. Alcuni altri possessori della cosa amata
divenuti, niente altro disiderano, se non di
mantenersi in quello medesimo stato, e
quivi fisso tenendo ogni loro pensiero, e
in questo solo ogni opera, ogni tempo loro
consumando, nella felicità son miseri, e
nelle ricchezze mendici, e nelle loro ventu-

re sciagurati. Altri di possessione uscito de'
suoi beni', cerca di rientrarvi; e quivi con
mille dure condizioni, con mille patti ini-
qui, in prieghi, in lagrime, in strida
consumandosi, mentre del perduto conten-
de, pone in quistion pazzamente la sua
vita. Ma non si veggono queste fatiche,
questi guai, questi tormenti ne' primi disii.
Perciocchè siccome nell'entrar d'alcun bo-
co ci par d'avere assai spedito sentiero,
ma quanto più in esso penetriamo camminando, tanto il calle più angusto diviene;
così noi primieramente ad alcuno obbietto
dall'appetito invitati, mentre a quello ci
pare di dover potere assai agevolmente
pervenire, ad esso più oltre andando di
passo in passo troviamo più ristretto e più
malagevole il cammino; il che a noi è delle nostre tribolazioni fondamento. Perciò
che per vi pure poter pervenire, ogni impedimento cerchiamo di rimuovere, che
il ci vieti; e quello che per diritto non
si può, conviene che per ( 1 ) obblico si fornisca. Quinci le ire nascono, le
quistioni, le offese; e troppo più avanti
ne segue di male, che nel cominciamento
non pare altrui esser possibile ad avvenire.
Ed affine che io ogni cosa minuta raccon-

_____

(1) *Obblico*, *significa torto*, *e in prosa non è*, *ch' io
sappia*, *usato da altri. Il Petr. l'usò una volta dura legge
d'Amor; ma benchè Obbliqua; e lo scrisse per q, ed u.*

tando non vada ; quante volte sono da alcuno state per questa cagione le morti d'infiniti uomini desiderate? e per avventura alcuna volta de' suoi più cari? Quante donne già dall'appetito trasportate hanno la morte de' loro mariti procacciata? Veramente, o Donne, se a me paresse poter dire maggior cosa, che questa non è, io più oltre ne parlerei. Ma che si può dir di più? il letto santissimo della moglie e del marito, testimonio della più secreta parte della lor vita, consapevole de' loro dolcissimi abbracciamenti, per nuovo disio d'amore essere del sangue innocente dell'uno col ferro dell'altro tinto e bagnato. Ora facendo vela da questi duri ed importuni scogli del disio, il mare dell'allegrezza fallace e torbido solchiamo. Manifesta cosa vi dee adunque essere, o Donne, che tanto a noi ogni allegrezza si fa maggiore, quanto maggiore negli animi nostri è stato di quello il disio, che a noi è della nostra gioja cagione: e tanto più oltre modo nel conseguire delle cercate cose ci rallegriamo, quanto più elle da noi prima sono state cerche oltra misura. E perciò che niuno appetito ha in noi tanto di forza, nè con sì possente impeto all'obbietto propostogli ci trasporta, quanto quello fa, che è dagli sproni e dalla sferza d'amore punto e sollecitato, avviene che niuna allegrezza di tanto passa ogni giusto segno, di quanto quella degli amanti pas-

sar si vede, quando essi d'alcuno loro desiderio vengono a riva. E veramente chi
si rallegrerebbe cotanto d'un picciolo sguardo, o chi in luogo di somma felicità por-
rebbe due tronche parolette, o un brieve
toccar di mano, o un' altra favola cotale,
se non l'amante, il quale è di queste stesse
novelluzze vago e disievole fuor di ragione?
certó, che io creda, niuno. Nè per ciò è
da dire, che in questo a miglior condizione,
che tutti gli altri uomini non sono, siano gli
amanti; quando manifestamente si vede, che
ciascuna delle loro allegrezze le più volte, o
per dir meglio, sempre accompagnano infiniti dolori: il che negli altri non suole
avvenire, in modo che quello, che una
volta sopravanza nel sollazzo, è loro mille
fiate renduto nella pena. Senza che niuna
allegrezza, quando ella trapassa i termini
del convenevole, è sana (1); e più tosto
credenza fallace e stolta, che vera allegrezza si può chiamare. La quale è ancora per
questo dannosa negli amanti, che ella in
modo gli lascia ebbri del suo veleno; che
come se essi in Lete avessero la memoria
tuffata, d'ogni altra cosa fatti dimentichi,
salvo che del lor male, ogni onesto ufficio, ogni studio lodevole, ogni onorata
impresa, ogni lor debito lasciato a dietro,

---

(1) L'allegrezze che passano il convenevole, non
son vere allegrezze.

in questa sola vituperevolmente pongono
tutti i lor pensieri : di che non solamente
vergogna e danno ne segue loro, ma oltre
ciò quasi di se stessi nemici divenuti, essi
medesimi volontariamente si fanno servi di
mille dolori. Quante notti miseramente passa vegghiando; quanti giorni sollecitamente
perde in un solo pensiero; quanti passi
misura in vano; quante carte vergando non
meno le bagna di lagrime, che d'inchiostri
l'infelice amante alcuna volta, prima che
egli un' ora piacevole si guadagni? La qual
per avventura senza noja non gli viene,
siccome di lamentevoli parole spesse volte,
e di focosi sospiri, e di vero pianto mescolata, o forse non senza pericolo stando della propria persona; o se alcuna
di queste cose nol tocca, certo con doloroso pungimento di cuore, che ella sì tosto fuggendo se ne porti i suoi diletti, i
quali egli ha così lungamente penato per
acquistare. Chi non sa, quanti pentimenti,
quanti scorni, quante mutazioni, quanti
rammarichi, quanti pensieri di vendetta,
quante fiamme di sdegno il cuocono e ri-
cuocono mille volte, prima che egli un
piacere consegua? Chi non sa, con quante
gelosie, con quante invidie, con quanti
sospetti, con quante emulazioni, ed in fine
con quanti assenzi ciascuna sua brevissima
dolcezza sia comperata? Certo non hanno
tante conche i nostri liti, nè tante foglie
muove il vento in questo giardino, qualora

egli più verde si vede e più vestito, quanti
possono in ogni sollazzo amoroso esser dolori.
E questi medesimi sollazzi se avviene alcuna
fiata che sieno da ogni loro parte di duolo
e di maninconia voti, il che non può essere, ma posto che sì, allora per avventura ci sono eglino più dannosi e più gravi. Perciocchè (1) le fortune amorose non
sempre durano in uno medesimo stato ;
anzi elle più sovente si mutano, che alcuna altra delle mondane, siccome quelle,
che sottoposte sono al governo di più lieve
signore, che tutte le altre non sono. Il
che quando avviene, tanto ci appare la
miseria più grave, quanto la felicità ci è
paruta maggiore. Allora ci lamentiamo noi
d'Amore ; allora ci rammarichiamo di noi
stessi ; allora c'incresce il vivere, siccome
io vi posso col mio misero esempio in queste
rime far vedere. Le quali se per avventura
più lunghe vi parranno dell' usato, fie per
questo, che hanno avuto rispetto alla gravezza de' miei mali, la quale in pochi versi
non parve loro che potesse capere.

*I più soavi e riposati giorni*
  *Non ebbe uom mai, nè le più chiare notti,*
*Di quel ch' ebb'io, ne'l più felice stato,*
*Allor, ch' io incominciai l'amato stile*
*Ordir con altro pur, che doglia e pianto,*

---

(1) Le fortune amorose non durano sempre in un
medesimo stato.

Da prima entrando a l'amorosa vita.
Or è mutato il corso a la mia vita;
  E volto il gajo tempo e i lieti giorni,
  Che non sapean che cosa fosse un pianto,
  In gravi travagliate e fosche notti
  Col bel suggetto suo cangiar lo stile,
  E con le mie venture ogni mio stato.
Lasso, non mi credea di sì alto stato
  Giammai cader in così bassa vita,
  Nè di sì piano in così duro stile.
  Ma'l Sol non mena mai sì puri giorni,
  Che non sian dietro poi tant' atre notti:
  Così vicino al riso è sempre il pianto.
Ben ebbi al riso mio vicino il pianto;
  Ed io non mel sapea, ch'in quello stato
  Così cantando, e'n quelle dolci notti
  Forse avrei posto fine a la mia vita,
  Per non tardar al fel di questi giorni,
  Che m'ha sì inacerbito e petto e stile.
Amor, tu che porgei dianzi a lo stile
  Lieto argomento, or gl'insegni ira e pianto;
  A che son giunti i miei graditi giorni?
  Qual vento nel fiorir svelse'l mio stato,
  E se fortuna alla tranquilla vita
  Entro gli scogli a le più lunghe notti?
U' son le prime mie vegghiate notti
  Sì dolcemente? u'l mio ridente stile,
  Che potea rallegrar ben mesta vita?
  E chi sì tosto l'ha converso in pianto?
  Ch'or foss'io morto allor, quando'l mio stato
  Tinse in oscuro i suoi candidi giorni.
Sparito è'l Sol de'miei sereni giorni;
  E raddoppiata l'ombra a le mie notti,

Che lucean più che i dì d'ogni altro stato.
Cantai un tempo, e 'n vago e lieto stile
Spiegai mie rime, ed or le spiego in pianto,
Ch' ha fatto amara di sì dolce vita.
Così sapesse ognun qual è mia vita
Da indi in qua, che miei festosi giorni,
Chi sola il potea far, rivolse in pianto:
Che pago mi terrei di queste notti
Senza colmar de' miei danni lo stile:
Ma non ho tanto bene in questo stato.
Che quella fera, ch'al mio verde stato
Diede di morso, e quasi a la mia vita,
Or fugge al suon del mi' angoscioso stile:
Nè mai per rimembrarle i primi giorni,
O raccontar de le presenti notti,
Volse a pietà del mio sì largo pianto.
Ecco sola m'ascolta, e col mio pianto
Agguagliando 'l suo duro antico stato
Meco si duol di sì penose notti:
E se 'l fin si prevede da la vita,
Ad una meta van questi e quei giorni:
E la mia nuda voce fia 'l mio stile.
Amanti, i' ebbi già tra voi lo stile
Sì vago, ch'acquetava ogni altrui pianto;
Or me non queta un sol di questi giorni.
Così va; chi 'n suo molto allegro stato
Non crede mai provar noiosa vita;
Nè pensa 'l dì delle future notti:
Ma chi vuol, si rallegri a le mie notti:
Com'anco quella, che mi fa lo stile
Tornar a vile, e 'n odio aver la vita:
Ch'io non spero giammai d'uscir di pianto,
Ella sel sa, che di sì lieto stato

*Tosto mi pose in così tristi giorni.*
*Ite, giorni gioiosi, e care notti:*
*Che 'l bel mio stato ha preso un altro stile,*
*Per pascer sol di pianto la mia vita.*

Voi vedete, o donne, a che porto la
seconda fortuna ci conduce. Ma io quantunque la morte mi fosse più cara, pure
vivo, chente che la mia vita si sia. Molti
sono stati, che non sono potuti vivere:
così viene a gli uomini grave dopo la molta allegrezza il dolore (1). Ruppe ad Artemisia la fortuna con la morte del marito
la felicità de'suoi amori; per la qual cosa
ella visse in pianto tutto il rimanente della
sua vita, e alla fine piangendo si morì; il
che avvenuto non le sarebbe, se ella si fosse
mezzanamente ne'suoi piaceri rallegrata.
Abbandonata dal vago Enea la dolorosa
Elisa se medesima miseramente abbandonò
uccidendosi; alla qual morte non traboccava, se ella meno seconda fortuna avuta
avesse ne'suoi amorosi disii. Nè parve alla
misera Niobe per altro sì grave l' (2) orbezza de'suoi figliuoli, se non perciò, che ella
a somma felicità l'avergli s'avea recato. Così
avviene, che se le misere allegrezze de gli
amanti sono di se sole ben piene, o a mor-

---

(1) Esempj di persone a cui dopo molta allegrezza
sia venuto grave dolore.
(2) *Orbezza, cioè privazione, ed è voce nuova.*

ti acerbissime gli conducono, o d'eterno dolore gli fanno eredi; se sono di molta noja fregiate, elle senza dubbio alcuno e mentre durano gli tormentano, e partendo niente altro lasciano loro in mano, che il pentimento, perciocchè di tutte quelle cose, che a far prendiamo, quando ci vanno con nostro danno fallite, la penitenza è fine. O amara dolcezza! o venenata medicina degli amanti non sani! o allegrezza dolorosa, la qual di te nessun più dolce frutto lasci a' tuoi possessori, che il pentirsi! o vaghezza, che come fumo lieve non prima sei veduta, che sparisci, nè altro di te rimane negli occhi nostri, che il piagnere! O ali, che bene in alto ci levate, perchè strutta dal Sole la vostra cera noi con gli omeri nudi rimanendo, quasi novelli Icari, cadiamo nel mare! Cotali sono i piaceri, donne, i quali amando si sentono. Veggiamo ora, quali sono le paure (1). Fingono i Poeti, i quali sogliono alcuna volta favoleggiando dir del vero, che negli oscuri abissi tra le schiere sconsolate de' dannati è uno fra gli altri, cui pende sopra 'l capo un sasso grossissimo ritenuto da sottilissimo filo. Questi al sasso risguardando, e della caduta sgomentandosi, sta continuamente in questa pena. Tale degl'infelici amanti è lo stato, i quali sempre de' loro

---

(1) Paure, che si sentono amando.

possibili danni stando in pensiero, quasi
con la grave ruina delle loro sciagure sopra 'l capo, i miseri vivono in eterna paura: e non so che per lo continuo il tristo
cuore dicendo loro tacitamente gli sollecita
e tormenta seco stesso ad ogni ora qualche
male indovinando. Perciò che quale è
quello amante, che degli sdegni della sua
donna in ogni tempo non tema? o che ella
forse ad alcuno altro il suo amore non doni? o che per alcun modo, che mille sempre ne sono, non gli sia tolta a' suoi amorosi piaceri la via? Egli certamente non mi
si lascia credere, che uomo alcuno viva,
il quale amando, comunque il suo stato si
stia, mille volte il giorno non sia sollecito,
mille volte non senta paura. E che poi di
queste sollecitudini hassene egli altro danno,
che il temere? Certo sì, e non uno, ma infiniti, che questa stessa tema e pavento sono
di molti altri mali seme e radice. Perciocchè
per riparare alle ruine, che lasciate in pendente crediamo che possano cadendo (1)
stritolare la nostra felicità; molti torti pun-
tegli con gli altrui danni, o forse con le altrui
morti, cerchiamo di sottoporre a'lor casi.
Uccise il suo fratel cugino, che dalla lunga
guerra si ritornava, il fiero Egisto temendo non per la sua venuta rovinassero i suoi

---

(1) *Stritolare*, *vuol dir proprio sminuzzare: ma qui significa Menomare, far minore. Leggi il Vocabolario del
Porcacchi.*

piaceri. Uccise simigliantemente l'impazzate
Oreste il suo, e dinanzi a gli altari degli
Iddii nel mezzo de' sacrificanti sacerdoti il
fe' cadere, perchè in piè rimanesse l'amore
che egli alla sorella portava. A me medesimo incresce, o Donne, l'andarmi cotanto tra tante miserie ravvolgendo. Pure se
io v'ho a dimostrare quale sia questo Amore, che è da Gismondo lodato, come buono, è uopo, che io con la tela delle sue
opere il vi dimostri: delle quali per avventura tante ne lascio addietro ragionando,
quante lascia da poppa alcuna nave goccio-
le d'acqua marina, quando più ella da
buon vento sospinta corre a tutte vele il
suo cammino. Ma passiamo nel (1) dolore,
acciocchè più tosto si venga a fine di questi mali. Il qual dolore quantunque abbia
le sue radici nel desiderio, siccome hanno
le altre due passioni altresì; pure tanto
egli più e men cresce, quanto prima i rivi dell'allegrezza l'hanno potuto più o meno largamente innaffiare. Assai sono adunque di quegli amanti, i quali da una
torta guatatura delle lor donne, o da
tre parole proverbiose, quasi da tre ferite
trafitti, non pensando più oltre quanto elle
spesse volte il soglian fare senza sapere il
perchè, vaghe d'alcuno tormentuzzo de'loro amanti, si dogliono, si rammaricano,

---

(1) Dolore, che si sente in amore.

si tormentano senza consolazione alcuna.
Altri perchè a pro non può venire de'suoi
disii, pensa di più non vivere. Altri perchè venutovi compiutamente non gode, a
questo apparente, male v'aggiugne il continuo rancore, e fàllo veramente esistente
e grave. E molti per morte delle lor donne a capo delle feste lor pervenuti s'attri-
stano senza fine, ed altro già, che quelle
fredde e pallide immagini, dovunque essi
gli occhi ed il pensier volgono, non viene
loro innanzi; a' quali tutti il tempo, siccome nè anco il verno le foglie a tutti gli
alberi, la doglia non ne leva; anzi siccome
ad alquante piante sopra le vecchie frondi ne
crescono ogni primavera di nuove; così ad
alquanti di questi amanti duolo sopra duolo
s'aumenta, e più che essi dopo le loro amate
donne vivono, più vivono tormentati, e miseramente di giorno in giorno fanno le loro
piaghe più profonde pure in sul ferro ag-
gravandosi, che gl'impiaga. Nè mancherà poi
chi per crudeltà della sua donna dalla cima
della sua felicità, quasi nel profondo d'ogni
miseria caduto, a doversi dilungare nel mondo, per farla ben lieta si dispone. E questi nel
suo esiglio di niuna altra cosa è vago, se
non di piangere, niente altro desidera,
che bene stremamente essere infelice. Questo vuole, di questo si pasce, in questo si
consola, a questo esso stesso s'invia. Nè
Sole, nè Stella, nè Cielo vede mai, che
gli sia chiaro. Non erbe, non fonti, non

fiori, non corso di mormoranti rivi, non vista di verdeggiante bosco, non aura, non fresco, non ombra veruna gli è soave. Ma solo, chiuso sempre ne' suoi pensieri, con gli occhi pregui di lagrime, le meno segnate valli, o le più riposte selve ricercando, s'ingegna di far brieve la sua vita, talora in qualche trista rima spignendo fuori alcun de' suoi rinchiusi e infiniti dolori, con qualche tronco secco d'albero, o con alcuna soletaria fiera, come se esse l'intendessero, parlando ed agguagliando il suo stato. Ora daratti il cuore, Gismondo, di mostrarci che cosa buona amor sia? Che amore sia buono, Gismondo, daratti l'animo dicci di mostrare? Conosciuti adunque separatamente questi mali, o donne. del desiderio, dell'allegrezza, della sollecitudine, e del dolore, a me piace, che noi mescolatamente e senza legge alquanto vaghiamo per loro. E prima che io più ad un luogo, che ad un altro m'invii, mi si para davanti la novità de' principj, che questo malvagio lusinghiero dà loro negli animi nostri, quasi se di sollazzo e giuoco, non di doglia e di lagrime e di manifesto pericolo della nostra vita fossero nascimento. Perciocchè mille fiate adiviene, che una paroletta, un sorriso, un muover d'occhio con maravigliosa forza ci prendono gli animi, e sono cagione, che noi ogni nostro bene, ogni onore, ogni libertà tutta nelle mani d'una donna riponiamo, e più avanti non vediamo di lei. E tutto il giorno si vede, che un portamento, un andare, un sedere sono l'esca di grandissimi ed inestinguibili fuochi. Ed oltre acciò quante volte avvenne , lasciamo stare le parti belle del corpo, delle quali spesse fiate la più debole per avventura stranamente ci muove; ma quante volte avvenne, che d'un pianto ci siamo invaghiti? e di quelle, il cui riso non ci ha potuti crollare di stato, una lagrimetta ci ha fatti correre con frezzolosi passi al nostro male? A quanti la pallidezza d'una inferma è stata di piggior pallidezza principio? e loro, che gli occhi vaghi ed ardenti non presero ne' dilettevoli giardini, i mesti e caduti nel mezzo delle gravose febbri legarono, e furono ad essi di più perigliosa febbre cagione? Quanti già finsero d'esser presi, e nel laccio per giuoco entrati, poi vi rimasero mal lor grado con fermissimo e strettissimo nodo miserabilmente ritenuti? Quanti volendo spegnere l'altrui fuoco, a se medesimi l'accesero, ed ebbero d'ajuto mestiero? Quanti sentendo altrui ragionar d'una donna lontana , essi stessi s'avvicinarono mille martìri? Ahi lasso me! questo solo vorre' io aver taciuto. Appena ebbe così detto Perottino, che degli occhi gli caddero alquante subite lagrime, e la presta parola gli morì in bocca. Ma poi che tacendosi ognuno, vinti dalla pietà di quella vista esso si riebbe, così con voce rotta

e spessa seguitando riprese a dire : Di cotai faville, o donne, poichè vede gli animi nostri raccesi questo vezzoso fanciullo e
fiero, aggiugne nutrimento al suo fuoco
di speranza e di desiderio pascendolo : de'
quali quantunque alcuna volta manchi la
prima in noi, siccome quella che da istra-
ni accidenti si crea, non perciò menoma
il desiderio, nè cade sempre con lei. Perciocchè oltra che noi dura gente mortale
da natura tanto più d'alcuna cosa (1) c'invogliamo, quanto ella c'è più negata, ha
questo Amore assai sovente in se, che
quanto sente più in noi la speranza venir
meno, tanto più con disiderj soffiando
nelle sue fiamme le fa maggiori, le quali
come crescono, così s'aumentano le nostre
doglie, e queste poi e in sospiri e in lagrime e in strida miseramente del petto
si spargon fuori, e le più delle volte in
vano : di che noi stessi ravvedutici tanto
sentiamo maggior dolore, quanto più a'venti ne vanno le nostre voci. Così avviene,
che delle nostre lagrime spargendolo, diviene maravigliosamente il nostro fuoco più
grave. Allora vicini ad ucciderci, morte
per estremo soccorso chiamiamo. Ma pure
con tutto ciò, quantunque il dolerci in
questa maniera ci accresca dolore, e mi-

---

(1) C' invogliamo, cioè prendiamo voglia, detto dal
verbo invogliare usato dal Petr., da Dante, e dal Boc.

sera cosa sia l'andarsi così lamentando
senza fallo alcuno; è tuttavia (1) ne' grandi dolori alcuna cosa il potersi dolere. Ma
più misera e di più guai piena è in ogni
modo il non poter noi nelle nostre doglie
spandere alcuna voce, o dire la nociva
cagione, qualora più desideriamo ed abbiamo di dirla mestiero. Malvagissima e
dolorosissima poi fuor di misura il conve-
nirci la doglia nascondere sotto lieto viso
solo nel cuore, nè poter dare uscita pure
per gli occhi agli amorosi pensieri, i quali
rinchiusi non solamente materia sostentan-
te le fiamme sono, ma aumentante: perciocchè quanto più si stringe il fuoco,
tanto egli con più forza cuoce. E questi
tutti vengono accidenti non meno domestici degli amanti, che sien dell' aere i
venti e le piogge famigliari. Ma che
dico io questi? essi pure sono infiniti,
e ciascuno è per se doloroso e grave.
Questi segue una donna crudele: il quale pregando, amando, lagrimando, dolente
a morte, tra mille angosciosi pensieri duris-
sima fa la sua vita sempre più nel disio
raccendendosi. A colui servente d'una pie-
tosa divenuto la fortuna niega il potere
nelle sue biade por mano: onde egli tanto

---

(1) Il potersi dolere, è ne' dolori grandi qualche
sollevamento.

più (1) si snerva e (2) si spolpa, quanto più vicina si vede la desiderata cosa, e più vietata, e sentesi sciaguratamente, quasi un nuovo Tantalo, nel mezzo delle sue molte voglie consumare. Quell' altro di donna mutabile fatto (3) mancipio oggi si vede contento, domani si chiama infelice; e quali le schiume marine dal vento e dall' onde sospinte ora innanzi vengono, e quando addietro ritornano; cosi egli or alto, or basso, or caldo, or freddo temendo, sperando, niuna stabilità non avendo nel suo stato, sente e pate ogni sorte di pena. Alcun altro solo di poca e debole e colpata speranza pascendosi, sostenta miseramente a più lungo tormento gli anni suoi. E fie, chi mentre ogni altra cosa prima, che la sua promessa fede, o il suo lieto stato, crede dovere poter mancare e rompersi; s'avvede, quanto sono di vetro tutte le credenze amorose, e nel secco rimanendo de' suoi pensieri sta, come se il mondo venuto gli fosse meno sotto a' piedi. Surgono oltre a queste repentinamente mille altre guise di nuove e fiere cose involatrici d' ogni nostra quiete, e donatrici d' infinite sollecitudini, e di diversi tormenti apportatrici. Perciocchè al-

---

(1) *Si snerva*, cioè perde i nervi.
(2) *Si spolpa*, cioè perde le polpe.
(3) *Mancipio*, cioè servo. *Petr. Non d'amor Mancipio.*

cuno piagne la subita infermità della sua
donna, la quale nel corpo di lei l'anima
sua miseramente tormenta e consuma. Alcuno d' un nuovo rivale avvedutosi, entra
in subita gelosia, e dentro tutto ardendo
vi si distrugge con agro e nimichevole animo, ora il suo avversario accusando, e
ora la sua donna non iscusando: nè sente
pace, se non tanto, quanto egli solo là si
vede. Alcuno dalle nuove nozze della sua
turbato, non con altro cuore gli apparec-
chi e le feste, che vi si fanno, riceve,
nè con più lieto occhio le mira, che se
elle gli arnesi fossero e la pompa della sua
sepoltura. Altri piangono in molte altre
maniere tutto dì da subita occasion di
pianto sventuratamente soprappresi, delle
quali se forse il caso, o la virtù alcuna
ne toglie via, in luogo di quella molte
altre ne rinascono più acerbe spesse volte
e più gravi: onde vie men dura condizione avrebbe, chi con la fiera Idra d'Er-
cole avesse la sua battaglia a dover fare,
che quegli non ha, a cui conviene delle
sue forze con la ferezza d'Amore far
pruova. E quello che io dico degli uomini, suole medesimamente di voi donne
avvenire, e forse, ma non l'abbiate voi
giovani a male, delle quali io non ragiono, come che io mi parli con voi, forse
dico molto più. Perciocchè da natura più
inchinevoli solete essere e più arrendevoli
a gli assalti d'Amore, che noi non siamo,

e voi le vostre fiamme più chiaramente
ardono, che noi le nostre non soglion fare. Quantunque poi molti particolari accidenti, che a ciascuna soprastanno, vie
più, che noi non siamo, sopravvedute vi
facciano e riguardose. Oltre acciò sono i
primi ardori, se negli animi fanciulli s'ap-
prendono, siccome il caldo alle tenere
frondi, così essi loro più dannosi : se nel-
l'età matura si fanno sentire, più impe-
tuosi senza fallo e più fieri non altramente, che il cielo soglia fare, il quale tanto
più sconciamente si turba, quanto più
lungamente chiaro e sereno è stato. A
questo modo o giovani o attempati che
noi di questo male infermiamo, a strano
passo, a dura condizione, a molto fiero
partito sta isposta la nostra vita (1). Ma
tutti gli amorosi morbi quanto più invecchiano, siccome quelli del corpo, tanto
meno sono risanabili, e meno alcuna medicina lor giova. Perciocchè in amore pes-
sima cosa è la lusinghevole usanza, nella
quale di giorno in giorno senza considerazione più entrati, quasi nel labirinto tra-
scorsi senza (2) gomitolo, poi quando ce
ne piglia disio, tornare a dietro le più
volte non possiamo: ed avviene alcuna fia-

---

(1) L'infermità amorose quanto più invecchiano,
tanto meno son risanabili.
(2) *Gomitolo è quella palla di refe, che si fa dipa-*
*nando. A Venezia si chiama gemo d'accos.*

ta che in maniera ci (1) naturiamo nel nostro male, che uscir di lui eziandio potendo non vogliamo. Sono poi oltre a tutto questo le lunghe discordie cradeli, sono le brievi angosciose, sono le riconciliagioni non sicure: sono le rinnovagioni degli amori passati perigliose e gravi, in quanto più le seconde febbri sogliono sopravvenendo offendere i ricaduti infermi, che le primiere: sono le rimembranze de' dolci tempi perduti acerbissime, e di somma infelicità è maniera l'essere stato felice. Durissime sono le dipartenze, e quelle massimamente, che con alcuna disiata notte e lamentata, e con abbracciamento lungo e sospiroso e lagrimevole si chiudono, nelle quali e pare che i cuori degli amanti si divellano dalle lor fibre, o schiantinsi per lo mezzo in due parti. Oimè quanto amare sono le lontananze, nelle quali niun riso si vede mai nell'amante, niuna festa il tocca, niun giuoco; ma fisso alla sua donna stando ad ogni ora col pensiero, quasi con gli occhi alla tramontana, passa quella fortuna della sua vita in dubbio del suo stato; e con un fiume sempre d'amarissime lagrime intorno al tristo cuore, e con la bocca di dolenti sospiri, dove col corpo esser non può, con l'animo vi sta in quella vece: nè co-

---

(1) *Ci naturiamo*, cioè *ci facciamo abite naturale*, *e simile alla nostra Natura. Verbo nuovo.*

sa vede, come che poche ne mirt, che
non gli sia materia di largo pianto: siccome ora col mio misero esempio vi potete,
donne, far chiare, di cui tale è la vita,
chente suonano le canzoni, e vie ancora
peggiore, delle quali per avventura quest' altre due appresso le rammemorate,
poichè tanto oltre sono passato, non mi
pentirò di ricordarmi.

Poscia che'l mio destin fallace ed empio
  Ne i dolci lumi de l'altrui pietade
  Le mie speranze acerbamente ha spento,
  Di pena in pena e d'uno in altro scempio
  Menando i giorni, e per aspre contrade
  Morte chiamando a passo infermo e lento,
  Nebbia e polvere al vento
  Son fatto, e sotto 'l Sol falda di neve.
  Ch'un volto segue l'alma, ov'ella il fugge:
  Ed un pensier la strugge
  Cocente sì, ch'ogni altro danno è leve;
  E gli occhi, che già fur di mirar vaghi,
  Piangono, e questo sol par che gli appaghi.
Or che mia stella più non m'assecura,
  Scorgo le membra via di passo in passo
  Per cammin duro, e'n pensier tristo e rio;
  Ch'io dico pien d'error e di paura,
  Ove ne vo dolente? e che pur lasso?
  Chi mi t'invidia, o mio sommo desio?
  Così dicendo un rio
  Verso dal cor di dolorosa pioggia,
  Che può far lagrimar le pietre stesse:
  E perchè sian più spesse

L' angoscie mie, con disusata foggia
U' che 'l piè movo, u' che la vista giro,
Altro che la mia donna unqua non miro.
Col piè pur meco e col cor con altrui
Vo camminando, e de l'interna riva
Bagnando for per gli occhi ogni sentero,
Allor, ch'io penso: ohimè, che son, che fui?
Del mio caro tesoro or chi mi priva,
E scorge in parte, onde tornar non spero?
Deh perchè qui non pero,
Prima ch' io ne divenga più mendico?
Deh che sì tosto di piacer mi spoglia,
Per vestirmi di doglia
Eternamente? ahi mondo, ahi mio nemico
Destin a che mi trai, perchè non sia
Vita dura mortal, quanto la mia!
Ove men porta il calle o 'l piede errante,
Cerco sbramar piangendo anzi ch'io moja
Le luci, che desio d'altro non hanno:
E grido, o disavventuroso amante,
Or se' tu al fin della tua breve gioja,
E nel principio del tuo lungo affanno;
E gli occhi, che mi stanno,
Come due stelle fissi in mezzo a l'alma,
E 'l viso che pur dianzi era 'l mio Sole,
E gli atti e le parole,
Che mi sgombrar dal petto ogni altra salma,
Fan di pensieri al cor sì dura schiera,
Che maraviglia è ben, com'io non pera.
Non pero già, ma non rimango vivo:
Anzi pur vivo al danno, a la speranza
Via più che morto d'ogni mia mercede.
Morto al diletto a le mie pene vivo,

*E mancando al gioir nel duol s'avanza*
*Lo cor, ch'ognor più largo a pianger riede:*
*E pensa ed ode e vede*
*Pur lei, che l'arse già sì dolcemente,*
*Ed or in tanto amaro lo distilla;*
*Nè sol d'una favilla*
*Scema 'l gran foco de l'accesa mente;*
*E mi fa gir gridando, o destin forte,*
*Come m'hai tu ben posto in dura sorte.*
*Canzon, omai lo tronco ne ven meno;*
  *Ma non la doglia, che mi strugge e sforza:*
  *Ond'io ne vergherò quest'altra scorza.*

Tacquesi finiti questi versi Perottino;
e poco taciutosi appresso alcun doloroso
sospiro, che parea che di mezzo il cuore
gli uscisse, verissimo dimostratore delle sue
interne pene, a questi altri passando seguitò, e disse:

*Lasso, ch' i' fuggo, e per fuggir non scampo,*
  *Nè 'n parte levo la mia stanca vita*
  *Dal giogo, che la preme, ovunque i' vada;*
*E la memoria, di ch' io tutto avvampo,*
  *A raddoppiar i miei dolor m' invita,*
  *E testimon lassarne ogni contrada.*
*Amor, se ciò t'aggrada,*
*Almen fa con madonna, ch'ella il senta;*
*E là ne porta queste voci estreme,*
*Dove l'alta mia speme*
*Fu viva un tempo, ed or caduta e spenta*
*Tanto fa questo esilio acerbo e grave,*
*Quanto lo stato fu dolce e soave.*

Se in alpe edo passar l'aura fra'l verde,
Sospiro e piango, e per pietà le chieggio,
Che faccia fede al ciel del mio dolore.
Se fonte in valle, o rio per cammin verde
Sento cader, con gli occhi miei patteggio
A farne un del mio pianto via maggiore:
S'io miro in fronda, o'n fiore,
Veggio un, che dice, o tristo pellegrino,
Lo tuo viver fiorito è secco e morto:
E pur nel pensier porto
Lei, che mi diè lo mio acerbo destino:
Ma quanto più pensando io ne vo seco,
Tanto più tormentando Amor vien meco.
Ove raggio di Sol l'erba non tocchi
Spesso m'assido, e più mi sono amici
D'ombrosa selva i più riposti orrori:
Ch'io fermo'l pensier vago in que'begli occhi,
Ch'i miei dì solean far lieti e felici,
Or gli empion di miserie e di dolori:
E perchè più m'accori
L'ingordo error, a dir de' miei martiri
Vengo lor, com'io gli ho di giorno in giorno.
Poi, quando a me ritorno,
Trovomi sì lontan da' miei desiri,
Ch'io resto, ahi lasso! quasi ombra
     sott' ombra,
Di sì vera pietate Amor m'imgombra.
Qualor due fiere in solitaria piaggia
Girsen pascendo, simplicette e snelle
Per l'erba verde scorge di lontano,
Piangendo a lor comincio, o lieta e saggia
Vita d'amanti, a voi nemiche stelle
Non fan vostro sperar fallace e vano.

Un bosco, un monte, un piano,
Un piacer, un desio sempre vi tene.
Io da la donna mia quanto son lunge?
Deh, se pietà vi punge,
Date udienza insieme a le mie pene.
E 'n tanto mi riscuoto, e veggio espresso,
Che per cercar altrui perdo me stesso.
D'erma rivera i più deserti lidi
M'insegna Amor, lo mio avversario antico,
Che più s'allegra, dov'io più mi doglio.
Ivi 'l cor pregno in dolorosi stridi
Sfogo con l'onde; ed or d'un ombilico
E de l'arena li fo penna e foglio.
Indi per più cordoglio
Torno al bel viso, come pesce ad esca,
E con la mente in esso rimirando,
Temendo, e desiando
Prego sovente, che di me gl'incresca.
Poi mi risento, e dico, o pensier casso,
Dov'è madonna? e 'n questa piango e passo.
Canzon, tu viverai con questo faggio
Appresso a l'altra, e rimarrai con lei:
E meco ne verranno i dolor miei.

In questa guisa, o donne, Amore da ogni lato ci affligge; così da ogni parte, in ogni stato, fiamme, sospiri, lagrime, angoscie, tormenti, dolori, sono de-gl'infelici amanti seguaci, i quali, acciocchè in loro compiutamente ogni colmo di miseria si ritruovi, non fanno pace giammai, nè pur triegua con queste lor pene fuori di tutte l'altre qualità di viventi posti dalla

lor fiera ed ostinata ventura. Perciò che
sogliono tutti gli animali, i quali creati
dalla natura procacciano in alcun modo di
mantener la lor vita, riposarsi dopo le fatiche, e con la quiete ricoverar le forze,
che sentono esser loro negli esercizj (1) logore ed indebolite. La notte i gai uccelli
ne' lor dolci nidi e tra le frondi soavi degli alberi ristorano i loro (2) diurni e
spaziosi giri. Per le selve giacciono l' erra-
bonde fiere. Gli erbosi fondi de' fiumi, e
le lievi alghe marine per alcuno spazio i
molli pesci sostenendo poi gli ritornano
alle loro ruote più vaghi. E gli altri uomini medesimi diversamente tutto 'l giorno
nelle loro bisogne travagliati, la sera almeno agiate le membra, ove che sia, ed
il vegnente sonno ricevuto, prendono sicuramente alcun dolce delle lor fatiche ristoro. Ma gli amanti miseri da febbre continua sollecitati nè riposo, nè intramissio-
ne, nè alleggiamento hanno alcuno de' lor
mali: ad ogni ora si dogliono: in ogni
tempo sono dalle discordanti lor cure,
quasi Mezj da cavalli distraenti lacerati. Il
dì hanno tristo, ed a noja è loro il Sole,
siccome quello, che cosa allegra par loro
che sia contraria alla qualità del loro stato; ma la notte assai piggiore, in quanto

---

(1) *Logore, cioè consumate, e logorare consumare.*
(2) *Diurni, cioè di ogni giorno.*

le tenebre più gl'invitano al pianto, che la
luce, come quelle, che alla miseria sono
più conformi; nelle quali le vigilie sono
lunge e bagnate, il sonno brieve e penoso
e paventevole, e spesse fiate non meno
delle vigilie dal pianto medesimo bagnato.
Che comunque s'addormenta il corpo, corre l'animo e rientra subitamente ne' suoi
dolori, e con immaginazioni paurose, e
con più nuove guise d'angustia tiene i sentimenti sgomentati insidiosamente e tribo-
lati; onde o si turba il sonno e rompesi
appena incominciato; o se pure il corpo
fiacco e fievole, siccome di quello bisognoso, il si ritiene, sospira il vago cuore
sognando, triemano gli spiriti solleciti,
duolsi l'anima maninconiosa, piangono gli
occhi cattivi avvezzi a non men dormendo
che vegghiando la immaginazion fiera e
trista seguire. Così agli amanti quanto sono
i lor giorni più amari, tanto le notti vengono più dogliose, e in esse per avventura
tante lagrime versano, quanti hanno il
giorno risparmiati sospiri. Nè manca umore alle lagrime per lo bene aver fatto lagrimando degli occhi due fontane, nè s'in-
terchiude a mezzo sospiro la via, o men
rotti e con minor impeto escono (1) gli
odierni del cuore, perchè de (2) gli esterni

---

(1) *Gli ordierni, cioè del giorno d'oggi.*
(2) *Gli esterni, cioè del giorno d' jeri.*

tutto l'aere ne sia pieno. Nè per doglie il
duolo, nè per lamenti il lamento, nè per
angoscie l'angoscia si fa minore; anzi ogni
giorno s'arroge al danno, ed esso d'ora
in ora divien più grave. Cresce l'amante
nelle sue miserie fecondo di se stesso a'suoi
dolori. Questi è quel Tizio, che pasce del
suo fegato l'avoltojo; anzi che il suo cuore a mille morsi di non sopportevoli af-
fanni sempre rinnuova. Questi è quello
Isione, che nella ruota delle sue molte
angosce girando, ora nella cima, ora nel
fondo portato, pure dal tormento non si
scioglie giammai; anzi tanto più forte ad
ogni ora vi si lega e inchiodavisi, quanto
più legato vi sta e più girato. Non posso,
o donne, aguagliar con parole le pene,
con le quali questo crudel maestro ci affligge, se io nello stremo fondo degli in-
ferni penetrando gli esempj delle ultime
miserie de'dannati dinanzi a gli occhi non
vi (1) paro, e queste medesime sono, come voi vedete, per avventura men gravi.
Ma è da porre oggimai a questi ragionamenti modo, e da non voler più oltra di
quella materia favellare, della quale quanto più si parla, tanto più a chi ben la
considera, ne resta a poter dire. Assai
avete potuto adunque comprender, o donne, per quello che udito avete, che cosa

---

(1) Paro, cioè propongo,

amore si sia, e quanto dannosa e grave;
il quale incontro la maestà della natura
scellerato divenuto noi uomini cotanto
a lei cari, e da essa dell'intelletto, che
divina parte è, per ispeziale grazia donati,
acciocchè così più pura menando la nostra
vita, al cielo con esso (1) s'avacciassimo
di salire, di lui per avventura miseramente spogliandoci ci tiene col piè attuffati
nelle brutture terrene in maniera, che
spesse volte disavventurosamente v'affoghia-
mo. Nè solamente nè men chiari, o meno
pregiati così fa, come voi udite; anzi egli
pur coloro, che sono a più alta fortuna
saliti, nè a dorati seggi, nè a corone
gemmate risguardando, con meno riverenza e più sconciamente (2) sozzandogli so-
vrasta miseramente e sopraggrava. Perchè
se la nostra fanciulla di lui si duole accusandolo, dee ringraziarnela Gismondo,
se non in quanto ella contro così colpevole e manifesto micidiale degli uomini porge poco lamentevole e troppo brieve querela. Ma io, o Amore, a te mi rivolgo
dovunque tu ora per quest'aria forse a'nostri danni ti voli, se con più lungo rammarico t'accuso, che ella non fece, non
se ne dee alcun maravigliare, se non come

---

(1) S'avacciassimo, cioè ci affrettassimo.
(2) Sozzandogli, cioè, imbrattandogli, facendogli sozzi.

io di tanto mi sia dalla grave (1) pressura
de' tuoi piedi col collo riscosso, che io
fuori ne possa mandar queste voci, le
quali tuttavia, siccome di stanco e fievole
prigioniere, a quello, che alle tue molte
colpe, a' tuoi infiniti micidj si converrebbe, sono certissimamente e roche e poche.
Tu d'amaritudine ci pasci: tu di dolor ci
guiderdoni: tu degli uomini mortalissimo
Iddio in danno sempre della nostra vita ci
mostri della tua deità fierissime e acerbissime pruove: tu de' nostri mali (2) c'indisii: tu di cosa trista ci rallegri: tu ogni
ora ci spaventi con mille nuove e disusate
forme di paura: tu in angosciosa vita ci
fai vivere, e a crudelissime e dolorosissi-
me morti c'insegni la via. Ed ora ecco di
me, o Amore, che giuochi tu fai? il quale libero venuto nel mondo, e da lui assai benignamente ricevuto, nel seno de'miei
dolcissimi genitori sicura e tranquilla vita
vivendo senza sospiri e senza lagrime i
miei giovani anni ne menava felice, e pur
troppo felice, se io te solo non avessi
giammai conosciuto. Tu mi donasti a colei, la quale io con molta fede serven-
do sopra la mia vita ebbi cara; e in quella servitù, mentre a lei piacque, e di me
le calse, vissi buon tempo vie più che in

---

(1) *Pressura*, *cioè oppressione, gravezza.*
(2) *C'indisii, cioè ci fai venir desio.*

qualunque signoria non si vive fortunato. Ora che sono io? e quale è ora la mia vita, o Amore? della mia cara donna spogliato, dal conspetto de'miei vecchi e sconsolati genitori diviso, che assai lieta potevano terminar la lor vita, se me non avesser generato, d'ogni conforto ignudo, a me medesimo nojoso e grave, in trastullo della fortuna lungo tempo di miseria in miseria portato, allo stremo quasi favola del popolo divenuto, meco le mie gravi catene traendo dietro, assai debole e vinto fuggo dalle genti, cercando dove io queste tormentate membra abbandoni ciascun die, le quali più durevoli di quello, che io vorrei, ancora tenendomi in vita vogliono che io pianga bene infinitamente le mie sciagure. Oimè, che dovrebbono più tosto almeno per pietà de'miei mali dissolvendosi pascere oggimai della mia morte quel duro cuore, che vuole, che io di così penosa vita pasca il mio: ma io non guari il pascerò. Quinci Perottino postasi la mano in seno, fuori ne trasse un picciol drappo, col quale egli, siccome un'altra volta fatto avea, poichè egli a ragionare incominciò, gli occhi, che forte piangevano, rasciugandosi, ed esso che molle già era divenuto delle sue lagrime, per avventura fiso mirando, in più diretto pianto si mise, queste altre poche parole nel mezzo del piagnere alle già dette aggiungendo. Ahi infelice dono della mia donna crudele, misero drappo e di misero

ufficio istrumento, assai chiaro mi dimostrò ella donandomiti, quale dovea essere
il mio stato. Tu solo m'avanzi per guiderdone dell'infinite mie pene. Non t'incresca
poichè se' mio, che io, quanto arò a vivere ( che sarà poco ) con le mie lagrime ti
lavi. Così dicendo con ambedue le mani
agli occhi il si pose, da' quali già cadevano
in tanta abbondanza le lagrime, che niun
fu o delle donne, o de' giovani, che ritener le sue potesse. Il quale poichè in quella guisa per buona pezza chino stando non
si movea, da' suoi compagni e dalle donne,
che già s'erano da seder levate, fu molte
volte richiamato; e alla fine, perciocchè ora
parea loro di quindi partirsi, sollevato, e dolcemente racconfortato. A cui le donne, acciocchè egli da quel pensiero si riavesse,
il drappo addimandarono, vaghe mostrandosi di vederlo; e quello avuto, e d'una in
altra mano recato, verso la porta del giardin camminando tutte più volte il miraro-
no volentieri. Perciocchè egli era di sotti-
lissimi fili tessuto, e d'ogn'intorno d'oro e
di seta fregiato, e per dentro alcuno ani-
maluzzo secondo il costume greco vagamente dipinto v'avea, e molto studio in se di
maestra mano e d'occhio discernevole dimostrava. Indi usciti del bel giardino i
giovani, e nel palagio le donne accompagnate, essi, perciocchè Perottino non volle
quel dì nelle feste rimanere, del castello
scesero, e d'uno ragionamento in altro pas-

sando, acciocchè egli le sue pungenti cure
dimenticasse, quasi tutto il rimanente di
quel giorno per ombre e per rive e per
piagge dilettevoli s'andarono diportando.

# DEGLI ASOLANI

### DI

## M. PIETRO BEMBO

##### NE' QUALI SI RAGIONA D'AMORE

### LIBRO SECONDO.

#### ARGOMENTO.

*Introduce Gismondo a rispondere a tutte
l'opposizioni fatte da Perottino contra
Amore, ed a confutarle; dove con molti singolari concetti e vivi tratti di dottrina, e di spiritoso intelletto loda Amore,
e racconta i frutti e le dolcezze che da
esso si cavano, dicendo ch'egli sempre è
buono, e non può esser reo.*

A me pare, quando io vi penso,
nuovo, onde ciò sia, che avendo la natura
noi uomini di spirito e di membra forma-
ti, queste mortali e deboli, quello durevo-
le e sempiterno, di piacere al corpo ci fa-
tichiamo, quanto per noi si può, general-

mente ciascuno: all'animo non così molti
risguardano, e per di meglio, pochissimi
hanno cura o pensiero. Perciocchè niuno è
così vile, che la sua persona d'alcun vestimento non ricuopra: e molti sono coloro,
che nelle lucide porpore e nelle dilicate
sete, e nell'oro stesso cotanto pregiato fa-
sciandola, e delle più rare gemme illustran-
dola, così la portano, per più di grazia e
più d'ornamento le dare: dove si veggono
senza fine tutto il giorno di quegli uomini,
i quali la lor mente non solo delle vere e
sode virtù non hanno vestita, ma pure
d'alcun velo o filo di buon costume ricoperta, nè adombrata si tengono. Oltre a ciò
si avviene egli ancora, che per vaghezza di
questo peso e fascio terreno, il quale pochi anni disciolgono, e fanno in polve tornare, dove a sostenimento di lui le cose
agevoli e in ogni luogo proposteci dalla natura ci bastavano; noi pure i campi, le selve, i fiumi, il mare medesimo sollecitando,
con molto studio i cibi più preziosi cerchiamo; e per acconcio e agio di lui, potendo
ad esso una capannuccia dalle nevi e dal
Sole difendendolo soddisfare, i più lontani
marmi da diverse parti del mondo raunando in più contrade palagi ampissimi gli fon-
diamo: e la celeste parte di noi molte volte, di che ella si pasca, o dove abiti, non
curiamo, ponendole pure innanzi più tosto
le foglie amare del vizio, che i frutti dolcissimi della virtù, nello oscuro e basso uso

di quello più spesso rinchiusa tenendola,
che nelle chiare ed alte operazioni di
questa invitandola a soggiornare. Senza che
qualora avviene, che noi alcuna parte del
corpo indebolita e inferma sentiamo, con
mille argomenti la smarrita sanità in lui
procuriamo di rivocare, a gli animi nostri
non sani poco curiamo di dare (1) ricovero e medicina alcuna. Sarebbe egli
ciò forse per questo, che perciò che
il corpo più appare, che l'animo non
fa, più altresì crediamo che egli abbia di questi provvedimenti mestiero? Il
che tuttavia è poco sanamente considerato.
Perciocchè non che il corpo nel vero più
che l'animo degli uomini non appaja; ma
egli è di gran lunga in questo da lui evidentemente superato. Conciossiacosachè (2)
l'animo tante facce ha, quante le sue operazioni sono: dove del corpo altro che una
forma non si mostra giammai: e questa in
molti anni molti uomini appena non vedono; dove quelle possono in breve tempo
essere da tutto 'l mondo conosciute: e questo stesso corpo altro che pochi giorni non
dura; laddove l'animo sempiterno sempi-
ternamente rimane, e può seco lunghi se-
coli ritener quello, di che noi, mentre

---

(1) *Ricovero*, vuol dir *Ricetto*.
(2) L'animo ha tante facce, quante sono le sue
operazioni.

egli nel corpo dimora, l'avvezziamo. Alle
quali cose e ad infinite altre, che a queste
aggiugner si potrebbono, se gli uomini a-
vessero quella considerazione, che loro s'ap-
parterrebbe d'avere, vie più bello sarebbe
oggi il viver nel mondo e più dolce, che
egli è; e noi con bastevole cura del corpo
avere molto più l'animo e le menti nostre
ornando e meglio pascendole, e più onorata dimora dando loro, saremmo di loro
più degni, che noi non siamo, e molta
cura porremmo nel conservarle sane; e se
pure alcuna volta infermassero, con maggiore studio si faticheremmo di riparare a' lor
morbi, che noi non facciamo. Tra' quali
quanto sembri grave quello che Amore
addosso ci reca, assai si può dalle parole
di Perottino nel precedente libro aver conosciuto. Quantunque Gismondo forte da
lui discordando, molto da questa opinione
lontano sia. Perciocchè venute il dì seguente le belle donne, siccome ordinato aveano (1), appresso 'l mangiare co' loro giovani nel giardino, e nel vago praticello
accosto la chiara fonte, e sotto gli ombrosi
allori sedutesi, dopo alquanti festevoli motti
sopra i sermoni di Perottino da due compagni e dalle donne sollazzevolmente gittati,
aspettando già ciascuno che Gismondo par-

---

(1) *Appresso'l mangiare*, cioè dopo 'l *mangiare*. è usato
anco dal *Boccaccio*.

lasse, egli così incominciò a dire: Assai vezzosamente fece jeri, sagge e belle donne,
Perottino, il quale nella fine della sua lunga querimonia ci lasciò piangendo, acciocc-
chè quello, che aver non gli parea con le
parole potuto guadagnare, le lagrime gli
acquistassero, cioè la vostra fede alle cose,
che egli intendea di mostrarvi. Le quali
lagrime tuttavia quello, che in voi operas-
sero, io non cerco: me veramente mossero
elle a tanta pietà de'suoi mali, che io, come poteste vedere, non ritenni le mie.
E questa pietà in me non pure jeri solamente ebbe luogo: anzi ogni volta, che io
alle sue molte sciagure considero, duolmene
più che mezzanamente, e sonomi sempre
gravi le sue fatiche, siccome di carissimo
amico, che egli m'è; forse non guari meno, che elle si siano a lui. Ma queste medesime lagrime, che in me esser possono
meritevolmente lodate, come quelle che
vengono da tenero e fratellevole animo,
veda bene Perottino, che in lui non sieno
per avventura vergognose. Perciocchè ad
uomo nelle lettere infin da fanciullo assai
profittevolmente esercitato, siccome egli è,
più si conviene calpestando valorosamente
la nemica fortuna ridersi e beffarsi de'suoi
giuochi, che lasciandosi sottoporre a lei per
viltà piagnere e rammaricarsi a guisa di
fanciullo ben battuto. E se pure egli ancora non ha dagli antichi maestri tanto di

sano avvedimento appreso, o seco d'anime dalle culle recato, che egli incontro a' colpi d'una femmina si possa, o si sappia schermire, che femmina pare che sia la fortuna, se noi alla sua voce medesima crediamo, assai avrebbe fatto men male, e cosa ad uom libero più convenevole Perottino, se confessando la sua debolezza, egli di se stesso doluto si fosse, che non è stato dolendosi d'uno strano avere in altrui la propria colpa recata. Ma che? egli pure così ha voluto, e per meglio colorire la sua menzogna e il suo difetto, lamentandosi d'Amore, accusandolo, dannandolo, rimproverandolo, ogni fallo, ogni colpa volgendo in lui, s'è sforzato di farlovi in poco d'ora di liberalissimo donatore di riposo, di dolcissimo apportator di gioja, di santissimo conservatore delle genti, che egli sempre è stato, rapacissimo rubator di quiete, acerbissimo recator d'affanno, scelleratissimo micidiale degli uomini divenire: e come se egli la sentina del mondo fosse, in lui ha ogni bruttura della nostra vita versata con sì alte voci e così diverse sgridandolo, che a me giova di credere oggimai, che egli più avveduto di quello, che noi stimiamo, non tanto per nasconderci le sue colpe, quanto per dimostrarci la sua eloquenza, abbia tra noi di questa materia in così fatta guisa parlato. Perciocchè dura cosa pare a me che sia il pensare, che egli ad alcun di noi, che pure il (1) pesco dalla mela conosciamo, abbia voluto far credere che Amore, senza il quale niun bene può negli uomini aver luogo, sia a noi d'ogni nostro male cagione. E certamente, riguardevoli Donne, egli ha in uno canale derivate cotante bugie, e quelle così bene col corso d'apparente verità inviate dove gli bisognava, che senza dubbio assai acqua m'arebbe egli addosso fatta venire, siccome le sue prime minacce sonarono, se io ora dinanzi a così intendenti ascoltatrici non parlassi, come voi sete, le quali ad ogni ravviluppatissima quistione sciogliere, non che alle sciolte giudicare, come questa di qui a poco sarà, sete bastanti. La qual cosa acciò che senza più oltra tenervi incominci ad aver luogo, io a gli effetti me ne verrò, solo che voi alcuna attenzion mi prestiate. Nè vi sia grave, o Donne, il prestarlami, che più a me si conviene ella oggi, che a Perottino jeri non fece. Perciocchè oltre che lo (2) snodare gli altrui groppi più malagevole cosa è, che l'annodargli non è stato, io la verità dinanzi a gli occhi ponendovi conoscere vi farò quel

---

(1) *Avvertiscasi la pesca frutto, posta qui in genere neutro. Nè può dirsi, che significhi l'albero, poichè il suo contrapposto Mela è frutto, e non pianta, che Melo si chiama.*

(1) *Snodar gli altrui groppi, cioè sciogliere, districare gli altrui nodi.*

io, che è sommamente dicevole alla vostra
giovane etade, e senza il che tutto il nostro vivere morte più tosto chiamar si può,
che vita: dove egli la menzogna in bocca
recando vi dimostrò cosa, la quale posto
che fosse vera, non che a gli anni vostri
non convenevole, ma ella sarebbe vie più
a morti, che ad alcuna qualità di vivi conforme. Avea così detto Gismondo, e tacevasi: quando Lisa verso madonna Berenice
baldanzosamente riguardando, madonna,
disse, egli si vuole che noi Gismondo attentamente ascoltiamo; poscia che di tanto
giovamento ci hanno a dovere essere i suoi
sermoni; la qual cosa se egli così pienamente ci atterrà, come pare che animosamente
ci prometta, certa sono che Perottino abbia
oggi non men fiero difenditore ad avere,
che egli jeri gagliardo assalitore si fosse.
Rispose madonna Berenice a queste parole
di Lisa non so che; e rispostole tutta lieta
ed aspettante d'udire si taceva. La onde
Gismondo così prese a dire: Una cosa sola,
leggiadre donne, e molto semplice oggi ho
io a dimostrarvi, e non solamente da me,
e dalla maggior parte delle nostre fanciulle
che a questi ragionamenti argomento hanno dato, ma da quanti ci vivono, che io
mi creda, almeno in qualche parte, solo
che da Perottino conosciuta, se egli pure
così conosce, come ci ragiona, e questa è
la bontà d'Amore, nella quale tanto di rio
pose jeri Perottino, quanto allora voi ve-

deste, e siccome ora vedrete, a gran torto.
Ma perciocchè a me convien per la folta
selva delle sue menzogne passando all'aperto campo delle mie verità far via, prima
che all'altra parte io venga, a' suoi ragionamenti rispondendo in essi porrem mano.
E lasciando da parte stare il nascimento,
che egli ad Amore diè, di cui io ragionar
non intendo, questi due fondamenti gittò
jeri Perottino nel principio delle sue molte
voci, e sopra essi edificando le sue ragioni,
tutta la sua querela assai acconciamente
compose; ciò sono, che amare senza amaro
non si possa, e che da altro non venga
niuno amaro e non proceda, che da solo
Amore. E perciò che egli di questo secondo primieramente argomentò, a voi madonna Berenice ravvolgendosi, la quale assai
tosto v'accorgeste, quanto egli già nell'entrar de'suoi ragionamenti andava tentone,
siccome quegli che nel bujo era; di quinci
a me piace d'incominciare con poche parole rispondendogli, perciocchè di molte a
così scoperta menzogna non fa mestiero.
Dico adunque così: che folle cosa è a dire,
che ogni amaro da altro non proceda, che
d'amore. Perciocchè se questo vero fosse,
per certo ogni dolcezza da altro che da
odio non verrebbe e non procederebbe
giammai; conciossicosachè tanto contrario
è l'odio all'amore, quanto è dall'amaro la dolcezza lontana. Ma perciocchè da
odio dolcezza niuna procedere non può,

638636A

che ogni odio, in quanto è odio, attrista
sempre ogni cuore, ed (1) addolora; pare
altresì che di necessità si conchiuda, che da
amore amaro alcuno procedere non possa in
niun modo giammai. Vedi tu, Perottino, siccome io già truovo armi, con le quali ti vin-
co? Ma vadasi più avanti ed a più strette (2)
lotte con le tue ragioni passiamo. Perciocc-
chè dove tu alle tre maniere de' mali appi-
gliandoti, argomenti, che ogni doglia da
qualche amore, siccome ogni fiume da qualche fonte si deriva, vanamente argomentando
ad assai fievole e falsa parte t'appigli, e con
fievoli e false ragioni sostentata. Perciocchè
se vuoi dire, che se noi prima non amassimo alcuna cosa, niun dolore ci toccherebb-
be giammai, è adunque amore d'ogni nostra
doglia fonte e fondamento, e che perciò ne
segua, che ogni dolore altro che d'amore
non sia. Deh perchè non ci di' tu ancora così: che se gli uomini non nascessero,
essi non morrebbono giammai: è adunque il
nascere d'ogni nostra morte fondamento;
e perciò si possa dire, che la cagion della
morte di Cesare o di Nerone altro che il
lor nascimento stata non sia. Quasi che le
navi, che affondano nel mare, de' venti,
che loro dal porto aspirarono secondi e

---

(1) *Addolora, cioè genera dolore.*
(2) *Lotta è proprio il gioco delle braccia.*

favorevoli, non di quelli, che l'hanno
vinte nimici e contrarj, si debbano con le
balene rammaricare ; perciocchè se del
porto non uscivano, elle dal mare non
sarebbono state (1) ingozzate. E posto che
il cadere in basso stato a coloro solamente
sia nojoso, i quali dell'alto son vaghi,
non perciò l'amore, che alle ricchezze o
agli onori portiamo, siccome tu dicesti,
ma la fortuna, che di loro si spoglia, ci
fa dolere. Perciocchè se l'amerle parte
alcuna di doglia ci recasse nell'animo, con
l'amor di loro possedendole noi, o non
possedendole verrebbe il dolore in noi. Ma
non si vede, che noi ci dogliamo, se non
perdendole. Anzi manifesta cosa è egli assai, che in noi nulla altro il loro amore
adopera, se non che quelle cose, che la
fortuna ci dà, esso dolci e soavi ce le fa
essere; il che se non fosse, il perderle che
se ne facesse, ed il mancar di loro, non
ci potrebbe dolere. Se adunque nell'amar
questi beni di fortuna doglia alcuna non
si sente, se non in quanto essa fortuna,
nel cui governo sono, gli permuta, conciossiacosachè amore più a grado solamente ce gli faccia essere, e la fortuna come
ad essa piace e ce gli rubi e ce gli dia;

---

(1) *Ingozzare*, cioè *sommergere*, è certo con signi-
ficazione alquanto dura e lontana, nè da altri usata ch'io
sappia.

perchè giova egli a te di dire, che del
dolore, il quale le loro mutazioni recano
agli uomini, amore ne sia più tosto, che
la fortuna cagione? Certo se mangiando
tu a queste nozze, siccome tutti facciamo,
il tuo servente contro tua voglia ti levasse
dinauzi il tuo (1) piattello pieno di buone
e di soavi cose, il quale egli medesimo
t'avesse recato, e tu del cuoco ti ramma-
ricassi, e dicessi che egli ne fosse stato
cagione, che il condimento delicato sopra
quella cotal vivanda ti fece, perchè ella
ti fu recata, e tu a mangiarne ti mettesti,
pazzo senza fallo saresti tenuto da ciascuno. Ora se la fortuna nostro malgrado si
ritoglie que' beni, che ella prima ci ha
donati, de' quali ella è sola recatrice e
rapitrice, tu Amore n'encolperai, che il
conditor di loro è, e non ti parrà d'impazzare? Certo non vorrei dir così, ma io
pure dubito, Perottino, che oggimai non
t'abbiano in cotali giudizj gran parte del
debito conoscimento tolto te ingorde ma-
ninconie. Questo medesimamente senza che
io mi distenda nel parlare, delle ricchezze
dell'animo, e di quelle del corpo ti si
può rispondere, qualunque sieno di loro i
ministratori. E se le tue fiere alcun de' lo-

---

(1) *Piattello è da noi detto quel che altrove si chiama piatto, ed avvertiscasi, che Piattello non è voce dimi-
nutiva, come vogliono alcuni, ma positiva.*

ro poppanti figliuoli perdendo si dogliono,
il caso tristo, che le punge, non l'amore,
che la natura insegna loro, le fa dolere.
D'intorno alle quali tutte cose oggimai
che ne posso io altro dire, che di soverchio non sia, se non che mentre tu con
queste nuvole ti vai ombreggiando la tua
bugia, niuna soda forma ci hai ritratto
dal vero. Se per avventura più forte argomento non volessimo già dire che fosse
dell' amaritudine d'Amore quello, dove
tu di', che Amore da questa voce amaro
assai acconciamente fu così da prima detto,
affine che egli bene nella sua medesima
fronte dimostrasse ciò ch' egli era. Il che
io già non sapea, e credea che non le
somiglianze de' sermoni, ma le sostanze
delle operagioni fossero da dovere essere
ponderate e riguardate. Che se pure le
somiglianze sono delle sostanze argomento, di voi, donne, sicuramente m' incresce, le quali non dubito che Perottino non dica, che di danno siate alla
vita degli uomini, conciossiacosachè così
sono inverso di se queste due voci Donne
e Danno conformi, come sono quest' altre
due Amore e Amaro somiglianti. Aveano
a piacevole sorriso mosse le ascoltanti donne queste ultime parole di Gismondo, e
madonna Berenice tuttavia sorridendo al-
l'altre due rivoltasi così disse: Male abbiam procacciato, compagne mie care, poichè sopra di noi cadono le costoro quistio-

ni. A cui Sabinetta, della quale la giova-
netta età, e la vaga bellezza facevano le
parole più saporose e più care, tutta lieta
e piacevole rispose: Madonna, non vi date noja di ciò, elle non ci toccano pure.
Perciocchè dimmi tu, Gismondo, qua'donne volete voi che sien di danno alla vostra
vita, le giovani, o le vecchie? Certo delle
giovani secondo il tuo argomentare non
potrai dire, se non che elle vi giovino,
conciossiacosachè giovani, e giovano quella
medesima somiglianza hanno in verso di
se, che tu delle donne e del danno dicesti. Il che se tu mi doni, a noi basta egli
cotesto assai: le vecchie poi sien tue. Sien
pure di Perottino, rispose tutto ridente
Gismondo: la cui tiepidezza e le piagne-
voli querele, poichè le somiglianze hanno
a valere, assai sono alla fredda e ramma-
richevole vecchiezza conformi. A me ri-
mangano le giovani, co'cuori delle quali
lieti e festevoli e di calde speranze pieni
s'avvenne sempre il mio, e ora s'avviene
più che giammai, e certo sono, che elle
mi giovino, siccome tu di'. A queste così
fatte parole molte altre dalle donne e dai
giovani dette ne furono l'uno all'altro
scherzevolmente ritornando le vaghe rimes-
se de'vezzosi parlari; e di giuoco in giuoco per avventura gareggiando più oltre
andata sarebbe la vaga compagnia, nella
quale solo Perottino si tacea, se non che
Gismondo in questa maniera parlando alla

loro piacevolezza pose modo. Assai ci hanno, motteggiose giovani, dal diritto cammino de' nostri ragionamenti traviati le somiglianze di Perottino, le quali perciocchè a
noi di più giovamento non sono, che elle
state sieno utili a lui, oggimai a dietro
lasciando più avanti ancora de' suoi rammarichi passiamo. E perchè avete assai
chiaro veduto, quanto falsa l'una delle
sue proposte sia, dove egli dice che ogni
amaro altro che d'Amore non viene,
veggasi ora, quanto quell'altra sia vera,
dove egli afferma che amare senza amaro
non si puote. Nella quale una egli ha cotante guise d'amari portate e raunate, che
assai utile lavorator di campi egli per certo sarebbe, se così bene il loglio, la felce,
i vepri, le lappole, la carda, i pruneggiuo-
li, e le altre erbe inutili e nocive della
sua possessione scegliesse, e in un luogo
gittasse, come egli ha i sospiri, le lagrime, i tormenti, le angosce, le pene, i
dolor tutti, e tutti i mali della nostra
vita scegliendo, quegli solamente sopra
le spalle degl'innocenti amanti gittati e
ammassati. Alla qual cosa fare acciocc-
chè egli d'alcuno apparente principio
incominciasse, egli prese argomento dagli
scrittori, e disse, che quanti d'Amor
parlano, quello ora fuoco e ora furor
nominando, e gli amanti sempre miseri e sempre infelici chiamando, in ogni
lor libro, in ogni lor foglio si dolgono, si

lamentano di lui; nè pure di sospiri o di
lagrime, ma di ferite e di morti degli
amanti tutti i loro volumi sono macchiati.
Il che è da lui con assai più sonanti parole detto, chè con alcuna ragionevole pruova confermato, siccome quello, che non
sente del vero. Perciocchè chi non legge
medesimamente in ogni scrittura gli amorosi piaceri? Chi non truova in ogni libro
alcuno amante, che non dice le sue venture, ma pure le sue beatitudini non raccon-
ti? Delle quali se io vi volessi ora recitare,
quanto potrei senza molto studio rammen-
tarmi; certo pure in questa parte sola tutto
questo giorno logororei, e temerei, che
prima la voce, che la materia mi venisse
mancata. Ma perciocchè egli con le sue
canzoni i gravi rammarichi degli amanti e
la fierezza d'Amore vi volle dimostrare; e
fece bene, perciocchè egli non arebbe di
leggiero potuto altrove così nuovi argomenti ritrovare, come che a' proprj testimonj
non si creda; pure se a voi donne non
ispiacerà, io altresì con alcuna delle mie,
quanto d'amore si lodino gli uomini, e
quanto abbiano da lodarsi di lui, non mi
ritrarrò di farvi chiaro. Volea a Gismondo
ciascuna delle donne rispondere, e dire che
egli dicesse. Ma Lisa, che più vicina gli
era, con più (1) tostana risposta fece l'altre tacere così dicendo: Deh sì Gismondo

---

(1) *Tostana*, cioè *subita*.

per Dio : E non che egli ci piaccia, ma noi te ne preghiamo; e dicoti che tu nessuna cosa ci potresti fare così cara come cotesta ; anzi avea io per me già pensato di sollecitartene, se tu non ti profferevi. Me non bisogna egli che voi preghiate o sollecitiate, rispose incontanente Gismondo. Perciocchè delle mie rime, quali che elle si sieno, solo che a voi giovi d'ascoltarle, a me di sporlevi egli sommamente gioverà : E oltre a ciò se voi vi degnaste per avventura di lodarlemi, dove a Perottino parve che fosse grave, io a molta gloria il mi recherei, e rimarrevene sopra il pregio obbligato. Cotesto farem noi volentieri, rispose madonna Berenice, sì veramente, che farai ancora tu, che noi così te possiamo lodare, come potevam lui. Dura condizione m'avete imposta, madonna, disse allora Gismondo, e io senza condizione vi parlava troppo più vago richieditore delle vostre lode, che buono stimatore delle mie forze divenuto. Ma certo, avvengane che può, io nè pure farò pruova : E questo detto piacevolmente incominciò:

*Nè le dolci aure estive,*
  *Nè'l vago mormorar d'onda marina,*
  *Nè tra fiorite rive*
  *Donna passar leggiadra e pellegrina,*
  *Fur giammai medicina,*
  *Che sanasse pensiero infermo e grave;*
  *Ch'io non gli aggia per nulla*
  *Di quel piacer, che dentro mi trastulla*

*L'anima, di cui tene Amor la chiave:*
  *Sì è dolce e soave.*

Pendeano dalla bocca di Gismondo le ascoltanti donne credendo che' più oltre avesse ad andare la sua canzona, ed egli tacendosi diede lor segno d'averla fornita: La onde in questa maniera madonna Berenice a lui rincominciò. Lieta e vaghetta canzona dicesti, Gismondo, senza fallo alcuno, ma vuoi tu esser per così poca cosa lodato? Madonna mia no, rispose egli. Ben vorrei che mi dicesse Perottino, dove sono in questa quelli suoi cotanti dolori, ch'egli disse, che in ogni canzone si leggeano. Ma prima che egli mi risponda, oda quest'altra ancora:

*Non si vedrà giammai stanca nè sazia*
  *Questa mia penna Amore*
  *Di renderti Signore*
  *Del tuo cotanto onore alcuna grazia:*
  *A cui pensando volentier si spazia*
  *Per la memoria il core;*
  *E vede 'l tuo valore:*
  *Ond' ei prende vigore, e te ringrazia.*
*Amor, da te conosco quel ch' io sono.*
  *Tu primo mi levasti*
  *Da terra, e 'n cielo alzasti;*
  *Ed al mio dir donasti un dolce suono:*
  *E tu colei, di ch' io sempre ragiono,*
  *Agli occhi miei mostrasti;*
  *E dentro al cor mandasti*

*Pensier leggiadri e casti, altero dono.*
*Tu sei, la tua mercè, cagion ch'io viva*
  *In dolce foco ardendo;*
  *Dal qual ogni ben prendo,*
  *Di speme il cor pascendo onesta e viva:*
*E se giammai verrà, ch'i' giunga a riva,*
*Là've'l mio volo stendo,*
  *Quanto piacer n'attendo,*
  *Più tosto nol comprendo, ch'io lo scriva.*
*Vita gioiosa e cara*
  *Chi da te non l'impara, Amor non ave.*

Assai era alle intendenti donne piaciuta questa canzone, e sopra essa lodandola diverse cose parlavano. Ma Gismondo, a cui parea che l'ora fuggisse, siccome quegli che avea assai lungamente a parlare, interrompendole in questa maniera i suoi ragionamenti riprese: Amorose giovani, che le mie rime vi piacciano, se così è come voi dite, a me piace egli sopra modo. Ma voi allora le vostre lode mi darete, quando io ad Amore arò date le sue. Perciocchè onesta cosa non è, che voi prima me di così bella mercè paghiate, che io il mio sì poco lavorìo vi fornisca. Ora venendo a Perottino, quanto egli falsamente argomenti, che ne' versi che d'Amore parlano, niente altro si legga, che dolore, voi vedete. Nè pure queste tra le mie rime, che uno sono tra gli amanti, solamente si leggono lodanti e ringrazianti il loro signore, ma molte altre ancora, delle quali io, perciocchè ad altre

parti ho a venire, nè bisogna che lungo
tempo in questa sola mi dimori, ragionando, secondo che elle mi verranno in bocca,
alcuna ne racconterò, per le quali voi meglio il folle error di Perottino comprende-
rete. E certo se egli avesse detto, che più
sono stati di quegli amanti, che d'Amore
si sono ne'loro scritti doluti, che quelli
non sono stati, che lodati di lui si sono,
e più ragionevole sarebbe stato il suo parlare, e io per poco gliele arei conceduto.
Nè perciò sarebbe questo buono argomento
stato a farci credere, che amare senza
amaro non si possa, perchè non così molti
d'Amor si lodassero, quanti veggiamo che si
lamentano di lui. Perciocchè, lasciamo
stare che da natura più labili siamo ciascuno a rammaricarci delle sciagure, che a
lodarci delle venture, ma diciamo così,
che quelli, che felicemente amano, tanta
dolcezza sentono de'loro amori, che di
quella sola l'animo loro e ogni lor senso
compiutamente pascendo, e di ciò interissi-
ma soddisfazione prendendo, non hanno di
prosa, nè di verso, nè di carte vane e
sciocche mestiero. Ma gl'infelici amanti,
perciochè non hanno altro cibo di che si
pascere, nè altra via da sfogar le loro fiamme, corrono agli inchiostri, e quivi fanno
quelli cotanti romori, che si leggono, simili a questi di Perottino, ch'egli così calda-
mente ci ha raccontati. Onde non altramente avviene nella vita degli amanti, che

si vegga nel corso de' fiumi adivenire, i
quali dove sono più impediti, e da più
folta siepe, o da sassi maggiori attraversati,
più altresì rompendo e più sonanti scendo-
no, e più schiumosi: dove non hanno che
gl'incontri, e da niuna parte il loro cammino a se vietato sentono riposatamente
le loro umide bellezze menando seco pura e
cheta se ne vanno la lor via. Così gli amanti, quanto più nel corso de' loro disii hanno gl'intoppi e gl'impedimenti maggiori,
tanto più in essi rotando col pensiero, e
lunga schiuma de' loro sdegni traendo dietro, fanno altresì il suono de' loro lamenti
maggiore. Felici e fortunati, e in ogni lato
godenti de' loro amori, nè da alcuna op-
posta difficultà nell'andare ad essi ritenuti,
spaziosa e tranquilla vita correndo non usa-
no di farsi sentire. La qual cosa se così è,
che è per certo, nè potrà fare in maniera
Perottino del vero co' suoi (1) nequitosi argomenti, che egli pure vero non sia, potrassi dire, che le molte rammaricazioni
degli amanti infelici sien quelle, che facciano che esser non ne possano ancora de' felici? E chi dubita che egli non si possa?
Che perchè in alcuno famoso tempio dipinte si veggano molte navi, quale con l'albero fiacco e rotto e con le vele ravviluppate,
quale tra molti scogli sospinta, o già soprav-

---

(1) *Nequitosi argomenti*, cioè pieni d'ira e di nequizia.

vinta dall'onde arare per perduta, e quale in alcuna piaggia, sdruscita testimonianza donar ciascuna de' loro tristi, e fortunosi casi: non si può per questo dire, che altrettante state non sien quelle, che possono lieto e felice viaggio avere avuto; quantunque elle, siccome di ciò non bisognevoli, alcuna memoria delle loro prospere e seconde navigazioni lasciata non abbiano. Ora si può accorgere Perottino, come senza volere io ripigliare alcuno antico o moderno scrittore, i suoi frigoli argomenti ripigliati e rifiutati per se stessi rimangono. Ma per non tenervi io in essi più lungamente che uopo ci sia, oggimai negli amorosi miracoli, e nelle loro discordanze passiamo: dove son quelli, che vivono nel fuoco, come salamandre; e quegli altri, che ritornano in vita morendo, e muojono similmente della lor vita. Alle quali maraviglie sallo Iddio, che io non so che mi rispondere, che io di Perottino non mi maravigli, il quale, o folle credenza di farloci a credere, che lo rassicurasse, o sfrenato disio di rammaricarsi, che lo traportasse; non solamente non s'è ritenuto di così vane favole raccontarci per vere, ma egli ancora con le sue canzoni medesime, quasi come se elle fossero le foglie della sibilla Cumea, o le voci delle indovinatrici cortine di Febo, ce l'ha volute racconfermare. La qual cosa tuttavia questo ebbe di bene in se, che a noi le sue canzoni, per quello che io di voi m'accorsi e in me conosco, non poco di piacere e di diletto porsero, rammorbidando gl'inacerbiti nostri spiriti dall'asprezza de'suoi ruvidi e fieri sermoni. Le quali se tanto di verità avessero in se considerandole, quanto udendole esse hanno avuto di novità e di vaghezza, io incontro di Perottino non parlerei. Ora che vi debbo io dire? Non sa egli per se stesso ciascun di noi senza che io parli, che queste sono spezialissime licenze non meno degli amanti, che de'poeti, fingere le cose molte volte troppo da ogni forma di verità lontane? dare occasioni alla lingua, o pure alla penna ben nuove, bene per addietro da niuno intese, bene tra se stesse discordanti e alla natura medesima importabili ad essere sofferute giammai? Deh Perottino come se' tu folle, se tu credi, che noi ti crediamo, che a gli amanti sia conceduto il poter quello, che la natura non può, quasi come se essi non fossero nati uomini, come gli altri, soggiacenti alle sue leggi. Dico adunque, che i tuoi miracoli altro già, che menzogne non sono. Perciocchè niente hanno essi più di vero in se, di quello, che de'seminati denti dall'errante Cadmo, o delle feraci formiche del vecchio Eaco, o dell'animoso arringo di Fetonte si ragioni, o di mille altre favole ancora di queste più nuove. Nè pure incominci tu questa usanza ora: ma tutti gli amanti, che hanno scritto o scrivono, così fecero e fanno ciascuno, o lieti, o infortunati che essi stati sieno, o essere si truovino de' loro amori, se pure i lieti a scrivere delle loro gioje, o pure a parlarne si dispongono giammai: il che suole alcuna volta di quelli avvenire, che tra gli ozj soavi delle muse cresciuti, poi nelle dolci palestre di Venere esercitandosi non possono sovente non ricordarsi delle loro donne primiere. I quali le più volte di quelli medesimi affetti favoleggiano, che fanno i dolorosi, non perciocchè essi alcuno di que' miracoli provino in se, che i miseri e tristi dicono sovente di provare, ma fannolo per porgere diversi suggetti agl' inchiostri, acciocchè con questi colori i loro fingimenti variando, l'amorosa pintura riesca agli occhi de' riguardanti più vaga. Perciocchè del fuoco col quale si fatica Perottino di rinforzare la maraviglia degli amorosi avvenimenti (1), quali carte di qualunque lieto amante, che scriva, non son piene? Nè pur di fuoco solamente, ma di ghiaccio insieme, e di quelle cotante (2) disagguaglianze, le quali più di leggiero nelle carte s'accozzano, che

---

(1) Le carte degl' innamorati son piene di fuoco e di ghiaccio.

(2) Disagguaglianze, cioè inegualità. Di sopra ha usato questa voce un'altra volta. Il Petrarca anche l'usò, e Dante: ma in prosa niun altro buono autor che questo.

nel cuore? Chi non sa dire che le sue lagrime sono pioggia, e venti i suoi sospiri,
e mille cotai scherzi e giuochi d' amante
non men festoso, che doglioso? chi non
sa fare incontanente quella, che egli ama,
saettatrice, fingendo che gli occhi suoi fe-
riscano di pungentissime saette? La qual
cosa per avventura più acconciamente finsero gli antichi uomini, che delle caccia-
trici Ninfe favoleggiarono assai spesso, e
delle loro boscareccie prede, pigliando per le
vaghe ninfe le vaghe donne, che con le
punte de' loro penetrevoli sguardi prendono
gli animi di qualunque uomo più fiero.
Chi non suole ora se, ora la sua donna a
mille altre più nuove sembianze ancora,
che queste non sono, rassomigliare? Aperto e comune e ampissimo è il campo, o
Donne, per lo quale vanno spaziando gli
scrittori, e quelli massimamente sopra tutti gli altri, che amando e d' amore trattando si dispongono di coglier frutto de'loro ingegni e di trarne loda per questa via.
Perciocchè oltra che egli si fingono le im-
possibili cose, non solamente a ciascun di
loro sta, qualunque volta esso vuole, il
pigliar materia del suo scrivere o lieta o
dolorosa, siccome più gli va per l'animo,
e meglio li mette, o più agevolmente si
fa, e sopra essa le sue menzogne disten-
dere e i suoi pensamenti più strani: ma
essi ancora uno medesimo suggetto si re-
cheranno a diversi fini, e uno il si dipi-

gnerà lieto, e l'altro se lo adombrerà doloroso: siccome una stessa maniera di cibo
per dolce o amara che di sua natura ella
sia, condire in modo si può, che ella
ora questo e ora quell'altro sapore averà
secondo la qualità delle cose, che le si
pongan sopra. Perciocchè quantunque molti
amanti fingendo la lontananza del loro
cuore a lagrime e a lamenti e a dolorosi
martirj là si ritirino, siccome potete avere udito molte fiate, non è per questo,
che io altresì in una delle mie fingendola
a maraviglioso giuoco e a dilettevole sollazzo non me l'abbia recata. E acciocchè io
a voto non ragioni, udite ancora de' miei
miracoli alcuno.

*Preso al primo apparir del vostro raggio*
*Il cor, che'n fin quel dì nulla mi tolse,*
*Da me partendo a seguir voi si volse:*
*E come quei, che trova in suo viaggio*
*Disusato piacer, non si ritenne,*
*Che fu negli occhi, onde la luce uscia,*
*Gridando a queste parti Amor m'invia.*

    Vedete voi, siccome fingono gli aman-
ti, che i loro cuori con piacere e con
gioja di loro pure partir da loro si possono? Ma questo non è ad essi cosa molto
ancora maravigliosa. Di più maraviglia è
quello che segue.

*Indi tanta baldanza appo voi prese*
  *L'ardito fuggitivo a poco a poco,*
  *Ch'ancor per suo destin lasciò quel loco*
  *Dentro passando, e più oltra si stese,*
  *Che'n quello stato a lui non si convenne:*
  *Fin che poi giunto, ov'era il vostro core,*
  *Seco s'assise, e più non parve fore.*

Già potete vedere non solamente che
i nostri cuori da noi si partono, ma che
essi sanno eziandio far viaggio. Udite tuttavia il rimanente.

*Ma quei, come'l movesse un bel desire*
  *Di non star con altrui del regno a parte,*
  *O fosse'l ciel, che lo scorgesse in parte,*
  *Ov' altro signor mai non dovea gire,*
  *Là, onde mosse il mio, lieto sen venne:*
  *Così cangiaro albergo, e da quell'ora*
  *Meco'l cor vostro, e'l mio con voi dimora.*

Non sono questi miracoli sopra tutti
gli altri? due cuori amanti da i loro petti
partiti dimorarsi ciascuno nell'altrui, e
ciò loro non pure senza noja, ma ancora
da celeste dono avvenire? Ma che dico io
questi? Egli vi se ne potrebbono, da
chiunque ciò far volesse, tanti recare innanzi giochevoli e festevoli tutti, che non
se ne verrebbe a capo agevolmente. E perciò questo poco aver detto volendo che
mi basti, oggimai i tuoi fieri e gravi miracoli, Perottino, quanto facciano per te,

tu ti puoi avvedere; i quali però tuttavia
se sono veri perciò, che tu, e i simili a
te tristi e miseri amanti ne parliate o scri-
viate, veri debbono essere similmente questi altri vaghi e cari, poichè di loro io e
i simili a me lieti e felici amanti parlan-
done o scrivendone ci trastulliamo. Perchè niuna forza i tuoi ad Amor fanno,
che egli dolce non possa essere, più di
quello che facciano i miei, che egli non
possa essere amaro. Se sono favole, elle a
te si ritornino per favole, quali si parti-
rono, e seco ne portino la tua così ben
dipinta immagine, anzi pure la immagina-
ta dipintura del tuo Iddio; della quale se
tu scherzando ragionato non ci avessi quello tanto, che detto ne hai, io da vero
alcuna cosa ne parlerei, e arei che parlarne. Ma poichè del tuo fallo tu medesimo
ti riprendesti dicendoci per ammenda di
lui, che nel vero non solamente Amore
non è Iddio, ma che egli pure non è altro, che quello che noi stessi vogliamo;
se io ora nuova tenzona ne recassi sopra,
non sarebbe ciò altro, che un ritessere a
guisa dell'antica Penelope la poco innanzi
tessuta tela. Tacquesi dette queste parole
Gismondo, e raccogliendo prestamente nella memoria quello, che dire appresso questo dovea, prima che egli riparlasse, egli
incominciò a sorridere seco stesso; il che
vedendo le donne, che tuttavia attendeva-
no che egli dicesse, divennero ancora

d' udírlo più vaghe. E madonna Berenice (1) alleggiato di se un giovane alloro,
il quale nello stremo della sua selvetta più
vicino alla mormorevole fonte, quasi più
ardito che gli altri, in due tronchi schietti
cresciuto al bel fianco di lei doppia colonna faceva, e sopra se medesima recatasi
disse : bene va, Gismondo, poichè tu sor-
ridi , là dove io più pensava che ti convenisse di star sospeso. Perciocchè se io non
m' inganno, sì sei tu ora a quella parte
de' sermoni di Perottino pervenuto, dove
egli argomentando dell' animo ci conchiu-
se , che amare altrui senza passione continua non si puote. Il qual nodo, come che
egli si stia, io per me volontier vorrei,
e perdonimi Perottino, che tu sciogliere
così potessi di leggiero, come fu all' antica
Penelope agevole lo stessere la poco innanzi tessuta tela. Ma io temo, che tu il possa, così mi parvero a forte (2) subbio
quegli argomenti avvolti e accomandati.
Altramente vi parranno già testè madonna , rispose Gismondo. Nè perciò di quello, che essi infino a qui paruti vi sono,
me ne maraviglio io molto. Anzi ora dovendo io di questi medesimi favellarvi,

____

(1) *Alleggiato con l'accento acuto sopra l'i, significa alleggerito , e di qui viene alleggiamento*
(2) *Subbio è quel legno tondo, dove s' avvolge la
tela, da' Greci e Latini chiamato Cilindro.*

siccome voi dirittamente giudicavate, a
quel riso, che voi vedeste, mi sospin-
se il pensare, come sia venuto fatto a
Perottino il poter così bene la fronte di sì
parevole menzogna dipignere ragionando,
che ella abbia troppo più che di quello
che ella è, di verità sembianza. Perciocchè
se noi alle sue parole risguardiamo, egli
ci parrà presso che vero quello che egli
vuole che vero ci paja che sia, in maniera
n' ha egli col suo (1) sillogizzare il bianco
in vermiglio ritornato. Perciocchè assai pare
alla verità conforme il dire, che ogni volta
che l'uom non gode quello che egli ama,
egli sente passione in se. Ma non può l'uom
godere compiutamente cosa che non sia
tutta in lui. Adunque l'amare altrui non
può in noi senza continua passione aver
luogo. Il che se per avventura pure è vero, saggio fu per certo l'Ateniese Timone,
del qual si legge, che schifando parimente
tutti gli uomini, egli con niuno volea avere amistà, niuno ne amava. E saggi sarem
noi altresì, se questo malvagio affannatore
degli animi nostri da noi scacciando, gli
amici le donne i fratelli i padri i proprj
figliuoli medesimi, siccome i più stranieri,
ugualmente rifiutando, la nostra vita senza
amore, quasi pelago senza onda, passere-
mo: solo che dove noi a guisa di Narciso
amatori divenir volessimo di noi stessi. Per-

_____

(1) *Sillogizzare vuol dire argomentare, usar sillogismi.*

ciocchè questo tanto credo io che Perottino non ci vieti, poichè in noi medesimi
siam sempre. La qual cosa se voi farete,
e ciascun altro per se farà, da questi suoi
argomenti ammaestrato, certo sono che egli
a brieve andare non solamente Amore averà alla vita degli uomini tolto via, ma insieme con esso lui ancora gli uomini stessi
levatone alla lor vita. Perciocchè (1) cessando l'amare, che ci si fa, cessano le consuetudini tra se de' mortali, le quali cessando necessaria cosa è, che cessino e manchino eglino con esso loro insiememente.
E se tu qui, Perottino, mi dicessi, che io
di così fatto cessamento non tema, perciocchè amore negli uomini per alcuno nostro
proponimento mancar non può; conciossiacosachè ad amar l'amico il padre il fratello la moglie il figliuolo necessariamente la
natura medesima ci dispone; che bisognava
dunque, che tu d'Amore più tosto ti ram-
maricassi, che della natura? Lei ne dovevi
incolpare, che non ci ha fatta dolce quella
cosa, che necessaria ha voluto che ci sia,
se tu pure così amara la ti credi come tu
la fai. Nella qual tua credenza dove a te
piaccia di rimanerti, senza fallo agiatissima-
mente vi ti puoi spaziare a tuo modo, che
compagno, che vi ci venga per occupar-
lati, di vero, che io mi creda, non avrai
tu niuno. Perciocchè chi è di così poco

---

(1) *Cessando l'amare cessano le consuetudini de' mortali.*

diritto conoscimento, che creda, lasciamo
stare uno che ami te, o amico o congiun-
to che egli ti sia, ma pure che l'amare un
valoroso uomo, una santa donna, amar le
paci le leggi i costumi lodevoli e le buone
usanze d'alcun popolo, ed esso popolo medesimo, non dico di dolore o d'affanno,
ma pure di piacere e di diletto non ci sia?
E certo tutte queste cose sono fuor di noi.
Le quali poste che io pure ti concedessi,
che affanno recassero a' loro amanti perciocchè elle non sieno in noi, vorresti tu
però ancora che io ti concedessi, che l'a-
mare il cielo, e le cose belle che ci son
sopra, e Dio stesso, perchè egli non sia
tutto in noi; conciossiacosachè essendo egli
infinito, essere tutto in cosa finita non
può, siccome noi siamo, ci fosse doloroso?
Certo questo non dirai tu giammai, perciocchè da cosa beata, siccome sono quelle di lassù, non può cosa misera provenì-
re. Non è adunque vero, Perottino, che
l'amore, che alle cose istrane portiamo,
per questo, che elle istrane sieno (1),
c'impassioni. Ma che diresti tu ancora,
se io tutte queste ragioni donandoti ami-
chevolmente, e buono facendoti quello
stesso che tu argomenti, che amare altrui
non si possa senza dolore, ti dicessi, che
questo amar le donne, che noi uomini

---

(1) *Impassionare, verbo nuovo, significa metter passione.*

facciamo, e che le (1) donne fanno noi,
non è amare altrui, ma è una parte di se
amare, e per dir meglio, l'altra metà di
se stesso? perciocchè non hai tu letto,
che primieramente gli uomini due facce
aveano, e quattro mani, e quattro piedi
e l'altre membra di due de' nostri corpi
similmente? I quali poi partiti per lo mezzo da Giove, a cui voleano torre la signoria, furono fatti cotali, chenti ora sono.
Ma perciocchè eglino volentieri alla loro (2) interezza di prima sarebbono voluto
ritornare, come quelli, che in due cotanti
poteano in quella guisa, e di più per lo
doppio si valevano, che da poi non si sono
valuti, secondo che essi si levavano in piè,
così ciascuno alla sua metà s'appigliava:
il che poi tutti gli altri uomini hanno
sempre fatto di tempo in tempo, ed è
quello, che noi oggi Amore e amarci chiamiamo. Perchè se alcuno ama la sua donna, egli cerca la sua metà, e il somigliante fanno le donne, se elle amano i loro
signori. Se io così ti favellassi, che mi ri-
sponderesti tu o Perottino? Per avventura
quello stesso, che io pure ora d'intorno
a' tuoi miracoli ragionando ti rispondea,
cioè, che questi son giuochi degli uomini,
dipinture e favole e loro semplici ritrova-

---

(1) Che l'uomo e la donna erano un sol corpo.
(2) Interezza, vale stato intero.

menti più tosto e pensamenti, che altro.
Non sono queste dipinture degli uomini,
nè semplici ritrovamenti, Perottino. La
natura stessa parla e ragiona questo cotanto che io t'ho detto, non alcuno uomo.
Noi non siamo interi, nè il tutto di noi
medesimi è con noi, se soli maschi, e
sole femmine ci siamo Perciocchè non è
quello il tutto, che senza altrettanto star
non può: ma è il mezzo solamente, o
nulla più: siccome voi Donne senza noi
uomini, e noi senza voi non possiamo. La
qual cosa quanto sia vera, già di quinci
veder si può, che il nostro essere o da
voi o da noi solamente e separatamente
non può aver luogo. Oltre che eziandio
quando bene separatamente ci nascessimo,
certo nati non potremmo noi vivere separatamente. Perciocchè se ben si considera,
questa vita che noi viviamo, di fatiche
innumerabili è piena: alle quali tutte portare nè l'un sesso nè l'altro assai sarebbe
per se bastante: ma sotto esso mancherebbe
non altramente, che facciano là oltre l'A-
lessandria tale volta i cammelli di lontani
paesi le nostre mercanzie portanti per le
stanchevoli arene, quando avviene per alcun caso, che sopra lo (1) scrigno dell'uno
le some di due pongono i loro padroni:

---

(1) *Scrigno è la gobba de' cammelli. Di qui l'Ariosto
disse Scrignuto mostro, parlando di Nano gobbo.*

che non potendo essi durare cadono e
rimangono a mezzo cammino. Perciocchè
come potrebbono gli uomini arare, edifi-
eare, navicare, se ad essi convenisse ancora quegli altri esercizj fare, che voi fate? O come potremmo noi dare ad un tempo le leggi a popoli e le poppe a' figliuoli,
e tra i loro (1) vagimenti le quistioni delle
genti ascoltare? o dentro a' termini delle
nostre case nelle piume e negli agi riposando menare a tempo le gravose pregnezze,
e a cielo scoperto incontro agli assalitori
per difesa di noi e delle nostre cose col
ferro in mano e di ferro cinti discorrendo
guerreggiare? Che se noi uomini non possiamo e i vostri uffici e i nostri abbracciare,
molto meno si dee dir di voi, che di minori forze siete generalmente, che noi non
siamo. Questo vide la natura, o Donne:
questo ella da principio conoscea, e poten-
doci più agevolmente d'una maniera sola
formare, come gli alberi, quasi una noce
partendo, ci divise in due, e quivi nel-
l'una metà il nostro, e nell'altra il vostro
sesso fingendone ci mandò nel mondo in
quella guisa abili all'une fatiche e all'altre, a voi quella parte assegnando che più
è alle vostre deboli spalle confacevole, e a
noi quell'altra soprapponendo, che dalle

---

(1) *Vagimento è la voce de' bambini in fasce, e'l verbo
è Vagire, o guaire.*

nostre più forti meglio può essere che dalle
vostre portata, tuttavia con sì fatta legge
accomandandoleci, e la dura necessità in
maniera mescolando per amendue loro,
che e a voi della nostra, e a noi della
vostra tornando uopo, l'uno non può fare
senza l'altro, quasi due compagni, che vadano a caccia, de' quali l'uno il paniere e
l'altro il nappo rechi; che quantunque essi
camminando due cose portino l'una dall'altra separate, non perciò poi, quando tempo è da ricoverarsi, fanno essi ancora così
pure con la sua separatamente ciascuno;
anzi sotto ad alcuna ombra riposatisi amendue si pascono (1) vicendevolmente e di
quello del compagno e del loro. Così gli
uomini e le donne destinati a due diverse
bisogne portare, entrano in questa faticosa
caccia del vivere e per loro natura tali, che
a ciascun sesso di ciascuna delle bisogne fa
mestiero, e così poco poderosi, che oltre alla
sua metà del carico nessun solo può essere
bastante, siccome le antiche donne di Len-
no, e le guerreggevoli Amazone con loro
grave danno sentirono, che ne fer pruova:
le quali mentre vollero e donne essere e
uomini ad un tempo, per quanto (2) le
loro balie si stenderono, e l'altrui sesso

---

(1) *Vicendevolmente, vale a vicenda, scambievolmente, or l'uno or l'altro.*
(2) *Le loro balie cioè le lor forze e possanze.*

affine recarono, e il loro. Perchè se a stato
alcuno venire, nè in istato mantenersi nè
gli uomini, nè le donne non possono gli
uni senza gli altri, nè ha in se ciascun
sesso più che la metà di quello, che bisogno fa loro o al poter vivere, o al poter
venire alla vita, poichè non è il tutto
quello, siccome io dissi, che senza altrettanto star non può, ma è il mezzo solamente, non so io vedere, o Donne, come
noi più che mezzi ci siamo, e voi altresì,
e come voi la nostra metà, siccome noi la
vostra, non vi siate, e infine come la femmina e il maschio sieno altro, che uno intero. E certo non pare egli a voi così semplicemente risguardando ed estimando, che
i vostri mariti l'una parte di voi medesime portino sempre con esso loro? Deh
non vi pare egli tuttavia, che da' vostri
cuori si diparta non so che, e finisca
negli loro, che sempre, dovunque essi
vadano, quasi catena, gli vi congiunga
con inseparabile compagnia? Così è senza
fallo alcuno, essi sono la vostra metà, e
voi la loro, siccome io quella della mia
donna, ed essa la mia. La quale se io
amo, che amo per certo, e sempre amerò, ma se io amo lei, e se ella me ama,
non è tuttavia, che alcun di noi ami altrui, ma se stesso; e così avviene degli altri amanti, e sempre avverrà. Ora per non
far più lunga questa tenzona, se gli amanti amando tra loro amano se stessi, essi

deono poter fruire quello, che essi amano
senza dubbio alcuno, se quello è vero,
che tu argomentavi, che fuire non si possa solamente dell'altrui. E se essi possono
fruir quello, che essi amano, poichè il
non poter fruire è solo quello, che c'im-
passiona, non veggo io che ne segua quella conchiusione, che tu ne traevi, che
Amore tenga l'animo degli uomini sollecito, e, come ci dicesti, perturbato. Cotale
è il nodo, madonna Berenice, che voi
poco avanti, come io sciogliere potessi,
dubitavate; cotale è la tela di Perottino a
quel forte subbio, che voi diceste, acco-
mandata, la qual nel vero a me pare che
più tosto una di quelle d'Aragne, che a
quella di Penelope stata conforme dire si
possa che sia. Ma non per tutto ciò si
pente, o Donne, nè si ritiene in parte
alcuna raffrenando la trascorrevole follia
de' suoi ragionamenti Perottino; anzi pure
per questo medesimo campo dell'animo
più (1) alla scapestrata, quasi morbido
giumento fuggendosi, con la lena delle
parole vie più lunghi e più stolti discorri-
menti ne fa il suo male medesimo dilet-
tandolo. Ma siccome suole alcuna volta del
viandante avvenire, il quale alla scelta di
due strade pervenuto, mentre e'si crede la

---

(1) *Alla scapestrata, cioè alla sciolta, e libera: è
usato dal Boccaccio.*

sua pigliare, per quella che ad altre contrade il porta mettendosi, quanto egli più
al destinato luogo s'affretta d'appressarsi,
tanto più da esso camminando s'allontana;
così Perottino a dir d'Amore per le passioni dell'animo già entrato, mentre egli
si studia forse avvisando di giugnere al vero, quanto più s'affanna di ragionarne,
tanto egli più per lo non diritto sentiero
avacciandosi si disparte e si discosta da lui.
La qual cosa quantunque con semplici
parole così essere vi potesse da ciascuno
assai apertamente venir dimostrata, nondimeno sì perchè alle segnate istorie di Perottino non pare disdicevole, che io un
poco più partitamente ne ragioni; e sì
ancora perchè il così fattamente favellarne
alla materia è richiesto, dove con vostro
piacer sia, alquanto più ordinatamente
parlando, chente sia il suo errore, m'accosterò di farvi chiaro. A questo risposto-
gli dalle belle donne, che tanto di loro
piacere era, quanto era di suo, e che
dove a lui non increscesse il favellare,
comunque egli il facesse, a loro l'ascol-
tarlo non rincrescerebbe giammai; esso
cortesemente ringraziatenele, e già atteso
da ciascuna, poichè egli ebbe il braccio
sinistro alquanto inverso le attendenti donne (1) sporto in fuori, pregandole che

---

(1) *Sporto in fuori*, *cioè messo, e disteso fuori.*

attentamente l'ascoltassero, perciocchè dove poche delle parole, che egli a dire
avea, si perdesse, niente gioverebbe l'aver
parlato, del pugno, che chiuso era, due
dita forcutamente levando in verso il cielo
così incominciò e disse: In due parti, o
Donne, dividono l'animo nostro gli antichi Filosofi; nell'una pongono la ragione,
la quale con temperato passo movendosi
lo scorge per calle spedito e sicuro; dal-
l'altra fanno le perturbazioni, con le quali esso (1) travalicando discorre per dirot-
tissimi e dubbiosissimi sentieri. E perciocchè ogni uomo quello, che bene pare ad
esso che sia, e di tener disidera, e tenuto si rallegra di possedere; e similmente
niuno è, che il pendente male non solleciti, e pochi sono coloro, che il sopra caduto non gravi; (2) quattro sono gli affetti dell'animo altresì, Disiderio, Allegrezza, Sollecitudine, e Dolore, de' quali due
dal bene o presente o futuro, e due medesimamente dal male o avvenuto, o possibile ad avvenire hanno origine e nascimento. Ma perciocchè ed il desiderar delle cose, dove con sano consiglio si faccia,
è sano, dove da torto appetito proceda, è
dannoso; ed il rallegrarsi non è biasimato
in alcuno, se non in quanto egli ha i ter-

---

(1) *Travalicando, cioè trapassando.*
(2) *Affetti dell' animo quanti.*

mini del convenevole trapassati, e lo schi-
far de' mali, che avvenir possono, secondo
che noi o bene o male temiamo, così egli
e di lodevole piglia qualità e di vituperoso;
quinci avviene, che questi tre affetti in
buoni e in non buoni dividendo, a quella
parte dell' animo, che con la ragione s'invia, danno l' onesto disiderio, l' onesta allegrezza, l'onesto temere; all'altra gli stre-
mi loro, che sono il soverchio disiderare,
il soverchio rallegrarsi, la soverchia paura.
Il quarto, che è de' mali presenti la maninconia, non dividono, come gli altri,
ma perciocchè dicono d'alcuna cosa, che
avvenga nella vita, il prudente e costante
uomo nè affliggersi nè attristarsi giammai,
e soverchio e vano sempre essere ogni dolore delle avvenute cose, questo solo affetto intero pongono nelle perturbazioni. Così avviene, che tre sono le sagge e rego-
late maniere degli affetti dell' animo, e
quattro le stolte ed intemperate. Oltre a
ciò perciocchè certissima cosa è, che male
alcuno la natura far non può, e che solamente buone sono le cose da lei proceden-
ti, le tre maniere siccome quelle che buone
sono, affermano negli uomini essere naturali
altresì; le quattro dicono in noi fuori del
corso della natura aver luogo, quelle ra-
gionevoli affetti secondo natura, queste contro natura disordinate perturbazioni chiamando e nominando. Sono dunque due,
siccome di sopra s' è detto, le strade del-

l'animo, o Donne; l'una della ragione, per la quale ogni naturale movimento s'incammina; l'altra delle perturbazioni, per cui hanno i non naturali a' loro traboccamenti la via. Ora non credo io, che voi crediate, che alcun non naturale movimento possa con la ragione dimorare, perciocchè dimorando con esso lei bisognerebbe che egli fosse naturale; ma naturale come può esser cosa, che naturale non sia? Nè è da dire altresì, che affetto alcuno naturale si mescoli nelle perturbazioni, conciossiacosachè mescolandosi tra loro, gli bisognerebbe essere non naturale; ma naturale, e non naturale per certo niuna cosa essere puote giammai. Divise adunque le passioni dell'animo, e trattate nella maniera che udito avete, recatevi questo sovente per la memoria, che affetto naturale alcuno non può negli animi nostri con le perturbazioni aver luogo. Ora ritorniamo a Perottino, il quale pose Amore nelle perturbazioni, e ragioniamo così: che se amore è cosa, che contro natura venga in noi, non può altrove essere il cattivello, che dove l'ha posto Perottino. Ma se egli pure è affetto agli animi nostri donato dalla natura, siccome cosa, a cui buona conviene essere altresì, con la natura camminando non potrà in maniera alcuna nelle perturbazioni ree e negli affetti dell'animo sinistri e orgogliosi trapassare. Ora che vi voglio io, avveduta

Giovani, o pure che vi debbo io più oltre
dire? Bisogna egli che io vi dimostri, che
naturale è l'amore in noi? Questo si fe' pur
dianzi, quando noi dell'amore, che a' padri,
a' figliuoli, a' congiunti, agli amici si porta,
ragionavamo. Senza che io mi credo, che
non pur voi, che donne siete, anzi ancora
questi allori medesimi che ci ascoltano, se
essi parlar potessero, ne darebbono testimonianza. Di poco avea così detto Gismondo,
quando Lavinello, il quale lungamente s'era
taciuto, con queste parole gli si fe'incontro:
Cattivi testimonj aresti trovato, Gismondo,
se questi allori parlassero, a quello, che tu
intendi di provarci. Perciocchè se essi ritratto fanno al primo loro pedale, siccome
è natura delle piante, essi non amarono
giammai. Perciocchè non amò altresì quella
Donna, che primieramente diè al tronco
forma, del quale questi tutti sono rampolli, se quello vero è, che se ne scrive. Male
stimi, Lavinello, e male congiugni le cose
da natura separate, rispose incontanente
Gismondo. Perciocchè questi Allori bene
fanno ritratto al primo loro pedale, siccome tu di', ma non alla donna, la quale se
stessa lasciò, quando ella primieramente la
buccia di lui prese. Questi, come anche
quello fece, amano, e sono amati altresì,
essi la terra, e la terra loro, e di tale amor
pregni partoriscono al lor tempo ora (1)

---

(1) *Talli*, cioè rampolli. M. Cino usò *Talli*.

talli, ora (1) orbacche, ora frondi, secondo
che esso, da cui tutti nacquero, partoriva,
nè mai ha fine il loro amore, se non insieme con la lor vita; il che volesse Iddio,
che fosse negli uomini, che Perottino non
arebbe forse ora cagion di piagnere così
amaramente, come egli fa vie più spesso,
che io non vorrei. Ma la donna non amò
già essendo amata, siccome tu ragioni, la-
qual cosa perciocchè fu contro natura,
forse meritò ella di divenir tronco, come
si scrive. E certo che altro è lasciando le
membra umane albero e legno farsi, che
gli affetti naturali abbandonando molli e
dolcissimi prendere i non naturali, che sono così asperi e così duri? Che se questi
allori parlassero, e le nostre parole avessero
intese, a me giova di credere, che noi ora
udiremmo, che essi non vorrebbono tornare
uomini, poichè noi contro la natura medesima operiamo, la qual cosa non avviene
in loro, non che essi buoni testimoni non
fossero, Lavinello, a quello, che io ti ragiono. E adunque, nè bisogna che io ne que-
stioni, o Donne, naturale affetto degli animi nostri (2) Amore, e per questo di necessità è buono e ragionevole e temperato.
Onde quante volte avviene, che l'affetto
de' nostri animi non è temperato, tante

---

(1) *Orbacche son le coccole dell' alloro.*
(2) *Amore affetto naturale degli animi nostri.*

volte non solamente ragionevole nè buono
è più, ma egli di necessità ancora non è
Amore. Udite voi ciò, che io dico? Vedete
voi a che parte la paura e semplice verità
m'ha portato? Che dunque è, potrestemi
voi dire, se egli non è Amore? ha egli
nome alcuno? sì bene, che egli n'ha, e
molti, e per avventura quelli stessi, che
Perottino quasi nel principio de'suoi sermoni gli diè pure di questo medesimo ragionando quello, che egli d'Amor si credea
favellare, fuoco, furore, miseria, infelicità,
e oltre a questi se io porre ne gli posso
uno, egli si può più acconciamente, che altro, chiamare ogni male; perciocchè in
Amore, siccome poco appresso vi fie manifesto, ogni bene si rinchiude. Che vi posso io dire più avanti? Nè v'ingannino queste semplici voci, o Donne, che senza fatica escono di bocca altrui, d'amore, d'amante,
d'innamorato: che voi crediate che incontanente amor sia tutto quello, che è detto
amore; e tutti sieno amanti quelli, che per
amanti sono tenuti e per innamorati. Questi
nomi piglia ciascuno per lo più co'primi
disii, i quali esser possono non meno tem-
perati, che altramente; e così presi, comunque poi vada l'opera, esso pure se gli
ritiene ajutato dalla sciocca e (1) bamba

---

(1) *Bamba*, cioè *vana*, *senza fondamento*, e da bambino. *Boc.*

opinione degli uomini, che senza discrezión
fare alcuna con diverse appellazioni alle
diverse operazion loro, così chiamano amanti quelli, che male hanno disposti gli affetti dell'animo loro nelle disiderate cose e
cercate, come quelli che gli han bene. Ahi
come agevolmente s'ingannano le anime
cattivelle degli uomini, e quanto è leggiera
e folle la falsa e misera credenza de'mortali. Perottino, tu non ami. Non è amore,
Perottino, il tuo: ombra sei d'amante, più
tosto che amante, Perottino. Perciocchè se
tu amassi, temperato sarebbe il tuo amore;
ed essendo egli temperato, nè di cosa, che
avvenuta ne sia, ti dorresti, nè quello,
che per te avere non si può, disidereresti tu
o cercheresti giammai. Perciocchè oltre che
soverchio e vano è sempre il dolore per se,
stoltissima cosa è, e fuori d'ogni misura
stemperata, quello che avere non si possa,
pur come se egli aver si potesse, andare tuttavia disiderando e cercando: la qual follía
volendo significarci i poeti, fecero i giganti,
che s'argomentassero di pigliare il cielo, guer-
reggianti con gl'Iddii, a cui essi non erano
bastanti. Che se la fortuna t'ha della tua cara
donna spogliato, dove tu amante di lei voglia essere, poscia che altro fare non se ne
può, non la desiderare, e quello che perduto vedi essere, tieni altresì per perduto.
Amala semplicemente e puramente, siccome amare si possono molte cose, come
che d'averle niuna speranza ne sia. Ama

le sue bellezze, delle quali tanto ti mara-
vigliasti già, e lodastile volentieri; e dove il
vederle con gli occhi ti sia tolto, contenta-
ti di rimirarle col pensiero, il che niuno
ti può vietare. E in fine ama di lei quello,
che oggi poco s'ama nel mondo, mercè del
vizio, che ogni buon costume ha discaccia-
to, l'onestà dico, sommo e spezialissimo tesoro di ciascuna savia, la qual sempre ci
dee esser cara, e tanto più ancora maggiormente, quanto più care ci sono le donne
amate da noi; siccome io m'ingegnai di
fare già, che ella fosse a me cara nella
persona della mia donna non men di
quello, che la sua bellezza m'era graziosa;
quantunque ne' primi miei disii, siccome
veggiamo tutto dì a' cavalli non usati essere
la sella e il freno, ella dura e gravetta mi
fosse alquanto nell'animo a sopportare. Di
che io allora ne feci in testimonio questa
canzone: La quale tanto più volentieri vi
sporrò, graziose giovani, quanto a voi, che
non meno oneste sete che belle, ella più
che alcune dell'altre già dette s'accon-
viene.

*Sì rubella d'Amor, nè sì fugace*
*Non presse erba col piede;*
*Nè mosse fronda mai ninfa con mano;*
*Nè treccia di fin oro aperse al vento;*
*Nè'n drappo schietto care membra accolse*
*Donna sì vaga e bella; come questa*
*Dolce nemica mia.*

*Quel, che nel mondo, e più ch'altro mi spiace,*
    *Rade volte si vede,*
    *Fanno in costei pur sovra'l corso umano*
    *Bellezza e castità dolce concento :*
    *L'una mi prese il cor, come Amor volse;*
    *L' altra l'impiaga sì leggiera e presta,*
    *Ch' ei la sua doglia oblia.*

*Sola in disparte, ov'ogni oltraggio ha pace,*
    *Rosa o giglio non siede;*
    *Che l'alma non gli assembri a mano a mano*
    *Avvezza nel desio, ch' iò serro drento,*
    *Quel vago fior, cui par uom mai non colse:*
    *Così l'appaga, e parte la molesta*
    *Secura leggiadria.*

*Caro Armellin, ch'innocente si giace,*
    *Vedendo, al cor mi riede*
    *Quella del suo pensier gentile e strano*
    *Bianchezza, in cui mirar mai non mi pento.*
    *Sì novamente me da me disciolse*
    *La vera maga mia, che di rubesta*
    *Cangia ogni voglia in pia.*

*Bel fiume allor, ch'ogni ghiaccio si sface,*
    *Tanta falda non diede,*
    *Quanta spande dal ciglio altero e piano*
    *Dolcezza, che può far altrui contento,*
    *E se dal dritto corso unqua non tolse :*
    *Nè mai s'inlaga mar senza tempesta,*
    *Che sì tranquillo sia.*

*Come si spegne poco accesa face,*
    *Se gran vento la fiede;*
    *Similemente ogni piacer men sano*
    *Vaghezza in lei sol d'onestate ha spento.*
    *O fortunato il velo, in cui s'avvolse*

*L'anima saga, e lei, ch'ogni altra vesta*
  *Men le si convenia.*
*Questa vita per altro a me non piace,*
  *Che per lei, sua mercede,*
  *Per cui sola dal vulgo m'allontano:*
  *Ch'avvezza l'alma a gir là 'v'io la sento,*
  *Sì ch' ella altrove mai orma non volse,*
  *E più s' invaga, quanto men s'arresta,*
  *Per la solinga via.*
*Dolce destin, che così gir la face;*
  *Dolci del mio cor prede;*
  *Ch'altrui sì presso, a me'l fan sì lontano:*
  *Asprezza dolce, e mio dolce tormento,*
  *Dolce miracol, che veder non suolse:*
  *Dolce ogni piaga, che per voi mi resta*
  *Beata compagnia.*
*Quanto Amor vaga, par beltate onesta*
  *Nè fu giammai, nè fia.*

Ora perciocchè da ritornare è là, onde ci dipartimmo, quinci comprender potete, Donne, e quale sia l'errore di Perottino, e dove egli l'ha preso. Perciocchè dovendo egli mettersi per quella via dell'animo, che ad Amor lo scorgesse nel favellare, egli entrando per altro sentiero alla contraria regione è pervenuto: per lo quale camminando in quelle tante noje si venne incontrato, in quelle pene, in que' giorni tristi, in quelle notti così dolorose, in quegli scorni, in quelle gelosie, in coloro che uccidono altrui, e talora per avventura se stessi, in que' Metii, in que' Ti-

zj, in que' Tantali, in quelli Isioni: tra'
quali ultimamente, quasi come se egli
nell'acqua chiara guatato avesse, egli vide
se stesso, ma non si riconobbe bene: che
altramente si sarebbe doluto, e vie più
vere-lagrime arebbe mandate per gli occhi
fuora, che egli non fece. Perciocchè credendo se essere amante e innamorato,
mentre egli pure nella sua donna s'incon-
tra immaginando, egli è un solitario cervo
divenuto, che più a guisa d'Atteone i suoi
pensieri medesimi, quasi suoi veltri, vanno sciaguratamente lacerando: i quali egli
più tosto cerca di pascere, che di fuggire,
vago di terminare innanzi tempo la sua
vita, poco mostrando di conoscer quanto
sia meglio il vivere, comunque altri viva,
che il morire; quasi come se esso oggimai
sazio del mondo niuno altro frutto aspet-
tasse più di cogliere per lo innanzi degli
anni suoi, i quali non hanno appena incominciato a mandar fuora i lor fiori. Che
quantunque così (1) smaghino la costui
giovanezza, Donne, e così guastino le lagrime, come voi vedete; non perciò venne egli prima di me nel mondo: il quale
pure oltre a tanti anni non ho varcati,
quanti sarebbono i giorni del minor mese,
se egli di due ancora fosse minore, che

---

(1) *Smaghino, cioè affascinino, affatturino, facciano
parer vecchia la costui giovanezza.*

egli non è. E cotestui, come se egli al
centinajo s'appressasse, a guisa degl'infermi perduti, chiama sovente, chi di queste contrade levandolo iu altri paesi nel
rechi, forse avvisandosi per mutare aria
di risanare. O sciagurato Perottino, e veramente sciagurato, poi che tu stesso ti
vai la tua disavventura procacciando, e
non contento della' tua, cerchi di teco far
miseri insiememente tutti gli uomini. Perciocchè tutti gli uomini amano, e necessariamente ciascuno. Che se gli amanti sempre accompagnano quegli appetiti così trabocchevoli, quelle allegrezze così dolorose,
quelle così triste forme di paura, quelle
cotante angosce, che tu di', senza fallo
non solamente tutti gli uomini fai miseri,
ma la miseria medesima constrigui ad essere per se stesso ciascun uomo. Taccio le
pene di quelle maraviglie così fiere del tuo
Iddio, che tu ci raccontasti: le quali non
che a far la vita degli uomini bastassero
trista e cattiva, ma di meno assai gl'infer-
ni tutti n'averebbono e tutti gli abissi di
soverchio. O istolto, quanto sarebbe meglio por fine oggimai alla non profittevole
maninconia, che ogni giorno andare meno
giovevole rammarichío rincominciando, ed
alla tua salvezza dar riparo, mentre ella
sostiene di riceverlo, che ostinatamente
alla tua perdezza trovar via, e pensare
che la natura non ti diè al mondo perchè
tu stesso ti venissi cagion di tortene, che

tra queste lamentanze favolose vaneggian-
do e quasi al vento cozzando dal vero sentimento e dalla tua salute medesima farti
lontano. Ma lasciamo oggimai da canto con
le sue menzogne Perottino, il quale jeri
dal molto dolor sospinto, e molto d' Amor
lamentandosi alquanto più lunga m' ha oggi
fatta tenere questa parte della risposta, che
io voluto non avrei ; nè siamo noi così stolti,
Donne, che crediamo il dolore altro che
da amore non essere, che pure parte alcuna non ha con lui; o che pensiamo, che
amare non si possa senza amaro, il qual
sapore per niente negli amorosi condimenti
non può aver luogo. E poscia che l'arme
di Perottino, le quali egli contro Amore
con sì fellone animo (1) impalmate s'avea,
nell'altrui scudo, siccome quelle che di
piombo erano, si sono rintuzzate agevolmente; veggiamo ora, quali sono quelle,
che Amore porge a chiunque si mette in
campo per lui, come che Perottino si cre-
desse jeri, che a me non rimanesse che
pigliare. Quantunque io nè tutte le mi creda poter prendere; che di troppo mi terrei da più, che io non sono; nè se io pure
il potessi, mi basterebbe egli il dì tutto
intero a ciò fare, non che questo poco

---

(1) *Impalmate, cioè prese in mano, e fra le palme.
Altre volte Impalmare significa dar la mano, e la fede di
sposare una. Leggi la Fabbrica da me revista.*

d'ora meriggiana, che m'è data. Tuttavia
dove egli non fosse, dilettose Giovani, che
voi voleste, che io alcun'altra cosa ancora
ne sopra ragionassi alle raccontate. Di nulla vogliamo ritenerti, rispose madonna Berenice prima del volere delle compagne
raccertatasi, nè crediamo che faccia luogo
altresì. Ed a noi si fa tardi, che quello,
che tu incominciando il ragionare ci pro-
mettesti, si fornisca. Ma tu per avventura
non t'affrettare. Perciocchè come a te paja
d'avere già assai lungamente favellato, se
al sole guarderai, il tempo che t'avanza è
molto infino alle fresche ore. Nè te ne dei
maravigliare, perciocchè più per tempo ci
venimmo oggi qui, che noi non femmo
jeri. Senza che quando bene più alquanto
ci dimorassimo, sì il potremmo noi fare,
perciocchè il festeggiare non incominciò a
pezza jeri a quello, che noi credevamo,
quando di qui ci levammo con voi. Perchè
sicuramente, Gismondo, a tuo grandissimo
agio potrai ancora di ciò, che più di dire
t'aggraderà, lungamente ragionare. Il giovane, al quale erano le parole della donna
piaciute, siccome quegli, che tuttavia in-
cominciava mezzo seco stesso venir temendo,
non dalla strettezza del tempo fosse a' suoi
ragionamenti poca ampiezza conceduta; veduto per l'ombre che gli allori facevano,
che così era, come ella diceva, e sperando
di quivi più lunga dimora poter fare, che
fatto il giorno passato non aveano; contento

già era per seguitare: Ed ecco dal monte
venir due colombe volando bianchissime
più che neve, le quali (1) di fitto sopra i
capi della lieta brigata il lor volo rattenen-
do senza punto spaventarsi si posero l'una
appresso l'altra in su l'orlo della bella fontana: dove per alquanto spazio dimorate,
mormorando e baciandosi amorosamente
stettero non senza festa delle donne e de i
giovani, che tutti cheti le miravano con
maraviglia. E poi chinato i becchi nell'acqua cominciarono a bere, e di questo a
bagnarsi sì dimesticamente in presenza d'o-
gnuno, che alle donne pareano pure la
più dolce cosa del mondo e la più vezzosa.
E mentre che elle così si bagnavano fuori
d'ogni temenza sicure, una rapace aquila di
non so onde scesa giù (2) a piombo prima
quási, che alcuno avveduto se ne fosse,
preso l'una con gli artigli ne la portò via.
L'altra per la paura (3) schiamazzatasi nella fonte, e quasi dentro perdutane, pure
alla fine riavutasi, e malagevolmente uscita fuori, sbigottita e debole, e tutta del
guazzo grave, sopra i visi della riguardante

---

(1) *Di fitto, cioè a dirittura. Boc. Di fitto merig-
gio cioè quando il Sole più a dirittura a mezzo dì per-
cuote.*

(2) *A piombo, cioè a dirittura piombando, come se
da alto al basso cadesse piombo*

(3) *Schiamazzatasi, cioè con grida e strepito tuf-
fatasi.*

compagnia il meglio che poteva battendo
l'ali tutti spruzzandogli lentamente s'andò con
Dio. Avea trafitte le compassionevoli donne
la subita presura della colomba e fu il ro-
more tra lor grande di così fatto accidente, nè poteano rifinare di maravigliarsi,
come quella innocente uccella fosse di mezzo
tutti loro così sciaguramente stata rapita,
la maladetta Aquila mille volte e più per
ciascuna bestemmiandosi, non senza rammarico de' giovani altresì, e tra lor tutti
mescolatamente chi della sciagura dell'una
e chi dello spavento dell'altra, e chi della
vaghezza d'ambedue e della loro dimestichezza ragionava; ed ebbevi di quelli, che
più altamente estimando vollono credere,
che ciò che veduto aveano, a caso non fosse
avvenuto. Quando Gismondo, poscia che
vide le donne racchetate, incominciò. Se
la nostra colomba fosse ora dalla sua rapitrice in quella guisa portata, nella' quale fu
già il vago Ganimede dalla sua, essere potrebbe men discaro alla sua compagna d'a-
verla perduta, e noi a torto aremmo la
fiera aquila biasimata, di cui cotanto ram-
maricati ci siamo. Ora perciocchè il dolerci
più oltra in quelle cose, che per noi am-
mendar non si possono, è opera senza fallo perduta; queste nostre doglianze con
quelle di Perottino dimenticando, nella bontà d'Amore, per venire oggimai alle pro-
messe, che io vi feci, èntriamo. Allora
Lisa, prima che egli andasse più avanti,

tutta piena di dolce vezzo, più per tentar-
lo che per altro: a mal tempo, disse, lasci
tu Gismondo i tuoi ragionamenti primieri,
dopo il caso, che ci ha ora tutti tenuti
sospesi, lasciandonegli. Perciocchè se dolore
è questo, che noi sentiamo, d'avere in piè
alla sua nimica la nostra misera bestiuola
veduta; e amore quell'altro, che della sua
vaghezza n'avea presi; assai pare che ne
segua chiaro, che insieme e amare e dolere
ci possiamo; e potrassi qui contra te dir
quello, che si dice tutto dì; che di gran
lunga il più delle volte sono dal fatto le
parole lontane. Quivi Gismondo verso le
donne sorridendo disse; vedete argomento
di costei. Ma non sei però tu per levarmi
la verità di mano, Lisa, così agevolmente,
come la nostra semplice colomba l'aquila
di testè fece; che io ne la difenderò. Tuttavolta tu mi ritorni in quelle siepi, delle
quali n'eravamo usciti pur dianzi, quando
io ti conchiusi che del perdere delle cose,
che noi amiamo, non è amore, che di loro
vaghi ci fa, ma la fortuna, che ce ne spoglia, cagione. Perchè e amare e dolere,
come tu di', bene ci possiamo; ma dolerci
per cagion d'Amore non possiamo. Oltra
che l'amore, che tra le passioni dell'animo
si mescola, non è amore, come che egli
sia detto amore, e per amore tenuto dalle
più genti. Perchè non sono io per disposto di più oltra distendermi da capo nelle
già dette ragioni d'intorno a questo fatto,

o in simili, di quello che allora mi stesi;
come che io molte ve n'avessi dell'altre.
Elle assai esser ti possono bastanti, dove tu
per avventura in su l'ostinarti non ti met-
tessi; il che suole tuttavia essere alle volte
difetto nelle belle donne non altramente,
che soglia essere ne' be' cavalli il restio. Se
solamente ne' be' cavalli, rispose Lisa tutta
nel viso divenuta vermiglia, cadesse Gismondo il restìo, io, che bella non sono, ed
era tuttavia bella, come un bel fiore, mi
crederei dover potere ora parlare a mio
senno, senza che tu per ostinata m'avessi.
Ma perciocchè ancora ne' mal fatti cotesto
vizio e più spesso per avventura, che negli
altri, suole capere, sicuramente tu hai tro-
vata la via da farmi oggi star cheta, ma
io te ne pagherò ancora. Poscia che tra di
queste parole, e d'altre, e del rossor di
Lisa si fu alquanto riso fra la lieta compagnia, Gismondo tutti gli altri ragionamenti,
che sviare il potessero, troncati, dirittamente a' suoi ne venne in questa maniera. La
bontà d'Amore, o Donne, della quale io
ora ho a ragionarvi, è senza fallo infinita:
nè perchè se ne quistioni, si dimostra ella
agli ascoltanti tutta giammai. Nondimeno
quello, che scorgere favellando se ne può,
così più agevolmente si potrà comprendere,
se noi quanto ella giovi, e quanto ella diletti, ragioneremo, conciossiacosachè tanto
ogni fonte è maggiore, quanto maggiori
sono i fiumi, che ne dirivano. Dico adunque

dal giovamento incominciando, che senza fallo tanto ogni cosa è più (1) giovevole, quanto ella di più beni è causa e di più maggiori. Ma perciocchè non di molti e grandissimi solamente, ma di tutti i beni ancora, quanti unque se ne fanno sotto 'l cielo, è causa ed origine Amore, si dee credere che egli giovevole sia sopra tutte le altre cose giovevoli del mondo. Io stimo, che a voi sembri, giudiciose mie Donne, che io troppo ampiamente incominci a dir d'Amore, e facciagli troppo gran capo, quasi come se porre sopra le spalle d'un mezzano uomo la testa d'Atalante volessi. Ma io nel vero parlo, quanto si dee, e niente per avventura più. Perciocchè ponete mente d'ogni intorno, belle giovani, e mirate quanto capevole è il mondo, quante maniere di viventi cose, e quanto diverse sono in lui. Niuna cé ne nasce tra tante, la quale d'Amor non abbia, siccome da primo e santissimo padre, suo principio e nascimento. Perciocchè se amore due separati corpi non congiugnesse atti a generar lor simili, non ci se ne genererebbe, nè ce ne nascerebbe mai alcuna. Che quantunque per viva forza comporre insieme si potessero e collegar due viventi potenti alla generazione, pure se amore non vi si mescola, e gli animi d'amendue

---

(1) *Quali siano le cose maggiormente giovevoli.*

a uno stesso volere non dispone, eglino
potrebbono così starsi mill'anni, che essi
non genererebbono giammai. Sono per le
mobili acque nel loro tempo i pesci maschi
seguitati dalle bramose femmine, ed essi
loro si concedono vogliosamente, e così
danno modo medesimamente volendo (1)
alla propagazione della spezie loro. Seguonsi per l'ampio aere i vaghi uccelli
l'un l'altro. Seguonsi per le nasconde-
voli selve e per le loro dimore le voglio-
se fiere similmente. E con una legge medesima eternano la lor brieve vita tutti
amando tra loro. Nè pure gli animanti soli,
che hanno il senso, senza amore venire a
stato non possono nè a vita, ma tutte le
selve degli alberi piede nè forma non hanno nè alcuna qualità senza lui. Che, come
io dissi di questi allori, se gli alberi la
terra non amassero, e la terra loro, ad
essi già non verrebbe fatto in maniera alcuna il potere (2) impedalarsi e (3) rinverzire. E queste erbucce stesse, che noi
tuttavia sedendo premiamo, e questi fiori,
non arebbono nascendo il lor suolo così
vago, come egli è, e così verdeggiante renduto, forse per darci ora più bel tapeto

---

(1) *Alla propagazione, cioè all'accrescimento, all'am-*
*pliazione.*

(2) *Impedalarsi, cioè far pedale.*

(3) *Rinverzire, cioè tornar verde.*

di loro, se naturalissimo amore i lor semi
e le lor radici non avesse col terreno con-
giunte in maniera, che elleno da lui temperato umore desiderando, ed esso volontariamente porgendogliele, si fossero insieme al generare accordati disiderosamente
l'uno l'altro abbracciando. Ma che dico io
questi fiori, o queste erbe? Certo se i nostri genitori amati tra lor non si fossero,
noi non saremmo ora qui, nè pure altrove, ed io al mondo venuto non sarei,
siccome io sono, se non per altro, almeno per difendere oggi il nostro non colpevole Amore dalle fiere calunnie di Perottino. Nè pure il nascere solamente dà
agli uomini Amore, o donne, che è il
primo essere e la prima vita, ma la seconda ancora dona loro medesimamente:
nè so se io mi dico che ella sia pure la
primiera; e ciò è il bene essere e la buona vita, senza la quale per avventura vantaggio sarebbe il non nascere, o almeno
lo incontanente nati morire. Perciocchè
ancora errerebbono gli uomini, siccome
ci disse Perottino che essi da prima facevano, per li monti e per le selve ignudi
e pilosi e salvatichi a guisa di fiere, senza
tetto, senza conversazione d'uomo, senza
dimestichevole costume alcuno, se Amore
non gli avesse insieme raunando di comune vita posti in pensiero. Per la qual cosa
ne' loro desiderj alle prime voci la lin-

gua (1) snodando lasciato lo stridere, alle
parole diedero cominciamento. Nè guari
ragionarono tra loro, che essi gli abitati
tronchi degli alberi e le rigide spelunche
subitamente dannate, dirizzarono le capanne, e le dure ghiande tralasciando, cac-
ciarono le compagne fiere. Crebbe poi a
poco a poco Amore ne' primi uomini insieme col nuovo mondo, e crescendo egli
crebbero l'arti con lui. Allora primieramente i consapevoli padri conobbero i loro figliuoli dagli altrui : e gli cresciuti figliuoli salutarono i padri loro, e sotto il
dolce giogo della moglie e del marito n'andarono santamente gli uomini legati con
la vergognosa onestà. Allora le ville di
nuove case s'empierono, e le città si cin-
sero di difendevole muro, ed i lodati costumi s'armarono di ferme leggi. Allora il
santo nome della riverenda amicizia, il
quale onde nasca per se stesso si dichiara,
incominciò a seminarsi per la già dimesti-
cata terra, e indi germogliando e crescendo, a spargerla di così soavi fiori, e di sì
dolci frutti coronarnela, che ancora se ne
tien vago il mondo : come che poi di tempo in tempo tralignando a (2) questo nostro maligno secolo il vero odore antico e

---

(1) *Snodando*, cioè *sciogliendo il nodo.*
(2) *Tralignando*, cioè *degenerando, non seguendo la
via diritta de' nostri maggiori. Il contrario è Allignare,
ch' è usato più abbasso in questo.*

la prima pura dolcezza non sia passata. In
que' tempi nacquero quelle donne, che
nelle fiamme de' lor morti mariti animosamente salirono, e la non mai bastevolmente lodata Alceste: e quelle coppie si
trovarono di compagni così fide e così care; e dinanzi a gli occhi della fiera Dia-
na fra Pilade ed Oreste fu la magnanima
e bella contesa. In que' tempi ebbero le
sacre lettere principio, e gli amanti accesi
alle lor donne cantarono i primi versi. Ma
che vi vo io di queste cose leggiere e deboli
alle ponderose forze d'Amore lungamente
ragionando? Questa macchina istessa così
grande e così bella del mondo, che noi
con l'animo più compiutamente, che con
gli occhi vediamo, nella quale ogni cosa
è compresa, se d'Amore non fosse piena,
che la tiene con la sua medesima discor-
devole catena legata, ella non durerebbe
nè avrebbe lungo stato giammai. È adunque, Donne, siccome voi vedete, cagion di
tutte le cose Amore; il che essendo egli,
di necessità bisogna dire, che egli sia altresì di tutti i beni, che per tutte le cose
si fanno, cagione. E perciocchè, come io
dissi, colui è più giovevole, che è di più
beni causa e di più maggiori, conchiudere
oggimai potete voi stesse, che giovevolissimo è Amore sopra tutte le giovevolissime
cose. Ora parti egli, Perottino, che a me
non sia rimaso che pigliare? o pure che
non sia rimasa cosa, la quale io presa non

abbia? Quivi prima che altro si dicesse,
trappostasi madonna Berenice, e con la sua
sinistra mano la destra di Lisa, che presso
le sedea (1), sirocchievolmente prendendo
e strignendo, come se ajutar di non so
che la volesse, a Gismondo si rivolse bal-
danzosa, e sì gli disse: Poscia che tu Gismondo così bene dianzi ci sapesti mordere,
che Lisa oggimai più teco avere a fare non
vuole, e per avventura che tu a questo fine
il facesti, acciocchè meno di voja ti fosse
data da noi, ed io pigliar la voglio per la
mia compagna, come che tuttavia poco
maestra (2) battagliera mi sia. Ma così ti
dico, che se Amore è cagione di tutte le
cose, come tu ci di', e che per questo ne
segua che egli sia di tutti i beni, che per
tutte le cose si fanno, cagione, perchè non
ci di' tu ancora, che egli cagion sia medesimamente di tutti i mali, che si fanno
per loro? la qual cosa di necessità conviene essere, se il tuo argomentare dee aver
luogo. Che se il dire delle orazioni, che io
so, dee essere scritto ad Amore perciò,
che per Amore io son nata, il male medesimamente, che io dico, dee essere a lui
portato, perciocchè se io non fossi nata,
non nel direi. E così degli altri uomini e
dell'altre cose tutte ti posso conchiudere

---

(1) *Sirocchievolmente*, cioè *da sirocchia*.
(2) *Battagliera*, cioè *guerriera*, *combattente*.

ugualmente. Ora se amore non è meno origine di tutti i mali, che egli sia di tutti i beni fondamento, per questa ragione non so io vedere, che egli così nocevolissimo, come giovevolissimo non sia. Sì sapete, sì Madonna, che io mi creda, rispose incontanente Gismondo. Perciocchè non vi sento di così (1) labole memoria, che egli vi debba già essere di mente uscito quello, che io pur ora vi ragionai. Ma voi ne volete la vostra compagna vendicare di cosa, in che io offesa non l'ho, in quelle dispute medesime, delle quali n'eravamo usciti, altresì come ella ritornandomi. Perciocchè non vi ricorda egli, che io dissi, che perciò che ogni cosa naturale è buona, Amore, come quello che natural cosa è, buono eziandio è sempre, nè può reo essere in alcuna maniera giammai? Perchè egli del bene, che voi fate, è ben cagione, siccome colui, che per ben fare solamente vi mise nel mondo : ma del male, se voi ne fate, che io non credo perciò, ad alcun disordinato e non naturale appetito, che muove in voi, la colpa ne date, e non ad Amore. Questa vita, che noi viviamo, affine che noi bene operiamo c'è data, e non perchè male facendo la usiamo : come il coltello, che alle bisogne degli uomini fa l'artefice, e dallo

---

(1) *Labole val debile.*

altrui: se voi ad uccidere uomini usaste il vostro, ed io il mio, a noi ne verrebbe la colpa, siccome del misfatto commettitori, non all'artefice, che il ferro del commesso male istrumento ad alcun mal fine non fece. Ma passiamo, se vi piace, alla dolcezza d'Amore. Quantunque, o Donne, grandissimo incarico è questo per certo, a volere con parole asseguire la dimostrazione di quella cosa, che quale sia e quanta, si sente più agevolmente, che non si dice. Perciocchè siccome il dipintore bene potrà come che sia la bianchezza dipignere delle nevi, ma la freddezza non mai: siccome cosa, il giudicio della quale al tatto solamente conceduto sotto l'occhio non viene, a cui servono le pinture: similmente ho io testè quanto sia il giovamento d'Amore dimostrarvi pure in qualche parte potuto: ma le dolcezze, che cadono in ogni senso, e come sorgevole fontana assai più ancora, che questa nostra non è, soprabbondano in tutti loro, non possono nell'orecchio solo per molto che noi ne parliamo, in alcuna guisa capere. Ma una cosa mi conforta, che voi medesime per esperienza avete conosciuto, e conoscete tuttavia, quali elle sono: onde io non potrò ora sì poco toccarne ragionando, che non vi sovvenga il molto: il che per avventura tanto sarà, quanto se del tutto si potesse parlare. Ma donde comincerò io, o dolcissimo mio signore? e che prima dirò io di te e delle tue dolcezze (1) indicibili, incomparabili, infinite? Insegnalemi tu, che le fai, e siccome io vi debbo andare, così mi scorgi e guida per loro. Ora per non mescolare favellando quelle parti, che dilettar ci possono separatamente, delle dolcezze degli occhi, che in amore sogliono essere le primiere, primieramente e separatamente ragioniamo. Il che avendo detto Gismondo, con un brieve silenzio fatta più attenta l'ascoltante compagnia così incominciò. Non sono, come quelle degli altri uomini, le viste degli amanti o donne, nè sogliono gl'innamorati giovani con sì poco frutto mirare negli obbietti delle loro luci, come quelli fanno, che non sono innamorati. Perciocchè sparge Amore col movimento delle sue ali una dolcezza negli occhi de' suoi seguaci, la quale d'ogni (2) abbagliaggine purgandogli fa, che essi stati semplici per lo addietro nel guardare, mutano subito modo, e mirabilmente artificiosi divenendo al loro uffizio, le cose, che dolci sono a vedere, essi veggono con grandissimo diletto; laddove delle dolcissime gli altri uomini poco piacere sentono per vederle, e il più del-

---

(1) *Indicibili, cioè che a pieno dir non si possono.*
(2) *Abbagliaggine, cioè adombramento, e offuscamento di vista.*

le volte non niuno. E come che dolci sieno molte cose, le quali tutto dì miriamo,
pure dolcissime sopra tutte le altre, che
veder si possano per occhio alcuno giammai, sono le belle donne, come voi siete.
Non pertanto elle dolcezza non porgono,
se non a gli occhi degli amanti loro, siccome que' soli, a' quali Amore dona virtù
di passar con la lor vista ne' suoi tesori.
E se pure alcuna ne porgono, che tuttavolta non è uom quegli, a cui già in qualche parte la vostra vaga bellezza non piaccia, a rispetto di quella degli amanti ella
è, come un fiore a comparazione di tutta
la primavera. Perciocchè avviene spesse
volte, che alcuna bella donna passa dinanzi
a gli occhi di molti uomini, e da tutti
generalmente volentieri è veduta, tra' quali
se uno o due ve n' ha, che con diletto
più vivo la riguardino, cento poi son
quelli per avventura, che ad essa non
mandano la seconda o la terza guatatura.
Ma se tra que' cento l'amante di lei si sta,
e vedela, che a questa opera non suole
però essere il sezzajo, ad esso pare che
mille giardini di rose se gli aprano all' incontro, e sentesi andare in un punto d'intorno al cuore uno ingombramento tale
di soavità, che (1) ogni fibra ne riceve
ristoro, possente a scacciarne qualunque

---

(1) *Ogni fibra, cioè tutte le interiora.*

più folta noja, le possibili disavventure della vita v'avessero portata e lasciata. Egli la mira intentamente e rimira con infingevole occhio, e per tutte le sue fattezze discorrendo con vaghezza solo dagli amanti conosciuta, ora risguarda la bella treccia più simile ad oro, che ad altro, la quale, siccome sono le vostre, nè vi sia grave, che io delle belle donne ragionando tolga l'esempio in questa e nell'altre parti da voi, la quale dico lungo il soave giogo della testa dalle radici ugualmente partendosi, e nel sommo segnandolo con diritta scriminatura, per le deretane parti s'avvolge in più cerchj, ma dinanzi giù per le tempie di qua, e di là in due prendevoli (1) ciocchette scendendo, e dolcemente ondeggianti per le gote, mobili ad ogni vegnente aura, pare a vedere un nuovo miracolo di pura ambra (2) palpitante in fresca (3) falda di neve. Ora scorge la serena fronte con allegro spazio dante segno di sicura onestà, e le ciglia d'ebano piane e tranquille, sotto le quali vede lampeggiar due occhi neri e ampi e pieni di bella gravità con naturale dolcezza mescolata, scintillanti come due stelle

---

(1) *Ciocchette*, *picciole ciocche di capelli.*
(2) *Palpitante, cioè leggiermente movendosi.*
(3) *Falda è quel fiocco grande e largo della neve,* *che cade quando nevica.*

ne' lor vaghi e vezzosi giri, il dì che primieramente mirò in loro, e la sua ventura mille volte seco stesso benedicendo. Vede dopo' questi le morbide guance, la
loro tenerezza e bianchezza con quella del
latte appreso rassomigliando, se non in
quanto alle volte contendono con la colo-
rita freschezza delle mattutine rose. Nè lascia di veder la supposta bocca di picciolo
spazio contenta, con due rubinetti vivi e
dolci, aventi forza di raccendere desiderio
di basciargli in qualunque più fosse freddo e svogliato. Oltre a ciò quella parte
del candidissimo petto riguardando e lo-
dando, che alla vista è palese, l'altra,
che sta ricoperta, loda molto più ancora
maggiormente con acuto sguardo mirandola e giudicandola, mercè del vestimento
cortese, il quale non toglie perciò sempre
a' riguardanti la vaghezza de' dolci pomi,
che, resistenti al morbido drappo, soglion
bene spesso della lor forma dar fede, mal
grado dell' usanza, che gli nasconde. Tras-
sero queste parole ultime gli occhi della licta
brigata a mirar nel petto di Sabinetta, il
quale parea che Gismondo più che gli altri
s'avesse tolto a dipignere; in maniera per avventura la vaga fanciulla, siccome quella,
che garzonissima era, e tra per questo e per
la calda stagione d'un drappo schietto e
sottilissimo vestita, la forma di due pop-
pelline tonde e sole e crudette dimostrava
per la consenziente veste. Perchè ella si

vergognò veggendosi riguardare , e più arebbe fatto , se non che madonna Berenice accortasi di ciò subitamente disse : Cotesto tuo amante Gismondo per certo molto baldanzosamente guata e per minuto , poichè egli infino dentro al seno , il quale noi nascondiamo , ci mira. Me non vorrei già che egli guatasse così per sottile. Madonna tacete , rispose Gismondo , che voi ne avete (1) una buona derrata. Perciocchè se io volessi dir più avanti , io direi che gli amanti passano con la lor vista in ogni luogo , e per quello , che appare , agevolmente l'altro veggono , che sta nascoso. Perchè nascondetevi pur agli altri uomini a vostro senno , quanto più potete , che a gli amanti non vi potete voi nascondere , donne mie belle ; nè dovete altresì. E poi dirà Perottino , che ciechi sono gli amanti : cieco è egli , che non vede le cose , che da veder sono , e non so che sogni si va , non dico veggendo , che veder non si può ciò che non è , anzi pure ciò che non può essere , ma dipingendo , un garzone ignudo , con l'ali , col fuoco , con le saette , quasi una nuova chimera fingendosi non altramente , che se egli mirasse per uno di quelli vetri , che sogliono altrui le maraviglie far vedere. Ma

---

(1) *Una buona derrata , cioè un buon mercato , un buon patto.*

ternandomi all'amante, del quale io vi
ragionava, mentre che egli queste cose,
che io v'ho dette, e quelle, che io taccio rimira, e valle con lo spirito degli occhi ricercando, egli si sente passare un
piacere per le vene tale, che mai simile
non gliele pare avere avuto, onde poi
e' ragiona seco medesimo, e dice: Questa
che dolcezza è che io sento? o mirabile
forza degli amorosi risguardamenti, quale
altro è di me ora più felice? Il che non
diranno giammai quegli altri, che la ri-
guardata donna non amano. Perciocchè laddove amore non è, sonnacchiosa è la vista,
insieme con l'anima in que' corpi, e
quasi col celabro dormono loro gli occhi
sempre nel capo. Ma egli non è perciò
questa ultima delle sue dolcezze, che al
cuore li passano per le luci. Altre poi
sono, e possono ogni ora essere senza fine,
siccome è il vedere la sua donna spaziando con altre donne premere le liete erbe
de' verdi prati, o de' puri fiumicelli le
freschissime ripe, o la consenziente schie-
na de' marini liti incontro a' soavi zefiri
camminando, talora d'amorosi versi di-
scrivendo al consapevole amante la vaga
rena, o ne' ridenti giardini entrata spicca-
re con l'unghie di perle rugiadose rose
dalle frondi loro per avventura futuro
dono di chi la mira, o forse carolando e
danzando muovere agli ascoltanti tempi
degli strumenti la schietta e diretta e rac-

colta persona, ora con lenti varchi degna di molta riverenza mostrandosi, ora con cari ravvolgimenti o inchinevoli dimore leggiadrissima empiendo di vaghezza tutto il cerchio, e quando con più veloci trapassamenti, quasi un trascorrevole sole, negli occhi de' riguardanti percotendo. E pure queste tutte essere possono gioje di novelli amanti, nè ancora molto rassicurati ne' loro amori. Che se di quelli, che a pieno godono, volessimo ragionare, di certo quanti diletti possono tutti gli uomini, che non amano, in tutti gli anni della lor vita sentire, non mi si lascerebbe credere che a quel solo aggiugnessero, che in ispazio di poca ora si sente da uno amante, il quale con la sua donna dimorando la miri e rimiri sicuramente, ed ella lui con gli occhi disievoli e vacillanti dolcezza sopra dolcezza beendo l'uno dell'altro inebbriandosi. Deh perchè vo io nelle cose, che o poco o molto che piacciano altrui, pure e piacevoli sono da se in ogni modo, e come che sia piacciono elle sempre a chiunque le mira, il tempo e le parole distendendo? quando ancora di quelle, che vedute affanno sogliono recare all'altre persone, a gli amanti alcuna volta sono dolcissime oltra misura. O care e belle giovani, quanto sono malagevolissime ad investigarsi pure col pensiero le sante forze d'Amore, non che a raccontarsi. Senza fallo quale più affannosa

cosa può essere, che il veder piangere i
suoi più cari? e chi è di sì ferigno animo,
che nelle cadenti loro lagrime possa tener
gli occhi senza dolore? Non per tanto questo atto tale, quale io dico del piagnere,
vede fare alle volte l'amante alla sua donna, la quale egli ha più cara, che tutto
il mondo, vie maggior diletto e festa sentendone, che d'infiniti risi non sogliono
tutti gli altri uomini sentire. Tosto che
così ebbe detto Gismondo, e madonna Berenice così disse: Cotesto non vorrei già
io, che a me avvenisse, che il mio signore
festa e diletto delle mie lagrime si pren-
desse. Anzi ti dico io bene, che io mi credo Gismondo, se io il risapessi, che io ne
gli vorrei male; e per avventura se io
potessi, io darei a lui cagione altresì di
piagnere, e ridereimi poscia di lui allo 'ncontro. Appresso alle cui parole se-
guirono le due giovani quello a Gismondo raffermando, che ella avea detto,
aggiugnendo oltre a ciò, che egli cortesia
farebbe a spesso piagnere dinanzi alla sua
donna, per darle quel piacere, e tutte insieme ne ragionavano scherzevolmente, alla
nuova occasione di motteggiarlo appigliatesi
con gran festa. Ma egli, che in quest'arte
rade volte si lasciava vincere, poscia che
alquanto le ebbe lasciate cianciare e ridere,
in viso madonna Berenice guardando
le disse: Molto dovete esser cruda e acerba voi Madonna e poco compassionevole,

poscia che voi il vostro signore vorreste
far piagnere. Ma io non vi veggo già così
fiera nel volto, se voi non m'ingannate,
anzi mostrate voi d'essere la più dolce cosa
e la più piacevole, che mai fosse. E certo
sono, che se il romitello del Certaldese veduta v'avesse, quando egli primieramente
della sua celletta uscì, egli non arebbe al
suo padre chiesto altra Papera da rime-
narne seco e (1) da imbeccare, che voi.
Tacque a tanto Madonna Berenice mirando
con un tale atto mezzo di vergogna e di
maraviglia ne' volti delle sue compagne. E
Lisa ridendo ver lei, come quella, che
stava tuttavia aspettando che Gismondo
co' suoi motti alcun'altra ne toccasse, per
avere nel suo male compaguia, veggendola
in quella guisa soprastare, tutta si fe' innanzi, e sì le disse: Madonna e' mi giova molto, che in sul vostro oggimai passi quella (2)
gragnuola, la quale pur ora cadde in sul
mio. Io non mi debbo più dolere di Gismondo, poscia che ancor voi non ne sete
risparmiata. Ben vi dico io, Madonna, che
egli ha oggi rotto (3) lo scilinguagnolo.
Di che io vi so confortare, che non lo

---

(1) *Da imbeccare*, *cioè da darle da mangiare. Bocc.
nel Proemio della quarta giornata.*
(2) *Gragnuola, cioè grandine, tempesta.*
(3) *Lo scilinguagnolo, cioè il filello, che vien sotto
la lingua, e non lascia speditamente parlare.*

tentiate più, che egli pugne , come il tri-
bolo, da ogni lato. Già m'accorgo io, che
egli così è, come tu mi di', Lisa , rispose
madonna Berenice. Ma vatti con Dio,
Gismondo, che tu ci sai oggi a tua posta fare
star chete. Io per me voglio esser mutola
per lo innanzi. In questa guisa rimanendo
a Gismondo più libero l'altro corso de'suoi
sermoni, dalle donne ispeditosi ad essi pro-
cedendo, così disse : Le narrate dolcezze
degli amanti, o Donne, essere vi possono
segno e dimostramento delle non narrate,
le quali senza dubbio tante sono, ed alle
volte così nuove, e per lo continuo così
vive, che egli non è oggimai da maravigliarsi di Leandro, se egli per vedere la
sua donna pure un poco, largo e periglioso
pelago spesse volte a nuoto passava. Ora en-
trisi a dire dell'altro senso, il quale scorge
all'anima le vegnenti voci, di cui se ben
si considera, niente sono le dolcezze minori. Perciocchè in quanti modi esser può
recamento di gioja il vedere le lor donne
agli amanti , in tanti l'udirle può loro essere similmente. Che siccome uno medesimo obbietto diversamente dagli occhi nostri veduto diversi diletti ci dà, così una
stessa voce in mille guise dagli orecchi a-
scoltata ci dona dolcezza in mille maniere.
Ma che vi posso io dir più avanti d'intorno a questa dolcezza, che a voi siccome
a me non sia chiaro? Non sapete voi con
quanta soddisfazione tocchi i cuori delle

innamorate giovani un sicuro ragionar
co' loro signori in alcuno solitario luogo, o
forse sotto graziose ombre di novelli alberi
nella guisa che noi ragioniamo? dove altri non gli ascolti, che Amore, il quale
allora suole essere non men buono confor-
tatore delle paurose menti, che egli si sia
degli ascoltati ragionamenti segreto e (1)
guardingo testimonio. Non v' è egli ancor
palese di quanta tenerezza ingombri due
anime amanti un vicendevole racconta-
mento di ciò che avvien loro? un dimandare, un rispondere, un pregare, un rin-
graziare? Non v' è egli manifesto di quanta gioja dell' una ogni parola dell' altra
sia piena? ogni sospiro, ogni mormorio,
ogni accento, ogni voce? O chi è quello,
nel cui rozzo petto in tanto ogni favilluzza
d'amoroso pensiero spenta sia, che egli non
conosca, quanto sia caro e dilettevole agli
amanti talora recitare alcun lor verso alle
lor donne ascoltanti, e talora esse recitan-
ti ascoltare? o gli antichi casi amorosi leggendo incontrarsi negli loro, e trovar negli
altrui libri scritti i loro pensieri, tali nelle
carte sentendogli, quali essi gli hanno fatti
nel cuore, ciascuno i suoi affettuosamente
a quelli, e con dolce maraviglia agguagliando? O pure con quanta soavità ci soglia
gli spiriti ricercare un vago canto delle

---

(1) *Guardingo, cioè discreto, considerato guardiano,*

nostre donne, e quello massimamente, che
è col suono di alcun soave stromento ac-
compagnato, tocco dalle loro dilicate e mu-
siche mani? con quanta poi oltre a questa,
se avviene che elle cantino alcuna delle
nostre canzoni, o per avventura delle loro?
Che quantunque degli uomini quasi proprie sieno le lettere e la poesia, non è
egli perciò, che siccome Amore nelle nostre menti soggiornando con la regola degli
occhi vostri c'insegna le più volte quest'arte, così ancora ne' vostri giovani petti entrato egli alle volte qualche rima non ne
tragga e qualche verso, i quali poi tanto
più cari si dimostrano a noi, quanto più
rari si ritrovano in voi. Così avviene, che
rinforzando le nostre donne in più doppj
la soavità della loro armonia, fanno altresì
la nostra dolcezza rinforzare, la quale passando nell'anima sì la diletta, che niuna
più: come quella, che dalle celestiali ar-
monie scesa ne' nostri corpi, e di loro sempre disiderosa, di queste altre a sapor di
quelle s'invaghisce più gioja sentendone,
che quasi non pare possibile, a chi ben
mira, di cosa terrena doversi sentire. Benchè
non è terrena l'armonia, Donne; anzi pure
in maniera con l'anima (1) confacevole,
che alcuni furono già, che dissero essa anima altro non essere, che armonia. Ma

_____

(1) *Confacevole, cioè conveniente.*

tornando alle nostre donne, in tante maniere, quante io dissi, raddoppianti i con-
centi loro, quale animo può essere così
tristo, quale cuore così doloroso, quale mente così carica di tempestosi pensieri, che
udendole non si rallegri, non si raccon-
forti, non si rassereni? O chi tra tante
dolcezze posto e tra tante venture i suoi
amari e le sue disavventure non obblia?
Leggesi ne' poeti, che passante per gli abissi Orfeo con la sua cetera, Cerbero ratten-
ne il latrare, che usato era di mandar
fuori a ciascuno che vi passava. Le furie
l'imperversare tralasciarono, gli avoltoi di
Tizio, il sasso di Sisifo, le acque e le me-
le di Tantalo, la ruota d'Isione, e l'altre
pene tutte di tormentare soprastettero i
dannati loro, ciascuna dalla piacevolezza
del canto presa il suo ufficio non mai per
lo addietro tralasciato dimenticando. Il che
non è a dire altro, se non che le dure
cure degli uomini, che necessariamente le
più volte porta seco la nostra vita in diverse maniere i loro animi tormentati, cessano di dar lor pena, mentre essi invaghiti,
quasi dalla voce d'Orfeo, così da quella
delle lor donne, lasciano ed obbliano le
triste cose. Il quale obbliamento tuttavia
di quanto rimedio ci soglia essere ne' nostri mali, e quanto poi ce gli faccia oltre
portare più agevolmente, colui lo sa, che
lo pruova. Senza che necessario è agli uomini alcuna fiata dare a' lor guai allegge-

ramento, e quasi un muro, così alcun
piacere porre tra l'animo ed i neri pensieri. Perciocchè siccome non può il corpo nelle
sue fatiche durare senza mai riposo pigliarsi,
così l'animo senza alcuna trapposta allegrezza
non può star forte ne' suoi dolori. Tale è
la dimenticanza, o Perottino, nella quale
si tuffa la memoria degl'innamorati uomini, così trista, che tu dicevi. Tale è la
medicina così venenata degli amanti, che
tu ci raccontasti, tali sono gli assenzi,
tali sono l'ebbriezze loro. Ma queste dolcezze nondimeno, siccome io dissi di quelle
degli occhi, se avviene, che può avvenire
spesso, che gli orecchi tocchino di quegli
uomini, che delle donne, da cui elle
escono, amanti non sono, non crediate
che elle passino il primo cerchio. Perciocchè siccome se il giardinajo di qua entro
lungo la doccia di questo canale passando
non ne levasse alle volte o pietre, o (1)
bronchi, o altro, che vi può cadere tuttodì, ella in breve si riempirebbe e ritu-
rerebbe in maniera, che poi all'acqua che
vi corre della fontana essa luogo dare non
potrebbe; così quell'orecchio, che Amore non purga, alle picchianti dolcezze non
può dar via. E chi non sa, che se noi
tutti qui la voce udissimo della mia don-

_____

(1) *Bronco è quel pezzo di legno, che rimane d'un
ramo quando è tagliato.*

na, che agli orecchi ci venisse in qualche modo, niuna è di voi, che quella dolcezza ne sentisse, che sentire' io? E così fareste voi, se il somigliante avvenisse de'vostri signori, che niuna tanta gioja di sentir quegli dell'altre piglierebbe, quanta ella farebbe del suo. Ma passiamo più avanti. E perchè io, Donne, per le dolcezze di questi due sentimenti scorte v'abbia, non crediate perciò, che io scorgere vi voglia per quelle ancora degli altri tre, che io potrei pervenire a parte, dove io ora andare non intendo. Scorgavi Amore, che tutte le vie sa, per le quali a que'diletti si perviene, che la nostra umanità pare che disideri sopra gli altri. E quale scorta potreste voi più dolce di lui avere, nè più cara? certo niuna. Esso que'diletti ci fa essere carissimi e dolcissimi, quale è egli, che senza lui avuti sono, come l'acqua, di niun sapore e di niun valore parimente. Perchè pigliatelo sicuramente per vostro duca, o vaghe giovani. Ed io in guiderdone della fatica, che io prendo oggi per lui, nel priego, che egli sempre felicemente vi guidi. Ma tuttavia venite ora meco per quest'altra strada. Dico adunque, che oltra i cinque sentimenti, i quali sono negli uomini strumenti dell'animo insieme, insieme e del corpo, hacci eziandio il pensiero, il quale perciocchè solamente è dell'animo, ha vie più d'eccellenza in se, che quelli non

hanno; e di cui non sono partecipi gli
animali con esso noi, siccome partecipi
sono di tutti gli altri. Perciocchè bene
vedono essi, ed odono e odorano e gu-
stano e toccano, e l'altre operagioni degl'interni sensi esercitano altresì, come
noi facciamo; ma non consigliano, nè discorrono in quella guisa, nè in brieve
hanno essi il pensiero, che a noi uomini
è dato; il quale tuttavia non è di maggior
pregio perciò, che egli proprio sia degli
uomini, dove quelli sono loro in comune
con le fiere, ma per questo ancora, che
i sentimenti operar non si possono, se non
nelle cose che presenti sono loro e in
tempo parimente e in luogo, ma egli oltre a quelle e nelle passate ritorna, quando esso vuole, e mettesi altresì nelle future, e in un tempo e per le vicine discorre, e per le lontane; e sotto questo
nome di pensiero e vede ed ascolta, e
fiuta e gusta e tocca, e in mille altre
maniere fa e rifà quello, a che non solamente i sentimenti tutti d'uno uomo, ma
quelli ancora di tutti gli uomini essere
non potrebbono bastanti. Perchè comprendere si può, che egli più alle divine qualità s'accosta, chi ben guarda, che alle
umane. Questo pensiero adunque tale, quale
voi vedete, se esercitando le sue parti,
siccome buon lavoratore per li suoi colti,
così egli per l'animo s'adopra, che è suo,
infinite dolcezze ci rende l'animo di questa

coltura tanto da doverci essere di quelle del
corpo più care, quanto è esso più eccellente cosa che il corpo. Se pigro e lento
e pieno di melensaggine si giace, lasciamo
stare che dolcezze non se ne mietino; ma
certo io non veggio, a che altro fine sia
l'animo dato al corpo, che al porco si
dia il sale, perchè egli non infracidisca;
la qual cosa avviene negli uomini, che
non amano. Perciocchè a chi non ama,
niuna cosa piace; a chi niuna cosa piace,
a niuna volge il pensiero; dorme adunque il pensiero in loro. Ed il contrario nè
viene degli amanti. Perciocchè a chiunque
ama, piace quello che egli ama, e d'intorno a quello che piace, sovente pensa
ognuno volentieri. Perchè si conchiude, (1)
che le dolcezze del pensiero sono degli
amanti, e non degli altri. Le quali dolcezze tuttavia quante sieno, non dirò io
già, che non sarei a raccontarle più bastante, che io mi fossi a noverar le stelle
del cielo; ma quali se noi vorremmo in
qualche parte dirittamente riguardare,
quanto diletto è da credere che sia d'un
gentile amante il correre alla sua donna
in un punto col pensiero, e mirarla, per
molto che egli le sia lontano, ad una ad
una tutte le sue belle parti ricercando?
Quanto poi ne' costumi di lei rientrato la

_____

(1) *Le dolcezze del pensiero sono degli amanti, e
non d'altri.*

dolcezza considerare, la cortesia, la leggiadria, il senno, la virtù, l'animo, e le
sue belle parti? O Amore, benedette sieno le tue mani sempre da me, con le
quali tante cose m'hai dipinte nell'anima,
tante scritte, tante segnate della mia dolce donna, che io una lunga tela porto
meco ad ogni ora d'infiniti suoi ritratti in
vece d'un solo viso; ed un alto libro leg-
go sempre e rileggo pieno delle sue parole, pieno de' suoi accenti, pieno delle sue
voci, ed in brieve mille forme vaghissime
riconosco di lei e del suo valore, qualora
io vi rimiro, cotanto dolci sutemi e cotanto care, non picciola parte di quella viva
dolcezza sentendo nel pensiero, che io già
operandolo ella ne' loro avvenimenti mi
sentia. Le quali figure posto che pure da
se non chiamassero a loro la mia mente
così spesso, si la chiamerebbono mille luoghi, che io veggo tuttodì, usati dalla mia
donna ora in un diporto, ed ora in altro;
i quali non sono da me veduti più tosto,
che alla memoria mi recano, qui fu Madonna il tal giorno, qui ella così fece,
qui sedette, quinci passò, di qui la mirai;
e così pensando e varcando quando meco
stesso, quando con Amore, quando con
le piagge e con gli alberi e con le rive
medesime, che la videro, ne ragiono. La
qual cosa, perciocchè a me pare oggimai
d'aver compreso che a ciascuna di voi piacciono molto meglio i versi e le rime, che i

semplici ragionamenti non fanno, dimostrare ancor vi posso con questa canzone,
la quale non ha guari del cuor mi trasse-
ro queste medesime contrade, che della
mia donna mi sovvenivano, e udironlami
tra esse cantare, siccome io l' andava tessendo.

Se 'l pensier, che m'ingombra,
    Com' è dolce e soave
    Nel cor, così venisse in queste rime,
    L'anima saria sgombra
    Del peso, ond' ella è grave,
    Ed esse ultime van, ch'anderian prime:
    Amor più forti lime
    Useria sovra 'l fianco
    Di chi n'udisse il suono:
    Io, che fra gli altri sono
    Quasi augello di selva oscuro umile,
    Andrei cigno gentile
    Poggiando per lo ciel canoro e bianco,
    E fora il mio bel nido
    Di più famoso ed onorato grido.
Ma non eran le stelle,
    Quando a solcar quest'onda
    Primier entrai, disposte a tanto alzarme;
    Che perchè Amor favelle,
    E Madonna risponda
    Là dove più non pote altro passarme;
    S'io voglio poi sfogarme,
    Sì dolce è quel concento,
    Che la lingua nol segue,
    E par che si dilegue

*Lo cor nel cominciar delle parole:*
*Nè giammai neve al Sole*
*Sparve così, com' io strugger mi sento,*
*Tal ch' io rimango spesso*
*Com'uom, che vive in dubbio di se stesso.*
*Legge proterva e dura,*
*S' a dir mi sforza e punge*
*Quel, ond'io vivo; or chi mi tiene a freno?*
*E s'ella oltra mia cura*
*Dal mondo mi disgiunge,*
*Chi mi dà poi lo stil pigro e terreno?*
*Ben posson venir meno*
*Torri fondate e salde:*
*Ma ch' io non cerchi e brami*
*Di pascer le gran fami,*
*Che 'n sì lungo digiuno Amor mi dai,*
*Certo non sarà mai;*
*Sì fur le tue saette acute e calde,*
*Di che 'l mio cor piagasti,*
*Ove negli occhi suoi nascosto entrasti.*
*Quanto sarebbe il meglio*
*E tuo più largo onore,*
*Ch' i' avessi in ragionar di lei qualch'arte:*
*E siccome di speglio*
*Un riposto colore*
*Saglie talor e luce in altra parte;*
*Così di queste carte*
*Rilucesse ad altrui*
*La mia celata gioja;*
*E perchè poi si moja,*
*Non ci togliesse il gir solinghi a volo*
*Da l'uno a l'altro polo:*
*Là dove or taccio a tuo danno, con cui,*

S'io ne parlassi, avria
Voce nel mondo ancor la fiamma mia.
E forse avvenirebbe,
  Ch' ogni tua infamia antica,
  E mille alte querele acqueteresti;
  Ch'uno talor direbbe,
  Coppia fedele amica,
  Quanti dolci pensier vivendo avesti:
  Altri ben strinse questi
  Nodo caro e felice,
  Che sciolto a noi dà pace.
  Or, poi ch' a lui non piace,
  Ricogliete voi piagge i miei desiri,
  E tu sasso, che spiri
  Dolcezza e versi amor d'ogni pendice
  Dal dì, che la mia donna
  Errò per voi secura in treccia e 'n gonna.
E se gli onesti preghi
  Qualche mercede han teco
  Faggio del mio piacer compagna eterna,
  Pietà ti stringa e pieghi
  A darne segno or meco,
  E mova da la tua virtute interna,
  Chi'l mio danno discerna;
  Sicchè s'altro mi sforza,
  E di valor mi spoglia,
  S'adempia una mia voglia
  Dopo tante, che'l vento ode e disperde:
  Così mai chioma verde
  Non manchi a la tua pianta, e ne la scorza
  Qualche bel verso viva,
  E sempre a l'ombra tua si legga o scriva.
Già sai tu ben, siccome

*Facean qui vago il cielo*
*De le due chiare stelle i santi ardori;*
*E le dorate chiome*
*Scoperte dal bel velo*
*Spargendo di lontan soavi odori*
*Empiean l'erba di fiori:*
*E sai come al suo canto*
*Correano in verso 'l fonte*
*L'acque nel fiume, e 'l monte*
*Spogliar del bosco intorno si vedea,*
*Ch' ad ascoltar scendea,*
*E le fere seguir dietro e da canto;*
*E gli augelletti inermi*
*Sovra in su l'ali star attenti e fermi.*
*Riva frondosa e fosca,*
*Sonanti e gelid' acque,*
*Verdi, vaghi, fioriti e lieti campi,*
*Chi fia, ch'oda e conosca*
*Quanto di lei vi piacque,*
*E meco d'un incendio non avvampi?*
*Chi verrà mai, che stampi*
*L'andar soave e caro*
*Col bel dolce costume,*
*E quel celeste lume,*
*Che giunse quasi un sole a mezzo 'l die*
*Sovra le notti mie?*
*Lume nel cui splendor mirando imparo*
*A sprezzar il destino,*
*E di salir al ciel scorgo 'l cammino.*
*Quando giunte in un loco*
*Di cortesia vedeste,*
*D'onestà, di valor sì care forme?*

*Quando a sì dolce foco*
*Di sì begli occhi ardeste?*
*E so, ch'Amor in voi sempre non dorme.*
*O chi m'insegna l'orme,*
*Che 'l piè leggiadro impresse?*
*O chi mi pon tra l'erba,*
*Ch' ancor vestigio serba*
*Di quella bianca man, che tese il laccio,*
*Onde uscir non procaccio;*
*E del bel fianco, e de le braccia istesse,*
*Che stringon la mia vita*
*Sì, ch'io ne pero, e non ne chieggio aita?*
*Genti, a cui porge il rio*
*Quindi'l piè torto e molle,*
*E quindi l'alpe il dritto orrido corno;*
*Deh or tra voi foss'io,*
*Pastor di quel bel colle,*
*O guardian di queste selve intorno:*
*Quanto riluce il giorno,*
*Del mio sostegno andrei*
*Ogni parte cercando,*
*Reverente inchinando*
*Là 've più fosse il ciel sereno e queto,*
*E 'l seggio ombroso e lieto:*
*Ivi del lungo error m'appagherei;*
*E basciando l'erbetta*
*Di mille miei sospir farei vendetta.*
*Tu non mi sai quetar, nè io t'incolpo:*
*Pur che tra queste frondi,*
*Canzon mia, da le genti ti nascondi.*

Nè pure i luoghi stati alcuna volta
delle nostre donne ricevitori, o quelli che

più spesso ci sogliono di loro essere e con-
servatori fedelissimi e dolcissimi renditori,
alla mente le ci ritoruano, come io dissi :
ma in ciascuna parte ancora sempre si vede
qualche cosa, nella qual noi con gli occhi
della testa riguardando nelle nostre donne, con quelli dell'anima miriamo, di loro dolcissimamente ricordandoci per alcuno (1) sembievole modo. Che per dir pure
di me stesso, come fece di se Perottino;
certo se io sono, come io soglio, alle volte in alcun cammino, niuna verde ripa di
chiaro fiume, niuna dolce vista di vaga
selva scorgono gli occhi miei, e di lieta
montagnetta niuna solinga parte, niun fresco seggio, niuna riposta ombra, niun segreto nascondimento non miro, che alla
bocca non mi corra sempre: Deh fosse or
qui la mia donna meco, e con Amore,
se ella tra queste solitudini di me solo
non si tenendo sicura pure si cercasse
compagnia: e così volto il pensier ver lei,
poi di lei meco medesimo in lunga gioja
lunga pezza lunghi ragionamenti non tiri.
E dove per lo fuggir del Sole la sopravve-
nuta ombra della terra levando il colore
alle cose mi lievi, e tolga la vista loro,
non è che io nella tacita notte le stelle
mirando non pensi: Deh se queste sono

_____

(1) *Sembievole*, *cioè apparente*, *ch'abbia sembianza*,
*e simiglianza*.

delle mondane venture dispensatrici, quale
è or quella, che indestinò prima la dolce
necessità de' miei amori? o alla vaga luna
riguardando, e nel suo freddo argento
fisse tenendo le mie luci, io non ragioni
tra me stesso: Or chi sa, che la mia donna ora in questo medesimo occhio non
miri, che io miro? e così ella di me ricordandosi, come io di lei mi ricordo, non
dica: Forse guardano gli occhi del mio
Gismondo, qualunque terra egli prema
ora col piede, te o Luna, siccome guardo
io, e a questa guisa in uno obbietto stesso
e le nostre luci s'avvengano e i nostri
pensieri? Così ora in un modo e quando
in altro nell'immaginar pure della mia
donna rientrando e de' nostri amori vie
piu con lei, che con me stesso dimoro.
Ma che giova rammemorar quello, che
il pensiero ci risveglia nelle lontane contrade? Già nella nostra città niuna bella
donna mi può davanti apparere, che io
incontanente nelle bellezze non entri con
l'animo della mia. Niun vago giovane veggo per via piè innanzi piè solo e pensoso
portar se stesso, che io non istimi: Forse
pensa costui ora della sua donna; il che
istimare me altresì della mia mette tantosto
in dolcissimi pensamenti. E se nelle nostre
diportevoli barchette alle volte pigliando
aria, alquanto dagli strepiti della città
m'allontano, a niuna parte m'avvicino
de' nostri liti, che a me non paja vedervi

la mia donna andar per loro spaziandosi al suono cantando delle roche onde, e marine conche con vaghezza fanciullesca ricogliendo. Infinite ed innumerabili oltre a queste, e tante appunto, quante noi medesimi vogliamo, sono le vie, per le quali può mandare all' animo le dolcezze de' diletti già passati il nostro vago e maestrevole pensiero. Perciocchè a lui nè passo, nè ponte, nè porta si rinchiude. Non cielo che minacci, non mare che si turbi, non scoglio che s'opponga, lo ritiene. Amor gli presta le sue ali, contro le quali niuna ingiuria può bastare. E queste ali tuttavia siccome nelle passate gioje a sua posta il ritornano, così nè più nè meno, quandunque ad esso piace, nel portano nelle future. Le quali posto che pure perdano dalle passate, in quanto le future così certe non sono, si avanzano elle poi da quest' altra parte, che dove della suta dolcezza una sola forma ritorna nell'animo col pensarvi tale, quale ella fu; di quella, che ad essere ha, perciocchè non fu ancora, mille possibili maniere ci si rappresentano care e vaghe e dilettevolissime ciascuna. Così le nostre feste e prima che avvengano con la varietà, ed appresso avvenute con la certezza del pensiero dilettandoci, continue e presenti si fanno a noi in ogni luogo, in ogni tempo, il che dicono esser proprio di quelle degl' Iddii.

Ora per ritornare alquanto addietro per

questa dilettevole strada, per la quale infino a qui venuti ci siamo, poscia che ciascun di questi tre piaceri, che io dissi, cotanti giuochi ci può porgere separatamente, siccome in parte ci s'è ragionato, quanti è da credere, Donne, che porgan tutti e tre congiunti e collegati? Oimè! niun condimento è così dolce, niuno così soave. Essi sono pur tanti e tali, che malagevolissimamente con la stimativa si comprendono, non che con la lingua si raccontino altrui. Ma perciocchè Perottino jeri nelle passioni di quella miseria, che egli amore si credea che fosse, mettendosi mescolatamente s'andò per loro ravvolgendo e ravviluppando lunga ora, a me non fie nojevole, che noi altresì nelle feste di questa felicità, che io so che è Amore, già entrati, alquanto più innanzi ancora senza ordine erriamo e discorriamo per loro. Nel quale discorrimento se avverrà che davanti ci si parino le gioje degli altri sentimenti, le quali io di tacer vi proposi, acciocchè elle in tutto doler di noi non si possano, o forse s'accordassero per lo innanzi di lasciarci, siccome noi ora avessimo loro lasciate, la qual cosa Iddio non voglia, che io ne starei molto male; noi potremmo far quello stesso qui ragionando, che nelle pur dianzi ricordate tavole della nostra Reina desinando e cenando facciamo. Perciocchè delle molte maniere di vivanda e di beveraggio, che dinan-

zi recate ci sono, a una o a due fermatici
di quelle ci satolliamo, dell'altre tutte
almeno per onorare il convito, alcuna
tazza ed alcun tagliere assaggiamo solamente ed assaporiamo; così ora alla pastura
delle dolcezze de' due primi sentimenti e
del pensiero stando contenti nel ragionare,
quelle degli altri, dove elle ci vengano
dinanzi, presone il sapore ed il saggio la-
sceremo noi andare con la loro buona
ventura. Quantunque io per me non mi
seppi far mai così savio, che io a quella
guisa ne' conviti d'Amore mi sia saputo
rattemperare, alla quale negli altri mi rat-
tempero tutto dì. Nè consiglierei io già al
nostro novello sposo, che quando Amore
gli porrà dinanzi le vivande delle sue ultime tavole, che egli ancora non ha gustate, egli di quelle contento, che gustate
ha, assaggiandole ed assaporandole partire
le si lasciasse, che egli se ne potrebbe
pentere. Non so ora il consiglio, che voi
belle giovani dareste alla sposa. Ma tornando alle nostre dolcezze dico, che siccome
quanta sia la bellezza del dì allora più interamente si comprende, qualora più allo 'ncontro quanti sieno gl'incomodi della
notte si considera sottilmente: così per avventura gli amorosi giuochi più aperti ci
si verranno dimostrando e più chiari, se
noi alquanto alla vita di quelli, che non
amano, porrem mente. Perciocchè essi
primieramente niuna vaghezza tenendo di

se medesimi, siccome coloro, che non hanno a cui piacere, di niuna cortese maniera cercano (1) d'addestrar la loro persona, ma così abbandonatamente la portano le più volte, nè capello, nè barba, nè dente ordinandosi, nè mano, nè piede, come se ella non fosse la loro. Male e disagiatamente vestono, abitano disordinati e maninconiosi. Nè famiglia, nè cavallo, nè barchetta, nè giardino hanno essi, che così non paja piagnere, come fanno i loro signori. Essi non hanno amicizie, essi non hanno compagnie. Nè sono giovati dagli altri, nè essi giovano altrui. Nè dalle cose, nè dagli uomini pigliano, o danno frutto alcuno. Fuggono le piazze, fuggono le feste, fuggono i conviti, ne'quali se pure alcuna volta s'avvengono dalla necessità o dalla loro sciagura portati, nè costume, nè parlare, nè accoglienza, nè motto, nè giuoco hanno essi, che villano e salvatico non sia. Nè di prosa sovvien loro, nè di verso. Veggono, ascoltano, pensano tutte le cose ad un modo. Ed in brieve, siccome essi di fuori vivono pieni sempre di mentecattaggine e di stordigione, così vive l'anima in loro. A' quali se voi dimandaste, chenti sono le dolcezze ed il frutto, che essi sentono del loro vivere dì per dì, essi si maraviglierebbono,

_____

(1) *Addestrare, cioè adattar, accomodare.*

che voi parlaste in questa maniera, e risponderebbonvi, che voi avete buon tempo, ma che essi già altro che noje e rincrescimenti e fatiche non sentirono della lor vita giammai. Ma se voi ad amanti ne dimandaste, essi per avventura in altra guisa vi risponderebbono, e direbbono così: O Donne, che è quello, che voi ci dimandate? Senza numero sono i nostri avanzi e le vostre dolcezze, e non si possono raccontare. Perciocchè incontanente che Amore con gli occhi d'alcuna bella donna primieramente ci fiere, destasi l'anima nostra, che infino a quella ora è giaciuta, tocca da non usato diletto, e destandosi ella sente destare in se un pensiero, il quale d'intorno alla immagine della piaciuta donna con maravigliosa festa girando accende una voglia di piacerle, la quale è poi d'infinite gioje, d'infiniti beni principio. Mirabile cosa è ad estimare gli occulti raggi di questo primo disio, quali essi sono. Perciocchè non solamente ogni vena empiono di soavissimo caldo, e tutta l'anima ingombrano di dolcezza; ma ancora gli spiriti vostri raccendendo, che senza Amore si stanno a guisa di lumi spenti, di materiali e grosse forme ci reca o ad essere nomini avveduti e gentili. Conciossiacosacchè per piacere alle nostre donne, e per la loro grazia e il loro amore acquistare, quelle parti, che più lodarsi negli altri giovani sentiamo, sovente cerchiamo d'aver noi ; acciocchè per loro più riguardevoli tra gli altri uomini e più pregiati divenuti, più altresì alle nostre donne gradiamo. Onde in poco spazio tutte le prime rustichezze lasciate, e di dì in dì e d'ora in ora più di gentili costumi apprendendo, quale si dà all'armeggiare, quale ad usar magnificenze si dispone, quale ne' servigi delle corti a gran Re e a gran Signori si fa caro, quale a cittadinesca vita s'adordina nelle onorate bisogne della sua patria, e in cortesie il tempo, che gli è dato, ispendendo, e quale agli studj delle lettere volto il pensiero, o le istorie degli antichi leggendo, se stesso con gli altrui esempj fa migliore, e diviene simile a loro, o nell'ampissimo campo della filosofia mettendosi e in dottrina e in bontà, come albero da primavera, cresce di giorno in giorno, o pure nel vago prato entra della poesia, e quivi ora in una maniera e ora in altra cantando tesse alla sua donna care ghirlande di dolcissimi e soavissimi fiori ; quale poi di più abbondevole ingegno sentendosi, o da più alto amore sollecitato, di diversi costumi s'anderà ornando, d'arme, di lettere, di cortesie, e d'altre parti insieme tutte lodate e pregiate, onde egli quasi un celeste arco di mille colori vestito, vaghissimo si dimostrerà a' riguardanti. In questa maniera ciascun per se mentre d'esser cari ad una sola donna s'ingegnano, si fanno

da tutti gli uomini per valorosi tenere e
per da molto. Dove se dallo spron d'Amore punti non fossero stati, per avventura
conosciuti non sarebbono da persona, o per
dir più il vero, non si conoscerebbono essi
stessi. Così quello, che nè battitura di maestro, nè minacce di padre, nè lusinghe o
guiderdoni, nè arte o fatica o ingegno o
ammaestramento alcuno non può fare, fallo
Amore spesse volte agevolmente e dilette-
volmente. E certo pieni e dolci frutti son
questi tra quelli, che ci rende Amore, i
quali sono veramente diversissimi e senza
fine. Perciocchè siccome non sono tutte
una le maniere degli amanti, ma molte,
così non sono tutte una le guise de' nostri
guadagni, ma infinite (1). Sono alcuni, che
altro che l'onestà pura e semplice l'uno
dell'altro non amano, e di questa sola
tanto appagamento ne viene alle menti loro, qualunque volta essi nell' altezza mirano de' loro disii, che estimare senza fallo
non si può, se non si pruova. Alcuni dal-
l'amorose fiamme più riscaldati ogni disvolere levando de' loro amori, niuna cosa
si niegano giammai, ma quello che vuole
l'uno, vuole l'altro subitamente con quello
medesimo affetto, che esso facea; e in questa guisa due anime governando con un
solo filo ad ogni possibile diletto fortuno-

(1) *Frutti dell' amore.*

samente si fanno via. Alcuni poi tra l'una
e tra l'altra posti di queste contentezze,
ora il pregio della schifiltà onorando, ora
i frutti della dimestichezza procacciando,
e con l'agro dell'uta il dolce dell'altra
mescolando, un sapore sì dilettevole ne
condiscono, che d'altro cibo alle loro anime nè prende maraviglia, nè sorge disio.
Oltre a ciò a quella timidetta verginella
incomparabile festa porgono i saluti e le
passate del suo nuovo e accettevole ama-
dore. Quest'altro (1) beano le lettere della
sua cara donna vergate con quella mano,
che egli ancor tocca non ha, non più le
note di lei leggendovi, che la voce e il
volto e il cuore. Quell'altro mettono in
un mare di dolcezza dicci tremanti parole
dettegli dalla sua. A molti la lor lungamente amata donna, e affettuosamente dagli anni più teneri vagheggiata, nel bel
colmo delle lor fiamme donerà il Cielo a
moglie somma e onestissima ventura degli
umani disii. E alquante saranno altre coppie di cari amanti, le quali avendo le più
calde ore della loro età in risguardo e in
salvatichezza trapassate, l'uno scrivendo, e
l'altra leggendo, e amendue fama e grido
solamente di cercar dilettandosi de' loro
amori, poscia che la neve delle tempie so-
pravvenuta ogni sospetto ha tolto via, se-

---

(1) *Beano*, cioè *fanno beato*.

dendo e ragionando, e gli antichi fuochi
con sicuro diletto ricordando, tranquilli e
riposati menano dolcissimo tutto il rimanente della lor vita, ogni ora del così condotto tempo più contenti. Ma che v'andia-
mo noi pure tuttavia di molti amanti i
diletti ragionando e le venture, quando
delle sole di ciascuna coppia lunga istoria
tessere se ne può agevolmente? Perciocchè
quale diletto è da dire che sia il vedere
quella fronte, nella quale corrono tutti i
pensieri del cuore nudi e semplici, secondo che essi nascono e risorgono in lui?
Quale mirando ne' coralli e nelle perle, di
cui sono men preziose tutte le gemme degli orientali tesori, sentirne uscir quelle
voci, che sono dall' ascoltante anima rice-
vute sì volentieri? Quale poi tacendo e
mirando far più dolce un silenzio, che
mille parlari, tutta volta con lo spirito degli occhi ragionando cose, che altri che
Amore nè può intendere, nè sa dettare?
Quale per mano tenendosi tutto il petto
sentirsi allagare della dolcezza non altramente, che se un fiume di calda manna
ci andasse il cuore, e le midolle torniando?
Tacciansi le altre cotante dolcezze e così
vive, delle quali dire si può, che poi che
tale è la nostra vita, quale la natura ce
la fece essere poscia che noi venuti ci siamo, dolcissima cosa è per certo accordarci
col suo volere, e quella far legge della
vita, che gli antichi fecero delle cene: o

partiti, o bei. Oltre a ciò quanta contentezza credete voi che sia la nostra, quanta
soddisfazione, quanta pace, d'ogni nostro
fatto, d'ogni nostro accidente, d'ogni ventura, d'ogni sciagura, d'ogni oltraggio,
d'ogni piacere ragionarsi tra due con quella
medesima sicurezza, con che appena suole
altri seco medesimo ragionare? Di nulla
nascondere la nostra compagna anima, e
sapere altresì di nulla essere da lei nascosi?
Ogni diletto, ogni speranza (1) raccomunare, ogni disio? Niuna fatica schifare per
lo suo riposo più di quello che ciascun fa
per se stesso, niuna gravezza, niun peso?
Bene, male, ogni cosa portar dolcemente,
acconci con lieto viso, siccome di vivere
l'uno per l'altro, così di morire? Il che fa,
che a ciascuno e le seconde cose via più
giovano, e le sinistre offendono meno, in
quanto le seconde l'uno col piacere dell'altro allettando in molti doppj crescono, e
quell'altre subitamente partite, e da ciascuno la metà toltane fratellevolmente, già
da prima perdono della loro intera forza;
oltre che poi e confortando e consigliando
e ajutando esse si dileguano, come neve
sotto i primi soli, o almeno da nuovi diletti aombrate sì negli oblii delle passate
cose le tuffiamo, che appena dir si può
che elle ci sieno state. Dicono i sonatori,

___

(1) *Raccomunare, cioè metter in comune.*

che quando sono due liuti bene e in una
medesima voce accordati, chi l'un tocca,
dove l'altro gli sia vicino e a fronte, amendue rispondono ad un modo, e quel suono che fa il tocco, quello stesso fa l'altro
non tocco e non percosso da persona. O
Amore, e qua' liuti, o qua' lire più con-
cordevolmente si rispondono, che due anime che s'amino delle tue? Le quali non
pur quando vicine sono, e alcuno accidente l'una muove, amendue rendono un
medesimo concento, ma ancor lontane, e
non più mosse l'una che l'altra, fanno
dolcissima e conformissima armonia. Pensa
della sua cara donna il lontano amante
volentieri, quando e' può; e vedela, e
odela col pensarvi, nè ella con più diletto
a veruna cosa giammai volge l'animo, che
a lui, e sono certi ciascuno, che quello
che l'uno fa, faccia l'altro tuttavia parimente. Perchè noi ci maravigliamo di Laodomia, alla quale per mirar nel suo lontano Protesilao fosse uopo la dipinta cera
della sua figura. A questa guisa, donne, e
vicini e lontani sempre diletto, sempre sollazzi troviamo. Perciocchè amore, siccome
il sole, quantunque cangi segno, sempre
chiaro si mostra però a' mortali, così egli
benchè alle volte muti paese con noi, pur
tuttavia in ogni luogo de' suoi doni ci fa
sentire. Egli in piano, egli in monte, egli
in terra, egli in mare, egli ne' porti e
nelle sicurezze, egli nelle fortune e negli

arrischiamenti, egli ad uomini, egli a donne, siccome la sanità, sempre è piacevole,
sempre giova. Trastulla nelle rigide spelunche e nelle semplici e povere capanne i
duri e vaghi pastori. Conforta ne' morbidi
palagi e nelle dorate camere le menti pen-
sose degli alti Re. Tranquilla le noje de'
giudicanti: ristora le fatiche de' guerreg-
gianti, in quelli con le severe leggi degli
uomini la piacevolissima della natura mescolando, a questi nel mezzo de' nocentis-
simi e sanguinosi guerreggiari pure e in-
nocentissime paci recando. Pasce i giovani,
sostiene gli attempati, diletta gli uni e gli
altri, e sovente fa quello, che cotanto pare a vedere maraviglioso; conciossiacosachè
egli nelle vecchie scorze ritorna il vigore
delle fanciulle piante, e sotto le bionde e
liscie cotenne insegna essere innanzi tempo
mille (1) vizzi e canuti pensieri. Piace a'
buoni, diletta i saggi, è salutevole a tutti. Scaccia la tristizia, toglie la maninconia, rimuove le paure, compone le liti, fa le nozze, accresce le famiglie. Insegna parlare, insegna tacere, insegna
cortesía. Dolci ci fa le dipartenze, perciocc-
chè più cari e di più viva forza pieni ci
apparecchia i ritorni loro, dolcissimi i ri-

---

(1) *Vizzo, e guizzo vuol dire rugoso con le crespe,
e (come si dice a Venezia) carne fiappa. Qui per trasla-
zione Vizzi pensieri vuol dir maturi.*

torni e le dimore; i quali col pensiero
delle lor gioje ci fanno poi essere ogni
nostra lontananza soave. Lietissimi ci mena
i giorni, ne'quali ci fanno luce e risplen-
dono spesse volte due soli, ma le notti
ancor più, siccome quelle, che il nostro
sole non ci togliono perciò sempre: il che
quando pure non avviene, egli non manca per lo più, che il sonno cortese quelle
medesime feste non ci apporti e non ci
doni, che alle vigilie vengono tolte e ne-
gate, e così ci miriamo noi, così ragioniamo insieme, così le nostre ragioni contia-
mo, così per mano ci prendiamo, come
quelli fanno, che più veracemente l'ap-
provano quando che sia. Crescono ogni
giorno le dolcezze, avanzano ogni notte le
venture; nè per quelle, che sopravvengono, mancano e scemano le sottostanti,
anzi siccome belle nevi da belle nevi so-
praggiunte più fresche e più morbide si
mantengono in quella maniera, così degli
amorosi sollazzi, sotto le dolci copriture
degli ultimi più dolci si conservano i primieri. Nè per le vecchie le nuove, nè le
d'oggi per quelle d'jeri (1) menomano e
perdono della loro forza giammai; anzi
siccome numero che s'accosti a numero
vie maggior somma fa, che soli e separati

(1) *Menomano, cioè scemano, si fanno minori.*

far non possono, così le nostre feste poste
e giunte altre con altre più di bene ci
porgono ciascuna, che fatto da se non
avrebbono. Sole bastano, accompagnate
crescono. Una mille ne fa, e delle mille
in brieve tempo mille ne nascono per ciascuna. Sono aspettate giocondissime; sono
non aspettate venturose. Sono care agevoli,
ma disagevoli vie più care; in quanto le
vittorie con alcuna fatica e con alcun
sudore acquistate fanno il trionfo maggiore. Donate, rubate, guadagnate, guider-
donate, ragionate, sospirate, lagrimate,
rotte, reintegrate, prime, seconde, false,
vere, lunghe, brievi, tutte sono dilettevoli, tutte sono graziose. E in brieve, siccome nella primavera prati, campi, selve,
piagge, valli, monti, fiumi, laghi, ogni
cosa che si vede è vaga: ride la terra,
ride il mare, ride l'aria, ride il cielo; di
lumi, di canti, d'odori, di dolcezze, di
tiepidezze, ogni parte, ogni cosa è piena;
così in Amore, ciò che si dice, ciò che si
fa, ciò che si pensa, ciò che si mira, tutto
è piacevole, tutto è caro. Di feste, di sollazzi, di giuochi, d'allegrezze, di piaci-
menti, di venture, di gioja, di riposo, di
pace, ogni stato, ogni anima è ripiena.

Non si potea rattener Gismondo del
dire già tutto in su le lode d'Amore con
le parole e con l'animo riscaldato, e tuttavia diceva, quando le trombe, che nelle
feste della Reina le danze temperavano

col lor suono, del palagio rimbombando
alla bella brigata dello incominciato festeggiare dieder segno. Perchè parendo a ciascuno di doversi partire, e levatisi, disse
loro Gismondo: Queste ed altre cose assai
per avventura, o mie Donne, v'arebbono
ragionato gli amanti uomini, se voi a dir-
vi di sopra quali sono gli amorosi diletti,
gli aveste chiesti e dimandati. Ed a me
ora non picciolo spazio convien lasciare
del mio (1) aringo, che io correre non
posso. Ma Lavinello, al quale tocca domane l'ultimo incarico degli amorosi ragionamenti, dirà per me quello, che io
dire oggi compiutamente non ho potuto,
come io volea: non voglio dire dovea,
che io sapea bene non ci essere bastante.
Allora madonna Berenice già insieme con
gli altri verso il palagio inviatasi disse:
come che ora il fatto si stia, Gismondo,
del tuo avere a bastanza ragionato, o no,
noi siam pure molto ben contente, che di
Lavinello abbia a dovere essere il ragionar
di domane, il quale se noi non conoscen-
simo più temperato nelle sue parole, che
tu oggi nelle tue non sei stato, io per me
non so quello che io mi facessi di venir-
ci. E che ho io detto, Madonna, rispon-

---

(1) *Aringo da molti scritto con doppia rr, è lo spazio
che si corre, ed è voce Provenzale.*

dea Gismondo. Ho io detto altro, che quello che si fa, ed ancor meno? Perchè se io cotanto spiaciuto vi sono, ben ti so confortar, Lavinello, che tu di quello ragioni, che non si fa, se tu le vuoi piacere. Voleasi Lavinello pure ritrarre dal dover dire, recandone sue ragioni; che detto se n'era assai, e che egli non era oggimai agevole appresso due tali e così diverse openioni, e così abbondevolmente sostentate dall'uno e dall'altro de' suoi compagni recarne la sua, e quasi darne sentenza. Ma ciò era niente; perciocchè alle donne pure piaceva, che ancora egli dicesse, vaghe d'avere uditi una volta tutti e tre que' giovani partitamente ragionare, che elle sempre tenuti aveano e riputati per da molto. E quando bene le donne lasciate di male se ne avessero, non se ne lasciava Gismondo, anzi diceva: O Lavinello, o tu ci prometti di dire, o io ti fo citar questa sera dinanzi la Reina; che io disposto sono di vedere, se i patti, che si fanno nelle sue nozze, s'hanno a rompere in questa maniera. E forse avverrà quello, che tu, quando i patti si fecero, non istimavi, che ti converrà poi dire in sua presenza. Non si tiene ragione ora, rispondea Lavinello, mentre il festeggiar dura, le liti ci sono sbandite. Pure temendo di quello, che avvenir gli potea, disse di far ciò che essi voleano. E con queste parole giugnendo in su le sale, e quivi da altri giovani cortigiani, che le feste inviavano, vedute le belle donne venire, senza lasciarle più oltre passare, furono invitate tutte e tre, e messe in dauza, e li tre giovani si rimasero tra gli altri.

# DEGLI ASOLANI

DI

## M. PIETRO BEMBO

NE' QUALI SI RAGIONA D'AMORE

## *LIBRO TERZO.*

---

### ARGOMENTO.

*Dopo ch'ha fatto prima parlar Perottino contra Amore, e poi Gismondo rispondergli e difenderlo, introduce ora in questo terzo libro Lavinello a confutare in parte, e in parte approvar l'opinioni dell' uno e dell' altro, e questo alla presenza della Reina. Finalmente fa ch'esso recitando un discorso fattogli da un Romito, parla dell' amor divino, col quale sta ogni bene, e dal quale ogni male è lontano.*

Non si può senza maraviglia considerare quanto sia malagevole il ritrovare la verità delle cose, che in quistion cadono tutto 'l giorno. Perciocchè di quante, come che sia., può alcun dubbio nelle nostre menti generarsi, niuna pare che se ne veda sì poco dubbiosa, sopra la quale ed in pro ed in contro disputare non si possa verisimilmente, siccome sopra la contesa di Perottino e di Gismondo nelli dinanzi libri raccolta s'è disputato. E furono già di coloro, che di ciò che venisser dimandati, promettean incontanente di rispondere. Nè mancarono ingegni, che in ogni proposta materia disputassero ed all'una guisa ed all'altra. Il che diede per avventura occasione ad alcuni antichi filosofi di credere, che di nulla si sapesse il vero, e che altro già che semplice opinione e stima avere non si potesse di che che sia. La qual credenza quantunque ed in que' tempi fosse dalle buone scuole rifiutata, ed ora non trovi gran fatto, che io mi creda, ricevitori, pure tuttavia è rimaso nelle menti d'infiniti uomini una tacita e comune doglianza incontro la natura, che ci tenga la pura midolla delle cose così riposta, e di mille menzogne, quasi di mille buccie, coperta e fasciata. Perchè molti sono, che disperando di poterla in ogni quistion ritrovare, in niuna la cercano, e la colpa alla natura portando lasciata la cognizione delle cose vivono a caso. Altri poi, e vie più molti ancora, ma di meno colpevole sentimento, i quali dalla malagevolezza del fatto inviliti o ad altrui credono ciò che ciascuno ne dice, ed a qualunque senten-

za udire sono quasi dall' onde portati in
quella, siccome in uno scoglio si fermano,
o essi ne cercano leggiermente, e di quello,
che più tosto viene loro trovato, contenti
non vanno più avanti. Ma de' primieri non
è da farne lungo sermone, i quali a me
sembrano a male recarsi, che essi sieno
nati uomini più tosto che fiere, poscia che
eglino quella parte, che da esse ci discosta,
rifiutando privano del suo fine l'animo, e
del nostro maggior ornamento spogliano e
scemano la loro vita. A quest' altri si può
ben dire primieramente, che egli non si
dee così di leggiero a rischio dell' altrui (1)
erranza porre e mandar la sua fede, quando si vede che alcuni da particolare affezione sospinti, altri dalla instituzione della
vita, o dalla disciplina de' seguitati studj
presi e quasi legati a ragionare ed a scrivere d'alcuna cosa si muovono, e non perchè essi nel vero credano e stimino che
così sia; senza che si suole egli eziandio
non so come alle volte avvenire, che o
parlando o scrivendo d'alcuna cosa ci sot-
t' entra nell' animo a poco a poco la credenza di quello medesimo che noi trattia-
mo. E poi che egli non basta, poscia che
essi ne cercano, leggiermente cercarne, e

(1) *Erranza, cioè errore, usato dal Boc. nel Fil. da
Dante e da Cino. Leggi la Fabbrica corretta dal Porcacchi.*

d'ogni primo trovamento contentarsi, perciocchè se agli altri che ne hanno cerco, non si dee subitamente credere tutto quello che essi ne dicono, perchè si sono ingannar potuti, nè a noi doveremo credere subitamente, che ingannare altresì ci possiamo; e sì ancora perciò che la debolezza de' nostri giudicj è molta, e di poche cose avviene, che una prima e non molto considerata e con lunghe disputazioni esaminata opinione sia ben sana. Che se alla debolezza de' nostri giudicj s'aggiunge la oscurità del vero, che naturalmente pare che sia in tutte le cose, vedranno chiaro questi cotali niuna altra differenza essere tra essi e quelli, che di nulla cercano, che sarebbe tra chi assalito da contrarj venti sopra il nostro disagevole porto non sperando di poterlo pigliare, levasse dal governo la mano, e del tutto in loro balìa si lasciasse nè di porto nè di lito procacciando, e chi con speranza di doverlo poter pigliare pure al terreno si piegasse, ma dove fossero i segni, che la entrata dimostrano, non curasse di por mente. La qual cosa non faranno quegli uomini e quelle donne, che me ascolteranno; anzi quanto essi vedranno essere e maggiore la oscurità nelle cose, e ne' nostri giudicj minore e meno penetrevole la veduta, tanto più nè agli altri quistionanti ogni cosa crederanno senza prima diligente considerazione avervi sopra; nè quando del vero

in alcun dubbio cercheranno, appagheran-
no se stessi per cercarne poco; e meno a
quello che trovato averanno ne' primi (1)
cercari, comunque loro paja potersene soddisfare, si terranno appagati, estimando
che se più oltre ne cercheranno, altro
ancora ne troveranno, come quel tanto
hanno fatto, che più loro soddisfarà. Nè
essi della natura si verran dolendo, come
quelli fanno, perciocchè ella non ci abbia
in aperto posta la verità delle conoscibili
cose, quando ella nè l'argento nè l'oro nè
le gemme ha in palese poste, ma nel grembo della terra per le vene degli aspri monti, e sotto la rena de' correnti fiumi, e
nel fondo degli alti mari, siccome in più
segreta parte, sotterrate. Che se ella questi più cari abbellimenti della nostra ca-
duca e mortal parte ha, come si vede,
nascosi, che dovea ella fare della verità, non bellezza solamente ed adornamento, ma luce e scorta e sostegno dell'animo, moderatrice de' soverchievoli disii,
delle non vere allegrezze, delle vane paure discacciatrice, e delle nostre menti ne'
suoi dolori serenatrice, e d'ogni male nimica e guerriera? Le cose da ognuno agevolmente possedute sono a ciascuno parimente vili, e le rare giungono vie più
care. Quantunque io stimo che saranno

molti, che mi biasimeranno in ciò, che io alla parte di queste investigazioni le donne chiami, alle quali più s'acconvenga negli uffici delle donne dimorarsi, che andare di queste cose cercando. De' quali tuttavia non mi cale. Perciocchè se essi non niegano, che alle donne l'animo altresì come agli uomini sia dato, non so io perchè più ad esse, che a noi si disdica il cercare che cosa egli sia, che si debba per lui fuggire, che seguitare: e sono queste tra le meno aperte quistioni, e quelle per avventura, d'intorno alle quali siccome a (1) perni, tutte le scienze si volgono, segni e bersagli d'ogni nostra opera e pensamento. Che se esse tuttavolta a quegli uffici, che diranno que' tali esser di donna, le loro convenevoli dimore non togliendo negli studi delle lettere ed in queste cognizioni de' loro ozj ogni altra parte consumeranno, quello, che alquanti uomini di ciò ragionino, non è da curare, perciocchè il mondo in loro loda ne ragionerà quando che sia. Ed ora le quistioni eziandio di Lavinello il terzo giorno a maggior corona, che quelle de'suoi compagni non furono, recitate ascoltiamo. Perciocchè cercandosi il dì dinanzi delle tre donne per quelle, che dimorar con

---

(1) *Perno è quel legno o ferro, che passa per mezzo la rota, e sopra il quale essa si gira.*

esso loro soleano, nello andare che elle
fecero nelle feste, e trovato che elle erano
nel giardino, e la cagione risaputasi,
pervenne la novella di bocca in bocca agli
orecchi della Reina, la quale ciò udendo,
e sentendo che belle cose si ragionavano
tra quella brigata, ma più avanti di loro
non sapendole perciò alcuna ben dire;
mossa dal chiaro grido, che i tre giovani
aveano di valenti e di scienziati, ne le
prese talento di volere intendere quali
stati fossero i loro ragionamenti. Perchè la
sera poscia che festeggiato si fu, e cenato e
confettato, nè altro attendendosi, che quello che la Reina comandasse, avendo ella
tra le più vicine a se madonna Berenice,
il viso e le parole verso lei dirizzando
lietamente disse: Chente v'è paruto il nostro giardino, madonna Berenice, questi dì,
e che ce ne sapete dire? perciocchè noi
abbiamo inteso che voi con vostre compagne vi siete stata. Molto bene, Madama,
rispose la donna al dire di lei levatasi in-
chinevolmente. Egli m'è paruto tale, quale
bisognava che egli mi paresse essendo di
vostra Maestà. E quivi dettone quello,
che dir se ne poteva, cortesemente, e talvolta il testimonio di Lisa e di Sabinetta
mescolandovi, che molto lontane non l'erano, fece tutte l'altre donne, che l'udiva-
no e veduto non l'aveano, in maniera
disiderose di vederlo ancora esse, che a
loro si facea già tardi che la Reina si le-

vasse, per potervi poi andare quella sera ancora col giorno, il quale tuttavia di gran passo s'inchinava verso il Marrocco per nascondersi. Ma la Reina leggermente avvedutasene, poi che madonna Berenice si tacque, nel vero, disse, egli ci suole essere di diporto e di piacere assai. E perciocchè buoni dì sono, che noi non vi siamo state, e queste donne per avventura piglierebbono un poco d'aria volentieri, noi vi potemo andare tutte ora per lo fresco. E così levatasi, e presa per mano Madonna Berenice, con tutte l'altre scesa le scale e nel bel giardino entrata, lasciatene molte andare chi qua chi là sollazzandosi, con lei ad una delle belle finestre riguardanti sopra lo spazievole piano si pose a sedere, e sì le disse: Voi ci avete ben detto di questo giardino molte cose, le quali noi sapevamo, come che voi ce l'avete fatte maggiori, che elle non sono. Ma de' vostri ragionamenti, che fatti v'avete, de' quali noi niuna cosa sappiamo, e nondimeno intendiamo che sono suti così belli e così vaghi, non ci avete perciò detto cosa alcuna. Fatecene partecipe, che egli ci sarà caro. Perchè ella non sapendo come negargliele, e dopo altre parole, e dopo molte lode date a' tre giovani, fatta dolcemente sua scusa, che ella pure a ripensare tra se stessa il tutto di tanti e tali ragionamenti non si sarebbe di leggiero arrischiata, non che di raccontargli a sua

Maestà si fosse tenuta bastante, dalla maggioranza data primieramente a Gismondo e dalla sua cagione cominciatasi non ristette prima di dire, che ella tutte le parti de'sermoni di Perottino e di quelli di Gismondo brievemente raccogliendo, la somma delle loro quistioni al meglio che ella seppe le ebbe isposta, avendo sempre risguardo che come donna e come a Reina gli esponea. La Reina uditala, e parendole la macchia e l'ombra aver veduta di belle e convenevoli dipinture, sentendo che Lavinello avea a dire il dì seguente, si dispose di volerlo udire ancora essa, e d'onorare sì bella compagnia quel dì che ella potea con la sua presenza, e dissegliele. Il che alla donna fu molto caro, parendole che se la Reina vi venisse, ogni materia dovesse potere essere tolta via a chiunque di così fatti ragionamenti e di tale dimora fosse venuto in pensiero di parlarne meno che convenevolmente. Erasi già col fine delle parole di madonna Berenice ogni luce del dì partita dal nostro emispero, e le stelle nel cielo aveano cominciato a riprendere da ogni parte la loro. Perchè con quella di molti torchi la Reina e l'altre donne risalite le scale s'andarono alle loro camere per riposarsi, nelle quali come fu con le sue compagne madonna Berenice, detto loro ciò che con la Reina ragionato avea tanta ora, e il suo pensiero, mandarono di presente per li tre giovani, i quali

venuti disse madonna Berenice a Lavinello : Lavinello, egli t' è pure venuto fatto
quello, di che oggi Gismondo ti minacciò:
sappi che ti converrà dire in presenza di
madonna la Reina domane. E fatto loro
intendere come la novella era ita; e alquanto sopra ragionatone, licenziatigli,
a' bisogni della notte e al sonno diedero
le loro ore. Ma venuto il dì, e desinatosi,
e ciascuno alle sue dimore ritornato, presa la Reina quella compagnia di donne e
di gentili uomini, che le parve dover pigliare, con le tre donne e co' tre giovani
n' andò nel giardino, e messasi ancor lei a
sedere sopra la verde e dipinta erbetta al-
l' ombra degli Allori, come l' altre in su
due bellissimi origlieri, che quivi posti
dalle sue damigelle l' aspettavano, e ciascuno altro delle donne e degli uomini
secondo la loro qualità chi più presso di
lei e chi meno rassettatisi, altro che il
dire di Lavinello non s' attendea, il quale
fatta riverenza alla Reina incominciò : Poscia che io intesi Madonna esser piacere
di vostra Maestà, che io in presenza di
voi ragionassi quello, che alla picciola nostra brigata di questi due dì avere a ragionare mi credea, stetti buona pezza sopra
me alla debolezza del mio ingegno, e al-
l' importanza delle cose propostemi, e al
convenevole di vostra Altezza ripensando,
e pareami aver mal fatto, quando io alle
nostre donne e a' miei compagni promet-

tendo di dire accettai questo peso. Perciocchè quantunque io allora estimassi come
che sia poter per avventura soddisfare al
loro disio, nondimeno tosto che io mi
pensai che le mie parole alle vostre orecchie doveano pervenire, e la immagine di
voi mi posi innanzi, subitamente e le mie
forze più brievi, e la materia più ampia essere m'apparvono d'assai, che elle non m'erano per lo addietro parute. Perchè io mi
tenni essere a stretto partito infinoattanto,
che all'infinita vostra naturale umanità rivolto il pensiero da lei confortato ripresi
animo, estimando di non dover potere errare ubbidendovi; perciocchè io d'ogni
mio possibile fallo ne la conoscea vie maggiore. Oltre che poi più altre parti d'intorno a questo fatto considerate compresi,
che se la fortuna avendo risguardo alla
grandezza delle cose che dir si poteano,
avea loro maggiore ascoltatrice e più alta
giudice apparecchiata, ciò a me non dovea essere discaro, quando da voi e perdono dove io errassi, e ajuto dove io
mancassi, venire abbondevolmente mi potea, e non altro. Senza che se io risguardo più avanti, buona arra mi può esser
questa di dovere ancora poter vincere la
presente quistione da Gismondo propostaci, e da lui e da Perottino disputata, il
vedere allo ascoltamento de' miei amorosi
ragionamenti datami la Reina di Cipri, la
qual cosa non avvenne degli loro. Vaglia-

mi adunque il così preso di voi augurie
Madonna in quella parte, che io il prendo, e aspiri ora in ciò, che io debbo
dire, il dolce raggio della vostra salutevole (1) assidenza, nell'ampio favor della
quale distendendo le sue ali il mio picciolo e pauroso ardire con buona licenza di
voi incomincerò. Comportevoli poteano
essere amendue le opinioni, Madonna, jeri
a voi dalle nostre donne e loro questi
giorni da' miei compagni recitate, e di
volontà si sarebbe la lor lite terminar potuto senza nuovo giudicio alcuno, se l'uno
dalla noja e l'altro dalla gioja che essi
amando sentono, sollecitati la giusta misura nel giudicare passata non avessero, e
la libertà del dire portata ciascuno in troppo stretto e rinchiuso luogo. Perciocchè
per conprendere in brieve spazio tutto
quello in che essi occuparono lunga ora,
se come hanno voluto dimostrarci l'uno
che Amore sempre è reo, nè può esser
buono, e l'altro che egli sempre è buono,
nè può reo essere, avessero così detto che
egli è buono, e che egli è reo, e oltre a
ciò non si fossero iti ristrignendo, di
meno si sarebbe potuto fare di dare ora
questo disagio a vostra Maestà d'ascoltarmi.
Perciocchè nel vero così è, che Amore,
di cui ragionato ci s'è, può essere e buono e reo, siccome io m'accosterò di far

(1) Assidenza è l'atto del sedere, assistenza, presenza, accomodato a sedere.

lor chiaro. E quantunque di queste le
tali e così fatte opinioni manifestamente
ne segua convenirsi di necessità confessare
che almeno l' una non sia vera, perciocchè esse tra se si discordano, non per
tanto eglino sopra ciò in cotal guisa le vele diedero de i loro ragionamenti, che
senza fallo e l'una e l' altra sono potute
agli ascoltanti parer vere; o almeno quale
sia la men vera, sciorre non si può agevolmente, il che tuttavia che amendue
sieno false non è picciol segno, conciossiacosachè la verità, quando ella è tocca,
saglie quasi favilla fuori delle bugie subitamente manifestandosi a chi vi mira. E
certo molte cose ha raccolte Perottino,
molte novelle, molti argomenti recati, per
dimostrarci che Amore sempre è amaro,
sempre è dannoso; molti dall' altra parte
Gismondo in farci a credere, che egli
altro che dolcissimo e giovevolissimo essere non possa giammai. L' uno doglioso, l' altro festoso è stato. Quegli piangendo ha fatto noi piagnere, questi mot-
teggiando ci ha fatti ridere più volte. E
mentre che in diverse maniere ciascuno e
con più (1) amminicoli s'è ingegnato di
sostentare la sua sentenza; dove gli altri
per trarne il vero disputano, che in dubbio sia, essi con le loro dispute l' hanno
posto in quistione, dove egli non v' era.

_____

(1) Amminicoli, cioè aiuti, sostentamenti.

Ora non aspettino i miei compagni che io a ciascuna parte m'opponga delle loro contese, che sono per lo più di soverchio. Io di tanto con loro gareggerò, di quanto fie bastevole a fargli racconoscenti delle loro torte e mal prese vie. Dico adunque, Madonna, che conciossiacosachè Amore niente altro è che disio, il quale come che sia d'intorno a quello che c'è piaciuto, si gira, perciocchè amare senza disio non si può o di goder quello che noi amiamo, o d'altramente goderne che noi non godiamo, o di goderne sempre, e di bene che noi con la volontà all'amate cose cerchiamo; e disio altro non è, che Amore, perciocchè desiderare cosa che non s'ami, non è di nostra possa, nè può essere in alcun modo; ogni amore e ogni disio sono quel medesimo e l'uno e l'altro. E questi sono in noi di due maniere solamente, o naturali, o di nostra volontà. Naturali sono, siccome è amare il vivere, amare lo intendere, amare la perpetuagione di se medesimi, i figliuoli, e le giovevoli cose, che la natura senza mezzo alcuno ci dà, e sempre durano, e sono in tutti gli uomini ad un modo. Di nostra volontà sono poi quegli altri, che in noi separatamente si creano, secondo che essa volontà invitata dagli obbietti muove a desiderare or uno or altro, or questa cosa or quella, or molto or poco, e questi disii e scemano e crescono, e si lasciano e si ripigliano, e ba-

stato e non bastano, e in quest'animo
d'una maniera e in quello sono d'altra,
siccome noi medesimi vogliamo, e acconci
siamo a dar loro ne'nostri animi alloggia-
mento e stato. Ma non a ventura nè a
caso ci furono così date queste guise di
disii, Madonna, che io vi ragiono, anzi
con ordinato consiglio di chiunque s'è colui, che è di noi e di tutte le cose prima e verissima cagione. Perciocchè volendo egli che la generazion degli uomini,
siccome anco quelle degli altri animali,
s'andasse col mondo perpetuando ricove-
randosi di tempo in tempo, s'avvide essere di necessità crear in tutti noi altresì,
come in loro, questo amor di vita, che
io dissi, e de'figliuoli, e delle cose che
giovano e fanno a nostro migliore e più
perfetto stato, il quale amore se stato non
fosse, sarebbe co'primi uomini la nostra spezie finita, che ancor dura. Ma
perciocchè avendoci esso a maggiori cose
e a più alto fine creati, che fatto gli altri animali non avea, aggiunse ne'nostri
animi le parti della ragione, fu di mestiero, acciocchè ella in noi vana e oziosa
non rimanesse, che egli la volontà, che
io dissi, eziandio aggiugnesse in noi libera
e di nostro arbitrio, con la quale e disiderare e non disiderare potessimo d'intorno alle altre cose, secondo che a noi venisse parendo il migliore. Così avviene,
che nelle naturali e primiere nostre voglie

tutti amiamo e disideriamo ad un modo, siccome fanno gli altri animali medesimi, i quali procacciano di vivere e di bastare al meglio che essi possono ciascuno; ma nelle altre non così, perciocchè io tale ne potrò amare, che non amerà Perottino, e tale amerà egli, che io per avventura non amerò, o egli molto l'amerà, dove io l'amerò poco. Ora è da saper quello, di che jeri Gismondo ci ragionò, che perciocchè la natura non s'inganna, i disii che naturali sono, sono similmente buoni sempre, nè possono rei essere in alcuna maniera giammai, ma gli altri, il che non ci ragionò già jeri Gismondo, perciocchè la nostra volontà può ingannarsi, e più sovente il fa che io non vorrei, e buoni e rei esser possono altresì, come sono i fini, a cui ella dirizza il disio. E di questa maniera di disii è quello, di cui ci propose il ragionare Gismondo, ed il quale amore generalmente chiamano le genti tutto dì, e per lo quale noi amanti comunemente ci chiamiamo; conciossiacosachè secondo l'arbitrio di ciascuno amiamo, e disamiamo, e diversamente amiamo, e non necessariamente sempre, e tutti quel medesimo, e ad un modo, siccome avviene ne' naturali disii. Perchè egli e buono e reo esser può secondo la qualità del fine, che dalla nostra volontà gli è dato. Quantunque Gismondo per sostegno delle sue ragioni, che cadeano, co' naturali disii

nel mescolasse, volendoci dimostrar per
questo, che egli buono fosse sempre, nè
potesse malvagio essere in alcun tempo.
Perciocchè chi non sa, che se io gentile
e valorosa donna amerò, e di lei lo 'nge-
gno, l' onestà, la cortesia, la leggiadria,
e l' altre parti dell' animo più che quelle
del corpo, nè quelle del corpo per se,
ma in quanto di quelle dell' animo sono
fregio ed adornamento; chi non sa dico,
che se io così amerò, il mio amore sarà
buono, perciocchè buona sarà la cosa da
me amata e disiderata? Ed allo 'ncontro
se io ad amare disonesta e stemperata donna mi disporrò, o pure di casta e di temperata quello, che suole essere obbietto
d' animo disonesto e stemperato, come si
potrà dire che tale amore malvagio e fello
non sia; conciossiacosachè quello che si cerca, è in se medesimo fello e malvagio?
Certo siccome a chi in quella guisa ama,
le più volte avviene che quelle venture lo
seguono, che ci disse Gismondo che segui-
vano gli amanti, risvegliamento d'ingegno,
sgombramento di sciocchezza, acc鼓escimen-
to di valore, fuggimento d' ogni voglia
bassa e villana, e delle noje della vita in
ogni luogo in ogni tempo dolcissimo e
salutevolissimo riparo; così a chi in questa maniera disia, altro che male avvenire
non gliene può: perciocchè bene spesso
quell' altre sciagure lo 'ncontrano, nelle
quali ci mostrò Perottino, che incontrava-

no gli amanti cotante e così gravi : scorni, sospetti, pentimenti, gelosie, sospiri, lagrime, dolori, manchezza di tutte le buone opere, di tempo, d'onore, d'amici, di consiglio, di vita, e di se medesimo perdezza e distruggimento. Ma non credere tuttavia Gismondo, perciocchè io così parli, che io per avventura stimi buono essere lo amare nella guisa, che tu ci hai ragionato. Io tanto sono da te, quanto tu dalla verità lontano, dalla quale ti discosti ogni volta, che fuori de' termini de' duo primi sentimenti e del pensiero ti lasci dal tuo disiderio traportare, e di loro amando non stai contento. Perciocchè è verissima opinione a noi dalle più approvate scuole degli antichi diffinitori lasciata, nulla (1) altro essere il buono amore, che di bellezza disio. La qual bellezza che cosa è, se tu con tanta diligenza per lo addietro avessi d'intendere procacciato, con quanta ci hai le parti della tua bella donna voluto jeri dipingere sottilmente, nè come fai, ameresti tu già, nè quello, che tu cerchi amando, aresti a gli altri lodato, come hai. Perciocchè ella non è altro, che una grazia, che di proporzione e di convenenza nasce e d'armonia nelle cose; la quale quanto è più perfetta ne' suoi suggetti, tanto più amabili

_____

(1) *Amor buono è disio di bellezza.*

essere ce gli fa, e più vaghi, ed è accidente negli uomini non meno dell'animo,
che del corpo. Perciocchè siccome è bello
quel corpo, le cui membra tengono proporzione tra loro, così è bello quello animo, le cui virtù fanno tra se armonia; e
tanto più sono di bellezza partecipi e l'uno
e l'altro, quanto in loro è quella grazia,
che io dico, delle loro parti e della loro
convenenza più compiuta e più piena. È
adunque il buon amore disiderio di bellezza tale, quale tu vedi, e d'animo parimente e di corpo, ed a lei, siccome a
suo vero obbietto, batte e stende le sue
ali per andare. Al qual volo egli due finestre ha, l'una, che a quella dell'animo
lo manda, e questa è l'udire, l'altra,
che a quella del corpo lo porta, e questa
è il vedere. Perciocchè siccome per le forme, che a gli occhi si manifestano, quanta è la bellezza del corpo conosciamo,
così con le voci, che gli orecchi ricevono,
quanta quella dell'animo sia, comprendia-
mo. Nè ad altro fine ci fu il parlare dalla
natura dato, che perchè esso fosse tra
noi de' nostri animi segno e dimostramento. Ma perciocchè il passare a' loro obbietti
per queste vie la fortuna ed il caso sovente a' nostri disiderj tor possono da loro,
siccome spesso avviene, lontanandoci; che
come tu dicesti, a cosa, che presente
non ci sia, l'occhio, nè l'orecchio non
si stende; quella medesima natura, che i

due sentimenti dati n'avea, ci diede parimente il pensiero, col quale potessimo al
godimento delle une bellezze e delle altre,
quandunque a noi piacesse, pervenire.
Conciossiacosachè, siccome ci ragionasti tu
jeri lungamente, e le bellezze del corpo e
quelle dell'animo ci si rappresentano col
pensarvi, e pigliasene ogni volta, che a
noi medesimi piace, senza alcuno osta-
colo godimento. Ora siccome alle bellezze dell'animo aggiugnere, nè fiutando,
nè toccando, nè gustando non si può,
così non si può nè più nè meno eziandio
a quelle del corpo, perciocchè questi sentimenti tra le siepi di più materiali obbietti si rinchiudono, che non fanno quegli
altri. Che perchè tu fiutassi di questi fiori,
o la mano stendessi tra quest'erbe, o gu-
stassine, bene potresti tu sentire quale di
loro è odorante, quale (1) fiatoso, quale
amaro, quale dolce, quale aspero, quale
morbido; ma che bellezza sia la loro, se
tu non gli mirassi altresì, mica non potresti tu conoscere più di quello, che potesse
conoscere un cieco la bellezza d'una dipinta immagine, che davanti recata gli fosse.
Perchè se il buono amore, come io dissi,
è di bellezza disio, e se alla bellezza altro
di noi e delle nostre sentimenta non ci
scorge, che l'occhio e l'orecchio ed il pen-

---

(1) *Fiatoso*, cioè *puzzolente*.

siero, tutto quello, che è dagli amanti con
gli altri sentimenti cercato fuori di ciò,
che per sostegno della vita si procaccia,
non è buono amore, ma è malvagio; e tu
in questa parte amatore di bellezza non sarai, o Gismondo, ma di sozze cose. Perciocchè sozzo e laido è l'andar di que' diletti cercando, che in straniera balía dimorano, ed avere non si possono senza occu-
pazione dell'altrui, e sono in se stessi e
disagevoli e nocenti e terrestri e (1) limacciosi: potendo tu di quelli avere, il godere
de' quali nella nostra potestà giace, e godendone nulla s'occupa che alcuno tenga
proprio suo, e ciascuno è in se agevole,
innocente, spiritale, puro. Questi bastava
che tu jeri ci avessi lodati, o Gismondo:
questi potrai tu ad ogni tempo con le
prose e con le rime innalzare: che sopra
il convenevole senza fallo alcuno essi giammai non saranno innalzati. Di quegli altri
se tu pure ragionar ci volevi, biasimando-
gli a tuo potere e avvallandogli dovevi tu
farlo: che il buono amore aresti lodato acconciamente in questa guisa, dove tu l'hai
sconciamente in quella maniera vituperato.
Il quale perciocchè grande Iddio si dice
essere, io ti conforterei, Gismondo, che tu
ora il contrario facessi in ammenda del tuo
errore di quello, che fe' già Stesicoro negli

---

(1) *Limacciosi*, cioè *pieni di Limo*, o *di fango*, e
*di belletta*.

antichi tempi in ammenda del suo: perciocchè avendo egli co' suoi versi la Greca Elena vituperata, e fatto per questo cieco, da capo in sua loda ricantandone tornò sano. Così tu oggi contrariamente tanto di loro ci rifavellassi disprezzandogli, quanto tu jeri ci hai apprezzandogli ragionato, e sì riaverai tu la luce del diritto giudicio, che hai perduta. Tacque Lavinello così un poco, detto chè egli ebbe infin qui, e come avviene che si fa ragionando (1) sostatosi ricoglieva spirito per riparlare; quando la Reina soavemente alquanto sopra se recatasi così a lui con sereno aspetto cominciò, e disse: Bene avete fatto, Lavinello, per certo a sovvenirci ora di quello, poeti e versi ricordandoci, di che per avventura la vaghezza de' vostri ragionamenti tacendol voi ci arebbe tenuta obbliosa. Perciocchè avendo i vostri compagni, siccome noi abbiamo inteso, tra gli loro ragionamenti di questi dì cotaute e così belle rime mescolate, che le vostre donne udite hanno, non volete ancor voi ora alcuna delle vostre mescolare, e tramettere in questi parlari, che noi eziandio ascoltiamo, poscia che le loro non abbiamo ascoltate? Se io rime avessi, Madonna, rispose con riverente fronte Lavinello, le quali di tanto fossero di quelle de' miei compagni più vaghe, quanto sete

---

(1) *Sostatosi*, cioè *fermatosi*.

voi delle nostre donne maggiore, io per
avventura potrei oggi senza biasmo d'arro-
ganza recitarne alcuna, siccome essi fecero
jeri e dianz' jeri le molte loro, che voi dite.
Ma io non le ho pure di gran lunga al
nostro picciolo primier cerchio bastevoli,
non che elle ardissero di lasciarsi in così
ampio teatro, quale la vostra presenza è,
in alcuna guisa sentire. Perchè piaccia più
tosto a vostra Maestà di non mi porre addosso quel peso, che io portar non posso.
Voi di troppo ci onorate, riprese la Reina,
con la vostra grande umanità, e le vostre
donne si potranno di voi dolere, le quali
noi come sorelle onoriamo. Ma lasciando
ciò andare, voi di certo ci fareste ingiuria,
se di quello non voleste rallegrarci, di che
hanno i vostri compagni le loro ascoltatrici rallegrate, e di che tuttavia sentiamo, che sete abbondevole e dovizioso ancor voi. Per la qual cosa non trovando
Lavinello via, come onestamente ricusare
gliele potesse, dopo altre parole sì di madonna Berenice, che la Reina cortesemente
pregava che al tutto lo facesse dire alcuna
canzone, e sì di Gismondo, che diceva che
egli n'era maestro, esso così disse: Io dirò,
Madonna, poi che così piace a vostra Maestà,
e dirò pure, come io potrò; e poscia che
a questo fare mi chiamate ora, che io delle tre innocenti maniere di diletti, che
bene amando si sentono, vi ragionava,
quello di loro, che tre mie canzoni nate

ad un corpo ne raccogliessero già, in parte
vi racconterò, acciocchè io così più tosto
questo rischievole passo valicato l'altra parte de' miei ragionamenti possa con più sicuro piede fornire, e ciò detto così incominciò la primiera.

Perchè'l piacer a ragionar m' invoglia,
    E di sua propria man mi detta Amore,
    Nè da l'un nè da l'altro ardisco aitarmi;
    Sgombrimisi del petto ogni altra voglia,
    E sol questa mercede appaghi il core,
    Tanto ch' io dica, e possa contentarmi.
    Ch' aver dinanzi sì bel viso parmi,
    Sì pure voci, e tanto alti pensieri,
    Che perch' io mai non speri
    Per forza di mio ingegno, o per altr' arte
    Cose leggiadre e nove,
    Che'n mill' anni volgendo il ciel non piove,
    Qual' io le sento al cor, stender in carte;
    Pur le mie ferme stelle
    Portan ad or ad or, ch'io ne favelle.
Era ne la stagion, che 'l ghiaccio perde
    Da le viole, e 'l Sol cangiando stile
    La faccia oscura a le campagne ha tolta:
    Quando tra'l bel cristallo e'l dolce verde
    Mi corse al cor la mia donna gentile;
    Che correr vi dovea sol una volta.
    Mia ventura in quel punto avea disciolta
    La treccia d'oro: e quel soave sguardo
    Lieto cortese e tardo
    Armavan sì felici e cari lumi,
    Che quant' io vidi poi
    Vago amoroso e pellegrin fra noi,

Rimembrando di lor tenni ombre e fiumi;
E dicea fra me stesso:
Amor senza alcun dubbio è qui da presso.
Ben diss'io'l ver, che come'l dì col Sole,
Così con la mia donna Amor ven sempre,
Che da begli occhi mai non s'allontana.
Poi senti' ragionando dir parole,
E risonar in sì soavi tempre,
Che già non mi sembiar di lingua umana.
Correa da parte una chiara fontana,
Che vide l'acque sue quel dì più vive
Avanzar per le rive,
E 'ncontro i raggi de le luci sante,
Ogni ramo inchinarsi
Del bosco intorno, e più frondoso farsi,
E fiorir l'erbe sotto le sue piante,
E quetar tutti i venti
Al suon de' primi suoi beati accenti.
Quante dolcezze con amanti unquanco
Non eran state certo infin quel giorno,
Tutte fur meco; e non la scorsi appena.
Vincea la neve il vestir puro e bianco
Dal collo a' piedi: e'l bel lembo d'intorno
Avea virtù da far l'aria serena.
L'andar toglieva l'alme a la lor pena,
E ristorava ogni passato oltraggio:
Ma'l parlar dolce e saggio,
Che m'avea già da me stesso diviso,
E i begli occhi, e le chiome,
Che fur legami a le mie care some,
De le cose parean di paradiso
Scese qua giuso in terra,
Per dar al mondo pace, e torli guerra.

*Deh se per mio destin voci mortali,*
*E son di donna pur queste bellezze,*
*Beato chi l'ascolta, e chi la mira:*
*Ma se non son; chi mi darà tante ali,*
*Ch' io segua lei, s'avvien ch' ella non prezze*
*Di star là 've si piagne e si sospira?*
*Così pensava: e'n quanto occhio si gira,*
*Vidi un, che'l dolce volto dipingea*
*Parte, e parte scrivea*
*Ne l'alma dentro le parole e'l suono*
*Dicendo: queste omai*
*Penne da gir con lei tu sempre arai.*
*Allor mi scossi: e qual io qui mi sono,*
*Tal la mia donna bella*
*M'era nel petto in viso ed in favella.*
*Rimanti qui, Canzon; poichè de l'alto*
*Mio tesoro infinito*
*Così poveramente t' hai vestito.*

Detta questa canzone volea Lavinello a' suoi ragionamenti ritornare: ma la Reina, che del suo dire di tre canzoni nate ad un corpo non s'era dimenticata; essendonele questa piaciuta, volle che egli eziandio alle altre due passasse: onde egli la seconda in questa guisa incominciando seguitò, e disse:

*Se ne la prima voglia mi rinvesca*
*L'anima desiosa, e pur un poco*
*Per levarmi da lei l'ale non stende,*
*Meraviglia non è: di sì dolce esca*
*Movono le faville, e nasce il foco,*

Ch'a ragionar di voi donna m'accende.
Voi siete dentro: e ciò che fuor risplende,
Esser altro non può, che vostro raggio.
Ma perch'io poi non aggio
In ritrarlo ad altrui le rime accorte,
Ben ha da voi radice
Tutto quel, che per me se ne ridice:
Ma le parole son debili e corte;
Che se fosser bastanti,
Ne 'nvaghirei mille cortesi amanti.
Però che da quel dì, ch'io feci in prima
Seggio a voi nel mio cor, altro che gioja
Tutto questo mio viver non è stato.
E se per lunghe prove il ver s'estima,
Quantunque ch'io mi viva, o ch'io mi moja,
Non spero d'esser mai, se non beato;
Sì fermo è 'l piè del mio felice stato.
E certo sotto 'l cerchio de la luna
Sorte giojosa alcuna,
Ed un ben, quanto 'l mio, non si ritrova.
Che s'altri è lieto alquanto,
Immantenente poi l'assale il pianto:
Ma io non ho dolor, che mi rimova
Da la mia festa pura,
Vostra mercè, Madonna, e mia ventura.
E se duro destin a ferir viemmi
Con più forza talor, di là non passa
Da la spoglia, ond'io va caduco e frale;
Che 'l piacer, di che Amor armato tiemmi,
Sostiene il colpo, o gir oltra nol lassa,
Là 've sedete voi, che 'l fate tale.
Però s'io vivo a tempo, che mortale
Fora ad altrui, non è per proprio ingegno.
**Bembo Vol. I.** 15

Io per me nacqui un segno
Ad ogni strul de le sventure umane:
Ma voi siete il mio schermo:
E perch' io sia di mia natura infermo,
Sotto 'l caso di me poco rimane.
Lasso, ma chi può dire
Le tante guise poi del mio gioire?
Che spesso un giro sol degli occhi vostri,
Una sol voce in allentar lo spirto
Mi lassa in mezzo 'l cor tanta dolcezza,
Che nol porian contar lingue nè inchiostri:
Nè così 'l verde serva lauro o mirto,
Com' ei le forme d'ogni sua vaghezza.
Ed ho sì l'alma a questo cibo avvezza,
Ch' a lei piacer non può, nè la desvia
Cosa, che voi non sia,
O col vostro pensar non s'accompagne;
E quando il giorno breve
Copre le rive e le piaggie di neve;
E quando 'l lungo infiamma le campagne;
E quando aprono i fiori;
E quando i rami poi tornan minori.
Gigli, calta, viole, acanto, e rose,
E rubini, e zaffiri, e perle, ed oro
Scopro, s'io miro nel bel vostro volto.
Dolce armonia de le più care cose
Sento per l'aere andar, e dolce coro
Di spiriti celesti, s'io v'ascolto.
Tutto quel, che diletta, insieme accolte
E posto col piacer, che mi trastulla
Se di voi penso, è nulla.
Nè giurerei ch' Amor tanto s'avanzi,
Perch' ha la face e l'arco;

*Quanto per voi mio prezioso incarco:*
  *Ed or mel par veder, ch' a voi dinanzi*
  *Voli superbo, e dica:*
  *Tanto son io, quanto m'è questa amica.*
*Nè tu per gir, Canzon, ad altro albergo*
  *Del mio ti partirai;*
  *Se quanto rozza sei, conoscerai.*

E poi di questa passò Lavinello eziandio alla terza senza dimora, e disse.

*Da poi ch' Amor in tanto non si stanca*
  *Dettarmi quel, ond' io sempre ragioni;*
  *E 'l piacer più che mai dentro mi punge,*
  *Ancor dirò; ma se dal vero manca*
  *La voce mia, madonna il mi perdoni,*
  *Che 'n tutto dal nostr' uso si disgiunge.*
  *E come salirei, dov' ella aggiunge,*
  *Io basso e grave ed ella alta e leggera?*
  *Basti mattino e sera*
  *L'alma inchinarle, quanto si convene;*
  *E qualche pura scorza*
  *Segnar allor, che 'l gran desio mi sforza,*
  *Del suo bel nome, e le più fide arene,*
  *Acciocchè 'l mar la chiami,*
  *Ed ogni selva la conosca ed ami.*
*Questo faccia il desir in parte sazio,*
  *Che vorria alzarsi a dir de la mia donna,*
  *Ma tema di cader lo tiene a freno.*
  *E se per le sue lode unqua mi spazio,*
  *Ch' è ben d'alto valor ferma colonna;*
  *Non è però, ch' io creda dirne a pieno.*
  *Ma perch' altrui lo stato mio serena*

Cerco mostrar, che sol da lei diriva,
Forza è talor, ch'io scriva,
Com'ogni mio pensier indi si miete;
O di quella soave
Aura, che del mio cor volge la chiave,
O pur di voi, che 'l mio sostegno siete,
Stelle lucenti e care,
Se non quando di voi mi siete avare.
Voi date al viver mio l'un fido porto:
Che come 'l sol di luce il mondo ingombra,
E la nebbia sparisce innanzi al vento;
Così mi vien da voi gioja e conforto,
E così d'ogni parte si disgombra
Per lo vostro apparir noja e tormento.
L'altro è, quando parlar madonna sento,
Che d'ogni bassa impresa mi ritoglie;
E quel laccio discioglie,
Che gli animi stringendo a terra inclina,
Tal, ch'io mi fido ancora,
Quand'io sarò di questo carcer fora,
Far di me stesso a la morte rapina;
E 'n più leggiadra forma
Rimaner degli amanti esempio e norma.
Il terzo è 'l mio solingo alto pensiero,
Col qual entro a mirarla, e cerco, e giro
Suoi tanti onor, che sol un non ne lasso:
E scorgo il bel sembiante umile altero,
E 'l riso, che fa dolce ogni martiro,
E 'l cantar, che potria mollir un sasso.
O quante cose qui tacendo passo,
Che mi stan chiuse al cor sì dolcemente,
Poi raffermo la mente
In un giardin di novi fiori eterno:

*Ed odo a dir nell' erba,*
*A la tua donna questo si riserba:*
*Ella potrà qui far la state e 'l verno.*
*Di cotai viste vago*
*Pascomi sempre, e d'altro non m'appago.*
*E chi non sa, quanto si gode in cielo*
*Vedendo Dio per l'anime beate*
*Provi questo piacer, di ch' io gli parlo.*
*Da quel dì innanzi mai caldo nè gela*
*Non temerà, nè altra indignitate*
*Ardirà de la vita unque appressarlo:*
*E pur ch'un poco mova a salutarlo*
*Madonna il dolce e grazioso ciglio,*
*Più di nostro consiglio*
*Non avrà uopo, e vincerà il destino:*
*Che quelle vaghe luci*
*A salir sopra 'l ciel gli saran duci;*
*E mostrerangli il più dritto cammino:*
*E potrà gir volando*
*Ogni cosa mortal sotto lasciando.*
*Ove ne vai, Canzon, s'ancora è meco*
*L'una compagna e l'altra?*
*Già non sei tu di lor più ricca o scaltra.*

Ispeditosi Lavinello del dire delle tre
canzoni, i suoi primieri ragionamenti così
riprese:

Questo poco, Madonna, che io v' ho
fin qui detto, sarebbe alle nostre donne
potuto per avventura bastare per dimostramento della menzogna, che l'uno e
l'altro de' miei compagni sotto le molte
falde delle loro dispute aveano questi gior-

ni , siccome udito avete, assai aoconcia-
mente nascosa, ma non a voi, nè pure alla
vostra fanciulla, che così vagamente l'al-
tr'jeri alle tavole di vostra Maestà cantando ci mostrò quello, che io dire ne dovea, poscia che i miei compagni per le
pedate dell'altre due mettendosi aveano a
tacerlo. Nella qual cosa tuttavia ben prov-
vide senza fallo alcuno al mio gran bisogno la fortuna di questi ragionamenti.
Perciocchè andando io questa mattina per
tempo da costor toltomi e del castello
uscito solo in su questi pensieri, posto il
piè in una vietta, per la quale questo
colle si sale che c'è qui dietro, senza sapere dove io m'andassi, pervenni a quel
boschetto, che la più alta parte della vaga
montagnetta occupando cresce ritondo,
come se egli vi fosse stato posto a misura.
Non ispiacque agli occhi miei quello incontro ; anzi rotto il pensar d'amore ed
in sul piè fermatomi, poscia che io mirato
l'ebbi così dal di fuori, dalla vaghezza
delle belle ombre e del selvareccio silenzio
invitato mi prese disiderio di passar tra
loro, e messomi per un sentiero, il quale
appena segnato dalla vietta ove io era dipartendosi nella vaga selva entrava, e per
entro passando non ristetti prima, sì m'ebbe in uno aperto non molto grande il (1)

---

(1) *Poco parevole, cioè poco apparente.*

poco parevole tramitello portato. Dove
come io fui, così dall' uno de' canti mi
venne una capannuccia veduta, e poco da
lei discosto tra gli alberi un nom tutto
solo lentamente passeggiare canutissimo e
barbuto e vestito di panno simile alle cor-
teccie de' querciuoli, tra' quali egli era.
Non s' era costui avveduto di me, il quale
in profondo pensiero essendo, siccome a
me parea di vedere, tale volta nello spaziare si fermava, e stato ch' egli era così
un poco, a passeggiare lento lento si ritornava, e così più volte fatto avea,
quando io mi pensai che questi potesse
essere quel santo uomo, che io avea udito dire che a guisa di romito si stava in
questo d'intorno, venutovi per meglio potere nello studio delle sante lettere dimorando pensare alle alte cose. Perchè volentieri mi sarei fatto più avanti per salutarlo, e se egli era colui, che io istimava
che egli fosse, ricordandomi che io avea
oggi a dire dinanzi a vostra Maestà, per
avere da lui eziandio alcun consiglio d'intorno a' miei ragionamenti. Perciocchè io
avea inteso che egli era scenziatissimo, e
che con tutto che egli fosse di santa e disagevole vita, siccome quegli che di radici
d'erbe e di coccole salvatiche o d'acqua
e sempre solo vivea, egli era nondimeno
affabilissimo, e poteasi di ciò, che altri
avesse voluto, sicuramente dimandarlo,
che egli a ciascuno sempre dolce e uma-

nissimo rispondea. Ma villania mi parea
fare a torlo da' suoi pensieri, e così mi-
randolo mi (1) stava in pendente. Nè stetti
guari, che egli si volse verso la parte,
dove io era, e veggendomi, occasione mi
diede a quello, che io cercava. Perciocchè
incontro passandogli con molta riverenza il
salutai. Stette nel mio saluto alquanto sopra se il santo uomo, e poi verso me
con miglior passo facendosi disse: Dunque
sei tu pure qui ora il mio Lavinello: E
questo detto ravvicinatomisi e di me amendue le gote soavemente prendendo mi
basciò la fronte. Nuova cosa mi fu senza
fallo alcuno l'essere quivi così amichevol-
mente ricevuto e per nome chiamato da
colui, del quale io alcuna contezza non
avea, nè sapea in che modo egli avere di
me la sí potesse. Perchè da subita maraviglia soprappreso, e mirando cotal mezzo
con vergogna, il santo uomo pure per
vedere se io racconoscere nel potessi, e
non racconoscendolo, siccome quello, che
io altra volta veduto non avea, stetti per
buono spazio senza nulla dire infinoattanto, che egli con un dolce sorriso del mio
maravigliare mostrò che s'accorgesse. Laonde io preso ardire così risposi: Qui è ora,
Padre, Lavinello per certo, siccome voi

_____

(1) *Stare in pendente, cioè in dubbio, è bel modo
di dire.*

dite, non so se a caso venutoci, o pure
per volere del cielo. Ma voi il fate sopra
modo maravigliare, nè sa pensare come
ciò sia, che voi lui conosciate, il quale nè
in questo luogo fu altra volta più, nè vi
vide, che egli sappia, giammai. Allora il
buon vecchio, che già per mano preso
m'avea, movendo verso la capanna il passo con lieto e tranquillo sembiante disse:
Io non voglio, Lavinello, che tu di cosa,
che ad alto possa piacere, ti maravigli.
Ma perciocchè tu, come io veggo, a piè
qui dal castello venuto salendo il colle
puoi avere alcuna fatica sostenuta più tosto che no, siccome dilicato, che mi pare
che tu sii, andiamci colà, e sì sederai, e
io ti terrò volentieri compagnia, che non
sono perciò il più gagliardo uom del mondo, e quello, che io so di te, sedendo e
riposando ti farò chiaro. Indi con pochi
valchi sotto alcune ginestre guidatomi,
che dinanzi la picciola casa erano, sopra
il piano d'un tronco d'albero, il quale
lungo le ginestre posto a lui e a' suoi
osti semplice e bastevole seggio facea, si
pose a sedere, e volle che io sedessi, e
poi che m'ebbe alquanto lasciato riposare,
incominciò: Tanto è largo e cupo il pelago della divina provvidenza, o Figliuolo,
che la nostra umanità in esso mettendosi,
nè termine alcuno vi truova, nè in mezzo può fermarsi; perciocchè vela di mortale ingegno tanto oltre non porta, e fune

di nostro giudicio, per molto che ella vi si stenda, non basta a pigliar fondo, in maniera che bene si veggono molte cose tutto dì avvenire, volute e ordinate da lei; ma come elle avvengano., o a che fine, noi non sappiamo, siccome ora in questo mio conoscerti, di che ti maravigli, è avvenuto. E così seguendo mi raccontò, che dormendo egli questa notte prossimamente passata gli era nel sonno paruto vedermi a se venire tale, quale io venni: e dettogli chi io era, e tutti gli accidenti di questi due passati giorni, e le nostre dispute, e il mio dover dire d'oggi alla presenza di vostra Maestà, e quello che io in parte pensava di dirne, che è quanto testè udito avete, raccontatogli, dimandarlo di ciò che ne gli paresse, e che esso d'intorno a questo fatto dicesse, se a lui convenisse ragionarne, come a me conveniva. Laonde egli con questa immaginazione destatosi e levatosi buona pezza v'avea pensato, e tuttavia, quando io il sopraggiunsi, vi pensava. Di che egli a guisa di conosciuto mi ricevette, e a se già per la contezza della notte fatto dimestico e famigliare. Crebbe in cento doppi la mia dianzi presa maraviglia, udendo il santo uomo, e la credenza, che io vi recai della sua santità, divenne senza fine maggiore: e così tutto d'orrore e di riverenza pieno, come esso tacque: Ben veggio io, dissi, Padre, che io non senza volere degl' Iddii qui sono, a'quali voi cotanto siete, quanto si vede, caro. Ora, perciocchè si dee credere che essi con l'avuta visione v'abbiano dimostrato essere di piacer loro che voi a questo mio maggiore uopo ajuto e consiglio mi prestiate, credo io acciò che la nostra Reina dolce cura della loro Maestà non come io posso, ma come essi vogliono, s'onori, piacciavi al voler loro soddisfare, che al mio oggimai non debbo io dir più. Anzi pure a colui piaccia, al quale ogni ben piace, che io al tuo desiderio possa con la sua volontà soddisfare, così rispose il santo uomo. E così risposto, e gli occhi verso il cielo alzati e per picciolo spazio con fiso sguardo tenutovegli, a me rivolto in questa guisa riprese a dire: Grande fascio avete tu e i tuoi compagni abbracciato, Lavinello, a me oggimai non meno di figliuol caro, a dir d'Amore e della sua qualità prendendo, sì perchè infinita è la moltitudine delle cose, che dire vi si posson sopra, e sì ancora maggiormente, perciocchè tutto il giorno tutte le genti ne quistionano, quelle parti ad esso dando, che meno gli si converrebbe dare, e quelle, che sono sue certissime, proprissime, necessarissime tacendo e da parte lasciando per non sue; la qual cosa ci fa poi più malagevole il ritrovarne la verità contro le opinioni degli altri uomini; quasi allo 'ndietro camminando. Non pertanto non dee alcuno di cercarne spaven-

tarsi, e perchè faticoso sia il poter giugnere a questo segno, ritrarsi da farne pruova. Perciocchè di poche altre cose può
avvenire, o forse di non niuna, che lo
intendere ciò che elle sono, più ci debba
esser caro, che il sapere che cosa è Amore. Il che quanto a voi sia ora nelle dispute de' tuoi compagni, e in quello che
tu stimi di poterne dire, avvenuto, e chi
più oltre si sia fatto di questo intendimen-
to, e chi meno, ne rimetto io a madonna la Reina il giudicio. Ma dello avere
avuto ardire di cercarne, bella loda dare
vi se ne conviene. Tuttavolta se a te giova che io ancora alcuna cosa ne rechi sopra, e più avanti se ne cerchi, facciasi a
tuo soddisfacimento, pure che non istimi
che la verità sotto queste ginestre, più che
altrove, si stia nascosa. E affine che tu in
errore non istii di ciò, che detto hai, che
amore e disiderio sono quello stesso, io ti
dico, che egli nel vero non è così. Ma
veggasi prima, che cosa in noi, o pure
che parte di noi è Amore, dipoi che egli
non sia disiderio, ti farò chiaro. È adunque da sapere, che siccome nella nostra
intellettiva (1) parte dell'animo sono pure
tre parti, o qualità, o spezie ciascuna di
loro differente dall'altre e separata: per-

---

(1) *La parte intellettiva dell'animo è divisa in tre*
*spezie.*

ciocchè v' è primieramente l' intelletto,
che è la parte di lei acconcia e presto allo 'ntendere, e può nondimeno ingannarsi : v'è per secondo lo intendere, che io
dico, il quale non sempre ha luogo ; che
non sempre s' intendono le intelligibili
cose ; anzi non l' ha egli, se non tanto,
quanto esso intelletto si muove e volge
con profitto d' intorno a quello, che a
lui è proposto per intendersi e per sapersi : evvi dopo queste ultimatamente, e di
loro nasce quella cosa o luce, o immagine, o verità, che dir la vogliamo, che a
noi bene intesa si dimostra, frutto e parto delle due primiere, la qual tuttavia se
è male intesa, nè verità, nè immagine,
nè luce dire si può ; ma caligine e abba-
gliamento e menzogna : così nè più nè
meno sono nella nostra vogliosa parte del
medesimo animo pure tre (1) spezie per
gli loro ufficii propria e dall' altre due
partita ciascuna. Conciossiacosachè v' è di
prima la volontà, la qual può e volere
parimente e disvolere, fonte e capo delle
due seguenti : e che v' è dopo questa il
volere, di cui parlo, e ciò è il disporsi a
mettere in opera essa volontà o molto, o
poco, o ancora contrariamente, che è dis-
volendo : e che v' è per ultimo quello,
che di queste due si genera : il che se

_____

(1) Tre specie della parte vogliosa dell' animo.

piace, amore è detto; se dispiace, odio per lo suo contrario necessariamente si convien dire. Nasce adunque (1) amore, Lavinello, e creasi nella guisa, che tu hai veduto, ed è in noi, o di noi quella parte, che tu intendi. Ora che egli non sia disiderio, in questo modo potrai vedere. Perciocchè bene è vero, che desiderar cosa per noi non si può, che non s'ami; ma non perciò ne viene, che non s'ami cosa, che non si disideri altresì: perciocchè se n'amano molte, e non si disiderano, e ciò sono tutte quelle, che si posseggono. Che tosto che noi alcuna cosa possediamo, a noi manca di lei il disiderio in quella parte, che noi la possediamo, e in luogo di lui sorge e sottentra il piacere. Che altri non disidera quello, che egli ha, ma egli se ne diletta godendone: e tuttavia egli l'ama ed hallo caro vie più che prima, siccome fai tu, il quale mentre ancor bene l'arte del verseggiare, e del rimare non sapevi, sì l'amavi tu assai, siccome cosa bella e leggiadra, che ella è, ed insieme la disideravi. Ma ora, che l'hai, ed usar la sai, tu più non la disideri, ma solamente a te giova ed etti caro di saperla, ed amila molto ancor più, che tu prima che la sapessi e possedessila, non facevi. La qual cosa meglio ti verrà parendo vera, se tu a quello, che odio e timor siano,

---

(1) Amore e desiderio.

parimente risguarderai. Perciocchè quantunque temere di niuna cosa non si possa, che
non s'abbia in odio ; pure egli non è che
alle volte non s'odii alcuna cosa senza te-
merla. Che tu puoi avere in odio i violatori
delle mogli altrui, e di loro tuttavia non
temi, perciocchè tu moglie non hai, che
essere ti possa violata. E io in odio ho i
rubatori dell'altrui ricchezze, nè perciò di
lor temo, che io non ho ricchezza da te-
merne, come tu vedi. Per la qual cosa ne
segue, che siccome odio può in noi essere
senza timore, così vi può amore essere
senza disio. Non è adunque disio amore,
ma è altro. Tuttavia io non voglio, Lavinello, ragionar teco e disputare così sottilmente, come per avventura farei tra filosofi e
nelle scuole. E sia per me, se così a te
piace, amore e desiderio quello stesso. Ma
io sapere da te vorrei, poscia che tu questa
notte detto m'hai, che amore può essere
e buono e reo secondo la qualità degli obbietti e il fine che egli è dato, perchè è
che gli amanti alle volte s'appigliano ad
obbietti malvagi e cattivi? Non è egli perciò, che essi nello amare il senso seguono,
che la ragione? Non per altro che io mi
creda, risposi, Padre, che per cotesto. Ora
se io ti dimanderò allo' incontro, seguitò
il santo uomo, perchè avviene che gli amanti eziandio (1) s'invogliano degli obbietti

_____
(1) S'invogliano, cioè prendono voglia.

convenevoli e sani, non mi risponderai tu
ciò avvenire per questo, che essi amando,
quello che la ragione detta loro più seguono, che quello che il senso pon loro innanzi? Così vi risponderò, dissi io, e non
altrimente. È adunque, diss'egli, ne gli
uomini il seguir la ragione, più che il
senso, buono: a allo 'ncotro il seguire il
senso, più che la ragione, reo. È, dissi
io, senza fallo alcuno. Ora mi di', riprese
egli, che cagione fa, che negli uomini seguire il senso più che la ragione, sia reo?
Fállo, risposi, ciò, che essi la cosa migliore abbandonano, che è la ragione, ed essa lasciano, che appunto è la loro; laddove
alla men buona s'appigliano, che è il senso
ed esso seguono, che non è il loro. Che la
ragione miglior cosa non sia, che il senso,
io, diss'egli, non ti niego: ma come di' tu
che il senso non è il loro, non è egli
degli uomini il sentire? A quello che io
avvedere me ne possa, Padre, voi ora mi
tentate, risposi; ma io nondimeno vi ubbi-
dirò, e dissi: Siccome nelle scale sono gradi, de' quali il primiero e più basso niuno
n'ha sotto se, ma il secondo ha il primo,
e il terzo ha l'uno e l'altro, e il quarto
tutti e tre; così nelle cose, che Dio create
ha infino alla spezie degli uomini, dalla
più vile incominciando essere si vede avvenuto. Perciocchè sono alcune, che altro
che l'essere semplice non hanno, siccome
sono le pietre, e questo morto legno, che

noi ora sedendo premiamo. Altre hanno
l'essere e il vivere, siccome sono tutte le
erbe, tutte le piante. Altre hanno l'essere
e la vita e il senso, siccome hanno le fiere. Altre poi sono, che hanno l'essere e
la vita e il senso e la ragione, e questi
siam noi. Ma perciocchè quella cosa più si
dice esser di ciascuno, che altri meno ha,
come che l'essere e il vivere sieno parimente
delle piante; non si dice tuttavia, se non
che il vivere è il loro, perciocchè l'essere
delle pietre è, e di molte altre cose parimente, delle quali non è poi la vita. E
quantunque l'essere e il vivere e il sentire
sieno delle fiere, come io dissi, medesimamente ciascuno, non per tanto il sentire
solamente si dice essere il loro, perciocchè
il vivere essi hanno in comune con le piante
e con le pietre, delle quali non è il sentire. Simigliantemente perchè l'essere e il
vivere e il senso e la ragione sieno in noi,
dire per questo non si può che l'essere sia
il nostro, o il vivere, o il sentire, che sono
dalle tre maniere, che io dico, avute medesimamente, e non pur da noi; ma dicesi,
che è la ragione, di cui le tre guise delle
create cose sotto noi non hanno parte. Se
così è, disse allora il santo uomo, che la
ragione sia degli uomini e il senso delle
fiere, perciocchè dubbio non è che la ragione più perfetta cosa non sia, che il
senso, quelli che amando la ragione seguono, ne' loro amori la cosa più perfetta

seguendo fanno intanto come uomini; e quelli che seguono il senso, dietro alla meno perfetta mettendosi fanno come fiere. Così non fosse egli da questo canto, rispos'io, Padre, vero cotesto, che voi dite, come egli è. Adunque possiamo noi la miglior parte nello amare abbandonandolo, diss'egli, che è la nostra, alla men buona appigliarci, che è l'altrui? Possiamo, rispos'io, per certo. Ma perchè è, diss'egli, che noi questo possiamo? Perciocchè la nostra volontà, risposi, con la quale ciò si fa o non fa, è libera e di nostro arbitrio, come io dissi, e non stretta. o più a questo che a quello seguire necessitata. Ora le fiere, seguitò egli, possono elleno ciò altresì fare, che la miglior parte, e quella, che è la loro, abbandonino e a dietro lascino giammai? Io direi che esse abbandonare non la possono, risposi, se non sono da istrano accidente violentate. Perciocchè ad esse volóntà libera non è data, ma solo appetito, il quale dalla forma delle cose istrane con lo strumento delle sentimenta invitato sempre dietro al senso si gira. Perciocchè il cavallo, quandunque volta a bere ne lo 'nvita il gusto, veduta l'acqua egli vi va, e a bere si china, dove la briglia ritraendo non glielo vieti colui, che gli è sopra. Quanto vorrei che tu altramente m'avessi potuto rispondere, Lavinello, disse il santo uomo. Perciocchè se noi possiamo ne' nostri amori alla men buona parte appigliandoci la mi-

gliore abbandonare, e le fiere non possono,
esse non operando come piante, e noi operando come fiere, peggior condizione pare
che sia in questo la nostra, figliuolo, a quello
che ne segue, che non pare la loro; e questa nostra volontà libera, che tu di' a nostro male ci sarà suta data, se questo è vero.
E potrassi credere che la natura quasi pen-
tita d'avere tanti gradi posti nella scala
delle specie, che tu dì', poscia che ella ci
ebbe creati col vantaggio della ragione, più
ritorre non la ne potendo, questa libertà
ci abbia data dell' arbitrio, affine che in
questa maniera noi medesimi la ci togliessi-
mo del nostro scaglione volontariamente a
quello delle fiere scendendo; a guisa di
Febo, il quale poscia che ebbe alla Trojana
Cassandra l'arte dell' indovinare donata;
pentitosi, e quello che fatto era (1) frastornare non si possendo, le diede che ella
non fosse creduta. Ma tu per avventura
che ne stimi? parti egli che così sia? Io,
Padre, quello, che me ne paja o non paja,
non so dire, risposi, se io non dico che
tanto a me ne pare, quanto pare a voi.
Ma pure volete voi, che io creda che la
natura si possa pentere, che non può errare?
Mai no, che io non voglio che tu il creda,

_____

(1) *Frastornare*, cioè *far tornare a dietro*. Bocc.

disse il santo uomo. Ben voglio che tu consideri, Figliuolo, che la natura, la quale nel vero errar non può, non avrebbe alla nostra volontà dato il potere dietro al senso sviandoci farci scendere alla specie, che sotto noi è, se ella dato medesimamente non l'avesse il potere dietro alla ragione inviandoci a quella farci salire, che c'è sopra. Perciocchè ella sarebbe stata ingiusta, avendo nelle cose da se in uso ed in sostentamento di noi create posta necessità di sempre in quelli privilegj servarsi, che ella concessi ha loro, a noi, che signori ne siamo ed a' quali esse tutte servono, avere dato arbitrio d'arrischiare il capitale da lei donatoci sempre in perdita, ma in guadagno non mai. Nè è da credere, che alle tante e così possenti maniere d'allettevoli vaghezze, che le nostre sentimenta porgono all'animo in ogni stato, in ogni tempo, in ogni luogo, perchè noi dietro all'appetito avvallandoci sozze fiere diveniamo, ella ci abbia concesso libero ed agevole inchinamento, ed a quelle, che l'intelletto ci mette innanzi affine che noi con la ragione innalzandoci diveniamo Iddii, ella il poter poggiare ci abbia tolto e negato. Perciocchè, o Lavinello, che pensi tu che sia questo eterno specchio dimostrantesi a gli occhi nostri così uno sempre, così certo, così infaticabile, così luminoso, del sole che tu miri? e quell'altro della sorella che uno medesimo non è mai? e gli tanti splendori,

che da ogni parte si veggono di questa
circonferenza, che intorno ci si gira, ora
queste sue bellezze, ora quelle altre sco-
prendoci, santissima, capacissima, maravigliosa? Elle non sono altro, Figliuolo, che
vaghezze di colui, che è di loro e d'ogni
altra cosa dispensatore e maestro, le quali
egli ci manda incontro a guisa di messaggi
invitantici ad amar lui. Perciocchè dicono i
savj uomini, che perciocchè noi di corpo
e d'animo (1) constiamo, il corpo, siccome
quello che d'acqua e di fuoco e di terra
e d'aria è mescolato, discordante e caduco
da' nostri genitori prendiamo, ma l'animo
esso ci dà purissimo ed immortale e di ritornare a lui vago, che ce l'ha dato. Ma
perciocchè egli in questa prigione delle
membra rinchiuso più anni sta, che egli
lume non vede alcuno, mentre che noi
fanciulli dimoriamo, e poscia dalla turba
delle giovenili voglie ingombrato ne' terrestri amori perdendosi, può del divino di-
menticarsi, esso in questa guisa il richiama,
il sole ogni giorno, le stelle ogni notte, la
luna vicendevolmente dimostrandoci. Il quale dimostramento che altro è, se non una
eterna voce, che ci sgrida: O stolti che
vaneggiate? Voi ciechi d'intorno a quelle
vostre false bellezze occupati a guisa di
Narciso vi pascete di vano disio, e non

---

(1) *Constiamo*, cioè *siamo composti*.

v'accorgete che elle sono ombre della vera, che voi abbandonate. I vostri animi sono eterni; perchè di fuggevole vaghezza gl'innebbriate? Mirate noi come belle creature ci siamo, e pensate quanto dee esser bello colui, di cui noi siam ministre. E senza dubbio, Figliuolo, se tu il vero della mondana caligine dinanzi a gli occhi levandoti vorrai la verità sanamente considerare, vedrai alla fine altro che stolto vaneggiamento non essere tutti i vostri più lodati disii. Che per tacere di quegli amori, i quali di quanta miseria sien pieni, li Perottiniani amanti e Perottino medesimo essere ce ne possono abbondevole esempio, che fermezza, che interezza, che soddisfazione hanno perciò quegli altri ancora, che essi cotanto cercar si debbano e pregiare, quanto Gismondo ne ha ragionato? Senza fallo tutte queste vaghezze mortali, che pascono i nostri animi vedendo, ascoltando, e per l'altre sentimenta valicando, e mille volte col pensiero entrando e rientrando per loro, nè come esse giovino so io vedere, quando elle a poco a poco in maniera di noi (1) s'indonnano co'loro piaceri pigliandoci, che poi ad altro non pensiamo, e gli occhi alle vili cose inchinati con noi medesimi non ci raffrontiamo giammai, ed infine

_____

(1) S'indonnano, cioè si fanno donne e patrone.

siccome se il beveraggio della maliosa Cir-
ce preso avessimo, d'uomini ci cangiamo
in fiere : nè in che guisa esse così pienamente dilettino, so io considerare, ponia-
mo ancora che falso diletto non sia il loro, quando elle sì compiute essere in suggetto alcuno non si vedono nè vedranno
mai, che esse da ogni lor parte soddisfac-
ciano chi le riceve, e pochissime sono
le più che comportevolmente non peccanti.
Senza che esse tutte ad ogni brieve caldic-
ciuolo s'ascondono di picciola febbre che
ci assaglia, o almeno gli anni vegnenti le
portan via seco la giovanezza, la bellezza,
la piacevolezza, i vaghi portamenti, i dolci ragionamenti, i canti, i suoni, le danze, i conviti, i giuochi, e gli altri piaceri amorosi traendo. Il che non può non
essere di tormento a coloro, che ne son
vaghi; e tanto ancor più, quanto più essi
a que' diletti si sono lasciati prendere
ed (1) incapestrare. A'quali se la vecchiezza non toglie questi disii, quale più misera disconvenevolezza può essere, che la
vecchia età di (2) fanciulle voglie contami-
nare, e nelle membra tremanti e deboli (3)
affettare i giovenili pensieri? Se gli toglie,
quale sciocchezza è amar giovani così acce-

_____

(1) *Incapestrare*, cioè *legare*, *allacciar col capestro.*
(2) *Fanciulle* per *fanciullesche*, *nuovamente poste.*
(3) *Affettare*, cioè *ansiosamente bramare.*

samente cose, che poi amare quelli medesimi non possono attempati? e credere che sopra tutto e giovevole e dilettevole sia quello, che nella miglior parte della vita nè diletta nè giova? Che miglior parte della vita nostra è per certo quella, Figliuolo, in cui la parte di noi migliore, che è l'animo, da (1) servaggio degli appetiti liberata regge la men buona temperatamente, che è il corpo, e la ragione guida il senso, il quale dal caldo della giovanezza portato non l'ascolta, qua e là dove esso vuole scapestratamente traboccando. Di che io ti posso ampissima testimonianza dare, che giovane sono stato altresì, come tu ora sei, e quando alle cose, che io in quegli anni più lodar solea e desiderare, torno con l'animo ripensando, quello ora di tutte me ne pare, che ad un bene risanato infermo soglia parere delle voglie che esso nel mezzo delle febbri avea, che schernendosene, conosce di quanto egli era dal convenevole conoscimento e gusto lontano. Per la qual cosa dire si può, che sanità della nostra vita sia la vecchiezza, e la giovanezza infermità; il che tu quando a quegli anni giugnerai, vedrai così esser vero, se forse ora veder nol puoi. Ma tornando al tuo compagno, che ha le molte feste de'suoi amanti cotanto sopra il

(1) *Servaggio*, *cioè servitù.*

cielo tolte ne' suoi ragionamenti, lasciamo
stare che le minori di loro asseguire non
si possano senza mille noje tuttavia; ma
quando è, che egli nel mezzo delle sue
più compiute gioje non sospiri, alcun' altra cosa più che prima disiderando? o
quando avviene che quella conformità delle voglie, quella comunanza de' pensieri
della fortuna, quella concordia di tutta
una vita in due amanti si trovi? quando
si vede niuno essere, che ogni giorno seco
stesso alle volte non si discordi, e talora
in maniera, che se uno lasciare se medesimo potesse, come due possono l'uno l'altro, molti sono, che si lascerebbono, ed
un altro animo si piglierebbono ed un altro corpo. E per venire, Lavinello, eziandio
a' tuoi amori, io di certo gli loderei, e
passerei nella tua opinione in parte, se
essi a disiderio di più giovevole obbietto
t' invitassero, che quello non è, che essi
ti mettono inuanzi, e non tanto per se
soli ti piacessero, quanto perciò, che essi
ci possono a miglior segno fare e meno
fallibile intesi. Perciocchè non è (1) il
buono amore disio solamente di bellezza,
come tu stimi; ma è della vera bellezza
disio, e la vera bellezza non è umana e
mortale, che mancar possa, ma è divina
ed immortale: alla qual per avventura ci

---

(1) *Il buono amore è disio di vera bellezza.*

possono queste bellezze innalzare, che tu lodi, dove elle da noi sieno in quella maniera, che esser debbono, riguardate. Ora che si può dire in loro loda perciò, che pure sopra il convenevole non sia? conciossiacosachè del loro allettamento presi si lascia il vivere in questa umana vita, come Iddii. Perciocchè Iddii sono quegli uomini, Figliuolo, che le cose mortali sprezzano, come divini, ed alle divine aspirano, come mortali: che consigliano, che discorrono, che prevedono, che hanno alla sempiternità pensamento, che muovono, e reggono, e temprano il corpo, che è loro in governo dato, come de gli dati nel loro fanno e dispongono gli altri Iddii. O pure che bellezza può tra noi questa tua essere così piacevole e così piena, che proporzion di parti, che in umano ricevimento si truovino, che convenenza, che armonia, che ella empiere giammai possa e compiere alla nostra vera soddisfazione e appagamento? O Lavinello Lavinello, non sei tu quello, che cotesta forma ti dimostra, nè sono gli altri uomini, ciò che di fuori appare di loro altresì: ma è l'animo di ciascuno quello, che egli è, e non la figura, che col dito si può mostrare. Nè sono i nostri animi di qualità, che essi con alcuna bellezza, che qua giù sia, conformare si possano, e di lei appagarsi giammai. Che quando bene tu al tuo animo quante ne sono potessi por davanti, e la scelta concedergli di tutte loro, e riformare a tuo modo quelle che in alcuna parte ti paressero mancanti, non lo appagheresti perciò, nè men tristo ti partiresti da' piaceri, che avessi di tutte presi, che da quegli ti soglia partire, che prendi ora. Essi perciocchè sono immortali, di cosa, che mortal sia, non si possono contentare. Ma perciocchè siccome dal sole prendono tutte le stelle luce, così quanto è di bello oltra lei dalla divina eterna bellezza prende qualità e stato: quando di queste alcuna ne vien loro innanzi, bene piacciono esse loro, e volentieri le mirano, inquanto di quella sono immagini e lumicini, ma non se ne contentano, nè se ne soddisfanno tuttavia, pure della eterna e divina, di cui esse sovvengono loro, e che a cercar di se medesima sempre con occulto pungimento gli stimola, disiderosi e vaghi. Perchè siccome quando alcuno in voglia di mangiare preso dal sonno e di mangiar sognandosi non si satolla, perciocchè non è dal senso, che cerca di pascersi, la immagine del cibo voluta, ma il cibo; così noi mentre la vera bellezza e il vero piacere cerchiamo, che qui non sono, le loro ombre, che in queste bellezze corporali terrene e in questi piaceri ci si dimostrano, agognando non pasciamo l'animo, ma lo inganniamo. La qual cosa è da vedere che per noi non si faccia, acciocchè con noi' il nostro buon guardianó non s'adiri, e in balía ci lasci del malvagio, veggendo che per noi più amore ad una poca buccia d'un volto si porta e a queste misere e manchevoli e bugiardę vaghezze, che a quello immenso splendore, del quale questo sole è raggio, e alle sue vere e felici e sempiterne bellezze non portiamo. E se pure questo nostro vivere è un dormire, siccome coloro i quali a gran notte addormentati con pensiero di levarsi la dimane per tempo, e dal sonno soprattenuti, si sognano di destarsi e di levarsi, perchè tuttavia dormendo si levano, e presa la guarnaccia s'incominciano a vestire; così noi non delle immagini e sembianze del cibo, e di questi aombrati diletti e vani, ma del cibo istesso, e di quella ferma e soda e pura contentezza nel sonno medesimo procacciamo, e a pascere incominciancene così sognando, acciocchè poi risvegliati alla Reina delle fortunate isole piacciamo. Ma tu forse di questa Reina altra volta non hai udito. Non, padre, diss'io, che me ne paja ricordare, nè intendo di qual piacimento vi parliate. Dunque l'udirai tu ora, disse il santo uomo, e seguitò: Hanno tra le loro più secrete memorie gli antichi maestri delle sante cose, essere una (1) Reina in quelle

---

(1) *Reina delle Isole fortunate.*

Isole, che io dico, Fortunate, bellissima, e di mariviglioso aspetto, ed ornata di cari e preziosi vestiri, e sempre giovane. La qual marito non vuole già e servasi vergine tutto tempo, ma bene d' essere amata e vagheggiata si contenta. Ed a quegli, che più l' amano, ella maggior guiderdone dà de' loro amori, e convenevole secondo la loro affezione a gli altri. Ma ella di tutti in questa guisa ne fa pruova. Perciocchè venuto che ciascuno l' è davanti, che è secondo che essi sono da lei fatti chiamare or uno or l' altro, essa con una verghetta toccatigli ne gli manda via. E questi incontanente, che del palagio della Reina sono usciti, s' addormentano, e così dormono infinoattanto che essa gli fa risvegliare. Ritornano adunque costoro davanti la Reina un' altra volta risvegliati, ed i sogni, che hanno fatti dormendo, porta ciascuno scritti nella fronte tali, quali fatti gli hanno nè più nè meno, i quali essa legge prestamente. E coloro, i cui sogni ella vede essere stati solamente di cacciagioni, di pescagioni, di cavalli, di selve, di fiere, essa da se gli scaccia, e mandagli a stare così vaghiando tra quelle fiere, con le quali essi dormendo si sono di star sognati: perciocchè dice che se essi amata l'avessero essi almeno di lei si sarebbono sognati qualche volta, il che poscia che essi non hanno fatto giammai, vuole che vadano e si vivano con le lor fiere. Quegli altri poi, a'quali è paruto ne'loro sogni di mercatantare, o di governare le famiglie, e le comunanze, o di fare somiglianti cose tuttavia poco della Reina ricordandosi, essa gli fa essere altresì quale mercatante, quale cittadino, quale (1) anziano nelle sue città di cure e di pensieri gravandogli e poco di loro curandosi parimente. Ma quelli, che si sono sognati con lei, essa gli tiene nella sua corte a stare e a ragionare secò tra suoni e canti e sollazzi d'infinito contento, chi più presso di se, e chi meno, secondo che essi con lei sognando più o meno si sono dimorati ciascuno. Ma io per avventura, Lavinello, oggimai troppo lungamente ti dimoro, il quale più voglia dei avere, o forse mestiero, di ritornarti alla tua compagnia, che di più udirmi. Senza che oltre a ciò a te gravoso potrà essere lo indugiare a più alto sole la partita, che oggimai tutto il cielo ha riscaldato, e vassi tuttavia rinforzando. A me voglia nè mestiero fa punto che sia, Padre, diss'io ancora, di ritornarmi, e dove a voi nojoso non sia il ragionare, sicuramente niuna cosa mi ricorda che io facessi giammai così volentieri, come ora volentieri v'ascolto. Nè di sole,

---

(1) *Anziano, cioè Priore, che precede agli altri.*

che (1) sormonti, vi pigliate pensiero, poscia che io altro che a scendere non ho, il che ad ogni ora far si può agevolmente. Nojoso agli antichi uomini non suole già essere il ragionare, disse il buon vecchio, che è piuttosto un diporto della vecchiezza, che altro. Nè a me può nojosa esser cosa che di piacere ti sia. Perchè seguasi: E così seguendo disse: Dirai adunque a Perottino e a Gismondo, Figliuolo, che se essi non vogliono essere tra le fiere mandati a vegghiare, quando essi si risveglieranno, essi miglior sonno si procaccino di fare, che quello non è, che essi ora fanno. E tu Lavinello, credi che non sarai perciò caro alla Reina, che io dico, poscia che tu poco di lei sognandoti tra questi tuoi vaneggiamenti consumi più tosto senza pro, che tu in alcuna vera utilità di te usi e spenda il dormire che t'è dato. E infine sappi che buono amore non è il tuo. Il quale posto che non sia malvagio in ciò, che con le bestievoli voglie non si mescola, si è egli non buono in questo, che egli ad immortale obbietto non ti tira, ma tienti nel mezzo dell'una e dell'altra qualità di disio, dove il dimorare tuttavia non è sano, conciossiacosachè nel pendente delle rive stando più agevol-

---

(1) *Sormonti, cioè s'alzi.*

mente nel fondo si sdrucciola, che alla (1) vetta non si sale. E chi è colui, che a' piaceri d'alcun senso dando fede, per molto che egli si proponga di non inchinare alle ree cose, egli non sia almeno alle volte per inganno preso? considerando che pieno d'inganni è il senso, il quale una medesima cosa quando ci fa parer buona, quando malvagia, quando bella, quando sozza, quando piacevole, quando dispettosa? Senza che come può essere alcun disio buono, che ponga ne' diletti delle sentimenta, quasi nell' acqua, il suo fondamento, quando si vede che essi avuti, inviliscono, e tormentano non avuti, e tutti sono brevissimi e di fuggitivo momento? Nè fanno le belle e segnate parole, che da cotali amanti sopra ciò si dicono, che pure così non sia: i quali diletti tuttavolta se il pensiero fa continui, quanto sarebbe men male, che noi la mente non avessimo celeste e immortale, che non è avendolá di terreno pensiero ingombrarla, e quasi seppellirla? Ella data non ci fu, perchè noi l' andassimo di mortal veleno pascendo, ma di quella salutevole ambrosia, il cui sapore mai non tormenta, mai non invilisce, sempre è piacevole, sempre caro. E questo altramente non si fa, che a quello Dio i nostri animi rivolgendo, che ce gli ha dati. Il che farai tu,

---

(1) *Vetta è la cima degli alberi.*

Figliuolo, se me udirai, e penserai, che esso tutto questo sacro tempio, che noi mondo chiamiamo, di se empiendolo ha fabbricato con maraviglioso consiglio, rito ido, e in se stesso ritornante, e di se medesimo bisognoso e ripieno, e cinselo di molti cieli di purissima sustanza sempre in giro moventisi, e allo 'ncontro del maggiore tutti gli altri, ad uno de' quali diede le molte stelle, che da ogni parte lucessero, e a quelli, di cui esso è contenitore, una n' assegnò per ciascuno, e tutte volle che il loro lume da quello splendore pigliassero, che è reggitore de' loro corsi, facitore del dì e della notte, apportatore del tempo, generatore e moderatore di tutte le nascenti cose. E questi lumi fece che s' andassero per li loro cerchj ravvolgendo con certo e ordinato giro, e il loro assegnato cammino fornissero, e fornito ricominciassero, quale in più breve tempo, e quale in meno. E sotto questi tutti diede al più puro elemento luogo, e appresso empiè d' aria tutto ciò che è infino a noi. E nel mezzo, siccome nella più infima parte, fermò la terra quasi (1) ajuola di questo tempio, e d'intorno a lei sparse le acque elemento assai men grave, che essa non è, ma vie più grave dell' a-

---

(1) *Ajuola, cioè picciola aja e piazzetta.*

ria, di cui è poscia il fuoco più leggiero. Quivi diletto ti sarà estimare, in che maniera per queste quattro parti le quattro guise della loro qualità si vadano mescolando, e come esse in un tempo e accordanti sieno e discordanti tra loro: mirare gli aspetti della mutabile Luna, riguardare alle fatiche del Sole, scorgere gli altri giri dell'erranti stelle, e di quelle che non sono così erranti, e di tutti le cagioni, le operagioni considerando portar l'animo per lo cielo, e quasi con la natura parlando conoscere quanto brieve e poco è quello, che noi qui amiamo, quando il più lungo spazio di questa nostra vita mortale due giorni appena non sono d'uno de' veri anni di questi cieli, e quando la minore delle conosciute stelle di quel tanto e così infinito numero è di tutta questa soda e ritonda circunferenza, che terra è detta, maggiore, per cui noi cotanto c'insuperbiamo: della quale ancora quello, che noi abitiamo, è a rispetto dell'altro stretta e menomissima particiuola. Senza che qua ogni cosa v'è debole e inferma, venti, piogge, ghiacci, nevi, freddi, caldi vi sono, e febbri, e fianchi, e stomachi, e gli altri cotanti morbi, i quali nel votamento del buon vaso male per noi dall'antica Pandora scoperchiato ci assalirono, dove là ogni cosa v'è sana e stabile e di convenevole perfezion piena, che nè morte v'aggiugne, nè vecchiezza vi perviene, nè difetto alcuno v' ha luogo. Ma vie maggiore diletto ti sarà e più senza fine maraviglioso, se tu da questi cieli che si veggono, a quelli che non si veggono passerai, e le vere cose, che ivi sono, contemplerai d' uno ad altro sormontando, ed in questo modo a quella bellezza, che sopra essi e sopra ogni bellezza è, innalzerai, Lavinello, i tuoi disii. Perciocchè certa cosa è tra coloro, che usati sono di mirare non meno con gli occhi dell' animo, che del corpo, oltra questo sensibile e material mondo, di cui ed io ora t'ho ragionato, e ciascuno ne ragiona più spesso, perciocchè si mira, essere un altro mondo ancora nè materiale nè sensibile, ma fuori d' ogni maniera di questo separato e puro, che intorno il sopraggira, e che è da lui cercato sempre, e sempre ritrovato parimente; diviso da esso tutto, e tutto in ciascuna sua parte dimorante, divinissimo, intendentissimo, illuminatissimo, ed esso stesso di se stesso e migliore e maggiore tanto più, quanto egli più si fa alla sua cagione ultima prossimano; nel qual cielo bene ha eziandio tutto quello, che ha in questo, ma tanto sono quelle cose di più eccellente stato, che non son queste, quanto tra queste sono le celesti a miglior condizione, che le terrene. Perciocchè ha esso la sua terra, come si vede questo avere, che verdeggia, che manda fuori sue piante, che sostiene suoi animali, ha il mare, che per lei si mescola, ha l'aria, che lì cigne, ha il fuoco, ha la luna, ha il sole, ha le stelle, ha gli altri cieli. Ma quivi nè seccano le erbe, nè invecchiano le piante, nè muojono gli animali, nè si turba il mare, nè s'oscura l'aere, nè riarde il fuoco, nè sono a continui rivolgimenti i suoi lumi necessitati, o i suoi cieli. Non ha quel mondo d'alcun mutamento mestiero; perciocchè nè state, nè verno, nè jeri, nè dimane, nè vicinanza, nè lontananza, nè ampiezza, nè strettezza (1) lo circonscrive, ma del suo stato si contenta, siccome quello, che è della somma e per se stessa bastevole felicità pieno: della quale gravido egli partorisce, ed il suo parto è questo mondo medesimo, che tu miri. Fuori del quale se per avventura non ci pare che altro possa essere, a noi adivien quello, che adiverrebbe ad uno, il quale ne' cupi fondi del mare nato e cresciuto, quivi sempre dimorato si fosse, perciò che egli non potrebbe da se istimare che sopra l'acque v'avesse altre cose; nè crederebbe che frondi più belle, che alga, o campi più vaghi, che di rena, o fiere più gaje, che pesci, o abitazioni d'altra maniera, che di cavernose pietre, o altre elementa, che terra ed acqua, fossero e vedessersi

---

(1) *Lo circonscrive, cioè lo ristrigne, o termina.*

in alcun luogo. Ma se esso a noi passasse ed al nostro cielo, veduto de' prati e delle selve e de'colli la dipintissima verdura, e la varietà degli animali, quali per nodrirci, e quali per agevolarci nati, veduto le città, le case, i templi, che vi sono, le molte arti, la maniera del vivere, la purità dell'aria, la chiarezza del sole, che spargendo la sua luce, per lo cielo fa il giorno, e gli splendori della notte, che nella sua oscura ombra e dipinta la rendono e meravigliosa, e le altre così diverse vaghezze del mondo e così infinite, esso s'avvedrebbe, quanto egli falsamente credea, e non vorrebbe per niente alla sua primiera vita ritornare. Così noi miseri d'intorno a questa bassa e fecciosa palla di terra mandati a vivere bene miriamo l'aere e gli uccelli che 'l volano, con quella maraviglia medesima, con la quale colui farebbe il mare ed i pesci che lo notano, parimente, e per le bellezze eziandio discorriamo di questi cieli, che in parte vediamo. Ma che oltre a questi altre cose sieno vie più da dovere a noi essere, che le nostre a quel marino uomo non sarebbono, e maravigliose e care, o in che modo ciò sia, ella nostra povera stimativa non cape. Ma se alcuno Iddio vi ci portasse, Lavinello, e mostrasseleci, quelle cose solamente vere ci parrebbono, e la vita, che ivi si vivesse, vera vita, e tutto ciò, che qui è, ombra

ed immagine di loro essere, e non altro:
e giù in queste tenebre riguardando da
quel sereno gli altri uomini, che qui fossero, chiameremmo noi miseri, e di loro
ci prenderebbe pietà, non che noi più a
così fatto vivere tornassimo di nostra volontà giammai. Ma che ti posso io, Lavinello, qui dire? Tu sei giovane, e non so
come quasi per lo continuo pare che nella giovanezza non appiglino questi pensieri,
o se appigliano, siccome pianta in (1)
aduggiato terreno, essi poco (2) allignano
le più volte. Ma se pure nel tuo giovane
animo utilmente andassero innanzi, dove
tu al fosco lume di due occhi pieni già
di morte qua giù t'invaghi, che si può istimare che tu a gli splendori di quelle eterne
bellezze facessi così vere, così pure, così gentili? E se la voce d'una lingua, la quale poco avanti non sapea fare altro che piagnere,
e di qui a poco starà muta sempre, ti suole
essere dilettevole e cara; quanto si dee
credere che ti sarebbe caro il ragionare e
l'armonia, che fanno i cori delle divine
cose tra loro? E quando a gli atti d'una
semplice donnicciuola, che qui empie il numero dell'altre, ripensando prendi, e ricevi
soddisfacimento, quale soddisfacimento pen-

---

(1) *Aduggiato*, cioè *di maligna ombra adombrato.*
(2) *Allignano*, cioè *s'attaccano*, *appigliano*, *vengono,*
bene.

si tu che riceverebbe il tuo animo, se egli
da queste caligini col pensiero levandosi e
puro ed innocente a quelli candori passando,
le grandi opere del Signore che là su regge
mirasse e rimirasse intentamente, e ad esso
con casto affetto offeresse i suoi disii? O
Figliuolo, questo piacere è tanto, quanto
comprendere non si può da chi nol pruova, e provar non si può, mentre di quest'altri si fa caso. Perciocchè con occhi di
talpa, siccome i nostri animi sono di queste
voglie fasciati, non si può sofferire il Sole. Quantunque ancora con purissimo animo compiutamente non vi s'aggiugne. Ma
siccome quando alcuno strano passando dinanzi al palagio d'un Re, come che egli
nol veda, nè altramente sappia che egli Re
sia, pensa fra se stesso quello dovere essere
grande uomo, che quivi sta, veggendo pieno di sergenti ciò che v'è, e tanto maggiore ancora lo stima, quanto egli vede essere
quegli medesimi sergenti più orrevoli e più
ornati: così tutto che noi quel gran Signore con veruno occhio non vediamo, pure
possiam dire che egli gran Signore dee essere, poscia che ad esso gli elementi tutti
e tutti i cieli servono, e sono della sua
Maestà fanti. Perchè gran senno faranno i
tuoi compagni, se essi questo Prence cor-
teggeranno per lo innanzi, siccome essi
fatto hanno le loro donne per lo addietro,
e ricordandosi che essi sono in un tempio,
ad adorare oggimai si disporranno, che

vaneggiato hanno egl no assai, ed il falso e
terrestere e mortale amore spogliandosi si
vestiranno il vero e celeste ed immortale,
e tu, se ciò farai, altresì. Perciocchè ogni
bene sta con questo disio, e da lui ogni
male è lontano. Quivi non sono (1) emulazioni: quivi non sono sospetti: quivi non
sono gelosie: conciossiacosachè quello, che
s'ama, per molti che lo amino, non si toglie che altri molti non lo possano amare,
ed insieme goderne non altramente, che se
un solo amandolo ne godesse. Perciocchè
quella infinita deità tutti ci può di se contentare, ed essa tuttavia quella medesima
riman sempre. Quivi a niuno si cerca inganno, a niuno si fa ingiuria, a niuno si
rompe fede. Nulla fuori del convenevole
nè si procaccia, nè si concede, nè si desidera. Ed al corpo quello, che è bastevole
si dà, quasi (2) un'offa a Cerbero perchè
non (3) latri, e all'animo quello, che più
è lui richiesto, si mette innanzi. Nè ad
alcuno s'interdice il cercar di quello, che
egli ama: nè ad alcun si toglie il potere a
quel diletto aggiugnere, a cui egli amando
s'invia. Nè per acqua, nè per terra vi si

---

(1) *Emulazioni, cioè invidie.*
(2) *Un'offa a Cerbero, cioè un boccon di polliglia, e
di composizion sì fatta in bocca a Cerbero; di che Virg.
parla nel sesto: Melle soporatam et medicatam frugibus
Offam.*
(3) *Latrar vale abbajare.*

va, nè muro, nè tetto si sale. Nè d'armati fa bisogno, nè di scorta, di messaggiero. Iddio è tutto quello, che ciascun vede, che il disidera. Non ire, non scorni, non pentimenti, non mutazioni, non false allegrezze, non vane speranze, non dolori, non paure v'hanno luogo. Nè la fortuna v'ha potere, nè il caso. Tutto di sicurezza, tutto di tranquillità, tutto di contentezza, tutto di felicità v'è pieno E queste cose di qua giù, che gli altri uomini cotanto amano, per lo (1) asseguimento delle quali si vede andare così spesso tutto'l mondo sottosopra, ed i fiumi stessi correre rossi d'umano sangue, ed il mare medesimo alcuna fiata, il che questo nostro misero secolo ha veduto molte volte ed ora vede tuttavia; gl'imperj dico, e le corone, e le signorie, esse non si cercano per chi là su ama, più di quello che si cerchi da chi può in gran sete l'acqua d'un puro fonte avere, quella d'un torbido e paludoso (2) rigagno. Laddove allo 'ncontro la povertà, gli esilj, le pressure, se sopravvengono, il che tutto dì vede avvenire chi ci vive, esso con ridente volto riceve ricordandosi che quale panno cuopra, o quale terra sostenga, o qual muro chiuda questo corpo, non è da curare; pure che all'ani-

_____

(1) *Asseguimento*, cioè *conseguire, ottenere.*
(2) *Rigagno* è *un ruscelletto torbido, che tosto* manca.

mo la sua ricchezza, la sua patria, la sua
libertà per poco amore che egli loro porti,
non sia negata. Ed in brieve nè esso ai
dolci stati con soverchio diletto si fa incontro, nè dispettosamente rifiuta il vivere
negli amari. Ma sta nell'una e nell' altra
maniera temperato tanto tempo, quanto al
Signor, che l' ha qui mandato, piace che
egli ci stia. E dove gli altri amanti e vivendo sempre temono del morire, siccome di
cosa di tutte le feste loro dissipatrice, e
poscia che a quel varco giunti sono, il passano sforzatamente e maninconiosi; egli,
quando v' è chiamato, lieto e volentieri vi
va, e pargli uscire d'un misero e lamentoso
albergo alla sua lieta e festevole casa. E di
vero che altro si può dire questa vita, la
quale più tosto morte è che noi qui pere-
grinando viviamo, a tante noje, che ci assalgono da ogni parte così spesso, a tante
dipartenze, che si fanno ogni giorno dalle
cose che più amiamo, a tante morti, che
si vedono di coloro dì per dì, che ci sono
per avventura più cari, a tante altre cose
che ad ogni ora nuova cagione ci recano
di dolerci, e quelle più molte volte, che
noi più di festa e più di sollazzo doverci
essere riputavamo? Il che quanto in te si
faccia vero, tu il sai. A me certo pare
mill'anni, che io dallo invoglio delle membra sviluppandomi, e di questo carcere
volando fuora, possa da così fallace albergo partendomi là, onde io mi mossi, ri-

tornare, ed aperti quegli occhi, che in
questo cammino si chiudono, mirar con essi
quella ineffabile bellezza, di cui sono amante sua dolce mercè già buon tempo, ed ora
perchè io vecchio sia, come tu mi vedi,
ella non m'ha perciò meno che in altra
età caro, nè mi rifiuterà perchè io di così
grosso panno vestito le vada innanzi. Quantunque nè io con questo panno v'andrò, nè
tu con quello v'andrai. Nè altro di questi
luoghi si porta alcun seco dipartendosi, che
i suoi amori. I quali se sono di questi
bellezze stati, che qua giù sono, perciocchè
elle colà su non salgono, ma rimangono
alla terra di cui elle sono figliuole, elle ci
tormentano, siccome ora ci sogliono quelli
disii tormentare, de' quali godere non si
può nè molto nè poco. Se sono di quelle
di là su stati, essi maravigliosamente ci
trastullano, poscia che ad esse pervenuti
pienamente ne godiamo. Ma perciocchè
quella dimora è sempiterna, si dee credere,
Lavinello, che buono amore sia quello, del
quale goder si può eternamente, e reo
quell'altro, che eternamente ci condanna
a dolere. Queste cose ragionatemi dal
santo uomo perciocchè tempo era che io
mi dipartissi, egli a me rimase il venirme-
ne. Il che poscia che ebbe detto Lavinello,
a'suoi ragionamenti pose fine.

# TAVOLA

## DELLE COSE NOTABILI,

### E de'Vocaboli dichiarati negli Asolani del Bembo.

———

## B

## C

Bembo *Vol. I.* 18

# D

276

## I

# O

# P

## T

## V

## Fine della Tavola.

| ERRORI | CORREZIONI |
|---|---|

Pag. 81 l. 30 *scorge*    *scorgo*
   84 l.  4 lunge    lunghe
   88 l.  5 potevauo    potevano
   99 l. 30 conciossicosa-    conciossiacosa-
             chè         chè
  128 l.  3 fuire    fruire
  239 l. 26 seguono, che  seguono più che

CPSIA information can be obtained
at www.ICGtesting.com
Printed in the USA
LVHW050252010222
709879LV00010B/269

9 781165 382514